国家出版基金项目
NATIONAL PUBLICATION FOUNDATION

"十三五"国家重点
出版物出版规划项目

城市社区更新理论与实践丛书
赵万民 黄瓴 主编

重庆
城市社区更新
理论与实践

CHENGSHI SHEQU GENGXIN
LILUN YU SHIJIAN

黄瓴 著

中国城市出版社
中国建筑工业出版社

《城市社区更新理论与实践丛书》总序

进入21世纪第三个十年,回顾我国规划学科和规划学界近年经历的历史性变化和巨大进步,主要体现在两大方面:一方面是新的国土空间规划体系的建构,另一方面是城市发展模式和空间规划从主要是增量扩张到存量提升即城市更新的转型。党的十八大和党的十八届三中全会、五中全会以及2015年中央城市工作会议,对我国改革开放以来经济社会发展阶段和形势做出了科学判断,进一步明确和极大地充实了中国特色社会主义的丰富内涵,正确及时地把握我国城镇化的历史进程,提出了新型城镇化的时代转型。党的十九大报告中指出,我国社会主要矛盾已转变为人民日益增长的美好生活需要和不平衡不充分的发展之间的矛盾。以人民为中心的高质量发展目标已成为全社会共识,这同第三次联合国住房和城市可持续发展大会提出的人类未来二十年共同发展纲领《新城市议程》及17项可持续发展目标(SDGs)相互契合。从党的十八届三中全会首次提出"推进国家治理体系和治理能力现代化"这个重大命题到党的十九届五中全会明确"十四五"规划和二〇三五年基本实现社会主义现代化远景目标,并且具体到对我国规划体系的改革提出改革方向、内容和指导方针，催生了规划学科向真正符合人民和时代需要的方向发生深刻而伟大的变革，一系列相关文件指导着我国规划体系不断深化和完善。

我们从十余年的理论探索和工作实践中汇聚形成的这套丛书的主题——城市社区更新属于后一方面，可以说是在以人民为中心的思想指引下一部分城市规划转型课题的理论和实践的阶段总结。曾几何时，在当地政府邀请和委托下，我们走进一个个城市中低收入居民的社区，面对住房条件、居住环境、市政设施以及社会方面的多种问题，社区更新规划的工作方式、内容和程序无法继续沿用传统体系规划的范式。进入这个新的工作领域时，免不了要学习与参照西方发达国家的社区规划著作和范例，以及国内陆续问世的社区规划论著，从中获得较为系统的社区规划概念和方法，但是多彩多姿的国情和地域现实促进我们重新思考，走进社区人民群众和基层干部中共商共谋，在实践中创新求解。可以说，参与每个社区更新的过程都可以记录下一个个生动的故事，这也是规划师价值观的自我净化和升华。

说到社区更新和社区规划从早期的试验到最近纳入城市规划体系的历程，的确是意味深长。自中华人民共和国成立至改革开放迄今，在全国构建起区、街道、居委会三级城市基层政权组织体系，先后经历了从社区服务、社区建设到社区治理三个发展阶段。1986年，民政部首次把"社区"概念引入城市管理，提出要在城市中开展社区服务工作。2000年11月，中共中央办公厅、国务院办公厅转发《民政部关于在全国推进城市社区建设的意见》，明确"社区建设是指在党和政府的领导下，依靠社区力量，利用社区资源，强化社区功能，解决社区问题，促进社区政治、经济、文化、环境协调和健康发展，不断提高社区成员生活水平和生活质量的过程"，推动各地区将社区建设纳入国民经济与社会发展计划。2001年，社区建设被列入国家"十五"计划发展纲要。2010年至今，社区治理成为国家治理重要组成部分，重点在于构建城乡社区治理体系，提升城乡社区治理能力，打造共建共治共享治理格局。2017年6月，《中共中央 国务院关于加强和完善城乡社区治理的意见》指出，"完善城乡社区治理体制，努力把城乡社区建设成为和谐有序、绿色文明、创新包容、共建共享的幸福家园"。2017年10月，党的十九大报告提出，"加强社区治理体系建设，推动社会治理重心向基层下移，发挥社会组织作用，实现政府治理和社会调节、居民自治良性互动"。但在过去的20年里，在我国大多数城市中，无论是社区规划还是社区更新，主要体现在具体项目上，并未从法理和学理上得到"正名"。原因主要有三：一是从学理上社区规划或社区更新涉及跨学科的充分融合，复杂的交叉机理未臻定论；二是从项目实践上体现出很大的在地差异性和综合性，规划的技术和方法多方尚在各自探索；三是过去发展阶段传统城乡规划体系中社区的缺位，正式规划专业教材和法规暂付阙如。从20世纪90年代末以来，上海、北京、深圳、武汉、重庆等国内一些大城市也只是在一些点上开展起社区规划、社区更新行动。

令人鼓舞的是，今天社区更新和社区规划在全国城市方兴未艾地蓬勃开展，新成果和新经验层出不穷。社区发展、社区更新的时代已经到来。

《城市社区更新理论与实践丛书》启动于2018年底，选择了具有代表性的9座城市，分别是北京、上海、广州、重庆、成都、武汉、南京、西安和厦门，旨在梳理和总结每一座城市在社区更新方面的经验，系统整理因地制宜的社区更新理念（理论）、规划设计方法，并通过典型案例探讨社区更新的机制与政策。特别需要说明的是，本丛书各分册的作者皆来自高校的城乡规划学专业，他们既是我国社区更新、社区规划的实践者与研究者，同时也是观察者和教育者。大家的共识是立足规划的视野探讨具有中国语境下的城市社区更新，希冀从规划的多学科维度进一步丰富我国的城市更新理论和方法。写作和编辑这套丛书最大的体会，是必须努力学习、深刻理解习近平新时代中国特色社会主义思想的科学体系，牢固树立以人民为中心的发展思想，坚定中国特色社会主义道路的四个自信和五大发展理念，以此丰富和创新我国社区发展的规划学科理论。自豪地身处当下的中国，站在过去城市规划建设取得的卓越成就的基础上，经心审视社区的价值，充分认知社区之于国家治理的作用，努力发现社区作为实现人民城市愿景的重要意义，乃是本丛书编写的初衷。丛书的顺利诞生要特别感谢中国建筑工业出版社（中国城市出版社）的大力支持和辛勤工作。

"诗意的栖居"是人类包括中国人的共同理想。已做的社区更新规划研究和实践曾经陪伴了我们千百个日日夜夜,更深入到我们心灵中的每一天。我们更为不同社区的未来美好图景殚精竭虑。作为我国社区发展的城市规划工作的参与者,从实践到理论,再从理论到实践的不懈且无尽的努力,这既是使命,更觉荣光。

  谨此为序。

赵万民
2021年10月

前言

城市社区更新伴随新型城镇化的步伐逐渐走进了城市日常。作为有序推进城市更新的重要抓手，社区更新逐渐常态化。从模糊概念到基本共识，经历全国范围内的大量在地实践探索，社区更新的内涵和重点内容日渐形成丰富多元的认知与实用知识。特别指出的是，从空间治理及基层社会治理创新视角理解社区的价值与社区更新的作为，对更好地理解和促进我国新发展阶段城乡社区可持续发展具有重要意义。社区更新与社区更新规划已经纳入城乡规划学、城市社会学、社会地理学、公共管理学、城市设计、新城市科学等相关学科的研究、实践和教学体系。

自2010年以来，直至"十三五"时期，全国范围内开展了大量有代表性的城市社区更新实践。重庆也不例外，结合环境综合整治、老旧小区改造、城市品质提升等进程，借鉴参考国内外先进理念，逐渐摸索集成一套具有在地适应性的理论和社区更新规划方法。

迈入"十四五"时期，为践行"人民城市""人民至上"发展理念，如何增进民生福祉，真正关怀到人、落实到户，解决好人–空间–服务三者之间的在地矛盾，是社区更新的关键问题。关注绿色低碳、健康韧性、文化传承、科技赋能等更广泛的社区发展议题，将中国式现代化的建设目标落实到提升城市社区的日常生活品质行动中，是社区更新与规划行动的主要内容。

当"社区"进入百姓的视野，开始尊重个体、家庭、社群的意愿，共同参与社区更新，标志着我国基层社会治理开启新的里程碑。本书即是在此认知基础上的一次回眸与凝练，可以看作是重庆城市社区更新的1.0版。本书从规划师的视角介入，从背景、政策、理论、方法、案例等方面展开，重点落脚于西方相关理论的在地化转译与集成运用，以作者所在的重庆大学社区研究团队近十余年主持完成的典型实践案例为主，同时收集了重庆市规划设计研究院主持完成的典型更新项目作为重要补充。在成稿过程中，从国家到地方的新的更新政策及行动跟进，这本身的"更新"速度很快，日渐体系化，特别在制度设计方面创新频出。

书稿付梓之时，亦有即将"更新"之意。在此，特别感谢中国建筑工业出版社（中国城市出版社）编辑们的辛苦工作与有力督促，诚挚感谢重庆市规划设计研究院罗江帆先生与王梅女士提供的案例材料（七星岗街道更新规划），最后要感谢陆续跟随我做社区更新实践研究的硕、博研究生们以及一直支持我、鼓励我深耕社区实践的家人和朋友们，是大家共同持续的努力积累下宝贵的理论认知和实践经验。路刚开启，任重道远。

本书可为从事城市和社区更新、社区规划、社区治理等领域的人士提供参考。

目录

《城市社区更新理论与实践丛书》总序
前言

第 1 章   **绪论**
    1.1   重庆城市和社区发展概况   002
    1.2   重庆城市社区生活系统要素、空间特征与分类   011
    1.3   重庆城市与社区更新政策演变   019
    1.4   重庆城市社区更新面临的问题与机遇   028

第 2 章   **适应性社区更新理论与更新规划方法**
    2.1   基本概念   032
    2.2   适应性社区更新理论（3+N）   033
    2.3   适应性社区更新规划方法   054
    2.4   社区更新机制   079

第 3 章   **重庆城市社区更新实践**
    3.1   城市社区更新类型与特征   088
    3.2   城市社区更新实践案例解析   096

第 4 章   **从美至善，持续更新**
    4.1   从美至善：进步的阶梯   226
    4.2   持续更新：文化的未来   234

参考文献   238
后记   241

第 1 章　绪论

1.1　重庆城市和社区发展概况
1.2　重庆城市社区生活系统要素、空间特征与分类
1.3　重庆城市与社区更新政策演变
1.4　重庆城市社区更新面临的问题与机遇

1.1 重庆城市和社区发展概况

1.1.1 城市概述

▶ 重庆是世界上唯一一座建在平行岭谷的超大城市，是我国中西部地区唯一的直辖市，既是一座著名的山水城市，更是拥有3000年文明，以巴渝文化、抗战历史、老工业基地等闻名的历史名城。在历经秦张仪、蜀汉李严、南宋彭大雅、明戴鼎先后四次大规模筑城运动后，重庆在开埠前就一逐渐形成城依水生、城临山建的整体格局，自古即有"片叶浮沉巴子国，双江襟带浮图关"的美誉。

随着城市化进程的快速推进，城市建设工程技术的提升，近20年的时间里，重庆主城区城市人口增加了约450万人，增速达到约5.7%，城市建设用地规模增加了约370平方公里，增速达到约6.6%。第七次人口普查数据显示，重庆主城区常住人口为1034万人，占市域总人口的32.27%，到2019年底主城区的建成区面积突破了800平方公里。跨出通远门城墙，朝着更辽远的空间发展，重庆也开始从处理好"两江四岸"的关系，进一步扩大到思考"四山平行，槽谷共生"的更大的总体生态环境格局。2016年，习近平总书记视察重庆时强调重庆是西部大开发的重要战略支点，处在"一带一路"和长江经济带的关键联结点上，并嘱托重庆建设"内陆开放高地"和"山清水秀美丽之地"。2018年又进一步要求在进一步建设"两高两地"基础上努力推动城市高质量发展，创造高品质生活，为重庆市的发展指明了新方向（图1-1）。

1.1.2 城市格局

为推动优势区域重点发展、生态功能区重点保护和城乡融合发展，重庆市域以构建"一区两群"协调发展格局为主要规划目标（图1-2）。其中，中心城区呈现出"两江四山三谷、一核一轴五城"的整体山水空间格局——长江、嘉陵江于渝中半岛两江交汇，四条平行山岭南北贯穿形成三道槽谷，城市建设开发顺应山水地形自然南

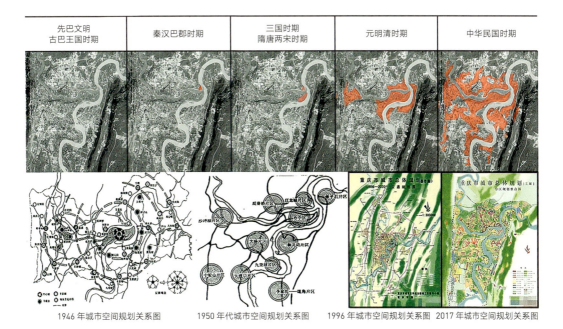

图1-1 重庆主城空间形态的演进过程
(资料来源：赵万民. 城市更新生长性理论认识与实践[J]. 西部人居环境学刊，2018，33（06）：1-11)

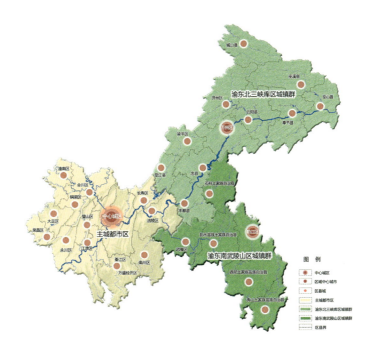

图1-2 市域"一区两群"协调发展示意图
[资料来源：重庆市规划和自然资源局，《重庆市国土空间总体规划（2021—2035年）》]

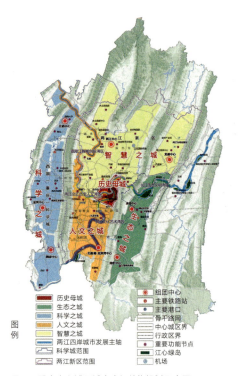
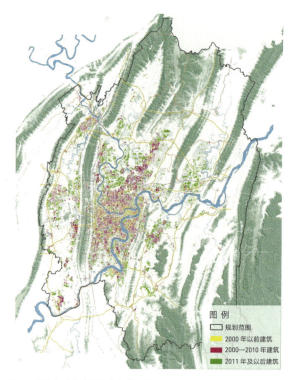

图1-3 重庆中心城区城市空间结构规划示意图
[资料来源：重庆市规划和自然资源局，《重庆市国土空间总体规划（2021—2035年）》]

图1-4 重庆都市山水格局空间关系图
（资料来源：重庆市规划和自然资源局，《重庆市中心城区城市更新规划》）

北划分形成多中心组团式布局——"山、水、城、人"得以在此深度融合（图1-3、图1-4）。由山、水、廊、林自然形成的天然隔离带不仅一方面保障了中心城区的山水生态安全格局，突出了多中心城区特征，另一方面也强化了城市建设与外围山水的东西向联系，与其他次级河流山脉等共同构成了重庆市山水网络体系。

随着城市快速发展，城市建设用地范围颇有跨越"四山、三谷"之势，部分自然隔离要素正在被城市蚕食而逐步呈现出以槽谷为单元的"蔓延式跳跃"扩张（图1-5），给区域土地与水资源、环境承载力等带来巨大压力。在生态文明理念与新型城镇化建设引导下，为实现"双碳"目标，更好地统筹生产、生态、生活三大布局，提高城市发展的宜居性，当前城市建设逐渐由强调"量"的扩张转变为关注"质"的提升。在此背景下，如何从城市微观尺度的社区入手，将日常社区生活场景纳入城市山水格局整体考量，是实现重庆"山水之城、美丽之地"的重要课题之一。

1.1.3 城市更新简介

与我国诸多城市发展进程一样，随着城市人口的集聚、街区容积率和建筑数量的增加，重庆逐步走向高密度集约化发展。快速城市化一方面带来了城市经济的快速提升与社

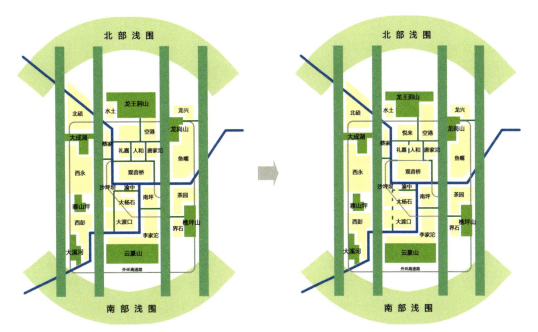

图1-5 "多中心组团式"城市格局因组团隔离带的消失而发生粘连
[资料来源：辜元，张臻，罗江帆.以组团隔离带划定为例探索美丽重庆建设[C]//中国城市规划学会，贵阳市人民政府.新常态：传承与变革——2015中国城市规划年会论文集（13山地城乡规划），2015]

会的集聚多元，另一方面却也加速了城市大量旧城区、历史街区、老旧社区等空间的消失和文化的消隐。2010年以后，特别是2015年中央城市工作会议后，推倒重来的改造方式逐渐减少，"微更新"活动逐年增加，主要来自几个方面：①社区微更新逐渐得到重视，出现了一批社区规划营造的探索和实践；②以市场为主体的零星自发更新活动增加，主要对象是有一定文化价值或处于较好区位的旧厂房、旧仓库；③结合"城市双修"的单项更新行动增加，主要对象是传统商圈、部分连片旧城和公共空间。如何在产业更迭换代中打造适宜舒适的空间环境、为激增的城市人口提供宜居宜业的生活空间、为愈加复杂的城市管理工作提供良好的治理环境、为快速的城市发展保留深厚的历史沉淀等，多种城市"成长期"面临的现实问题敦促着重庆不断思考城市更新的发展方向和思路策略。

重庆成为直辖市以来的城市更新历程大致经历了"局部改造——危旧改——微更新"的过程。具体来看，即从直辖之初的大型公共建设项目，到结合重要基础设施建设的局部拆迁改造，再到危旧房、城中村、棚户区改造，以及随后文创、社区规划等多种"微更新"实践，以及2016年以来结合"城市双修"系列专项行动开始逐步出现的更新等过程（罗江帆，2018）。

通过对2018年以前重庆的城市更新工作进行回顾，可以看出，重庆主城区增量拓展与存量更新并存，尚未进入全面城市更新阶段，具体表现为：

（1）空间规划层面。在城市提升行动计划的指引下，以"微更新"代替过去大拆大建的工作模式得到进一步明确，城市更新逐渐形成目标导向与问题导向并行的趋势，并较好地与现行规划运行机制进行了有效衔接，城市更新规划体系初步建立。通过一些以彰显地方特色为目标的专项规划，有效促进了城市更新的发展。

（2）运行机制层面。一方面，政府以城市公共环境整治、公共服务设施改善等为抓手，仍然处于城市更新的主导地位。这一过程中缺乏让多元主体以较低成本参与更新的合法途径和激励机制，造成市场主体的显性不佳，大多游走于规划或政策行动的边缘，能动性不强。同时由于配套公共政策和制度的缺失，多元主体参与的更新模式尚未形成，导致市民意识未觉醒，对城市更新相关工作参与感不强。另一方面，城市更新行动主要以物质空间改造提升为主，更新项目碎片化且分属不同部门，导致事权不明晰、资金筹措难、行动整合差等问题。同时过度的空间关注也弱化了与城市社区治理的衔接，导致部分项目难以真正落地实施。

（3）政策法规层面。现有的规划、建设等技术标准多是过去针对新区建设发展制定的，难以适应城市更新建设活动，且现有管理政策对城市更新中应履行的公共要素供给义务及相应的奖励也缺乏考虑。由于市级各相关部门对城市更新的认知未得统一，政出多门，导致多种制度政策无法有效衔接。另外，这一时期的城市更新规划缺乏法定地位，更新建设活动常处于无规划管控的"真空"地带。更高层级、更加综合的管理办法和实施行动还未出台，一定程度上也影响了部分更新工作的顺利推进。究其根本，主要在于各方对城市更新的本质认识水平不够，导致城市更新的内生动力不足。

针对以上问题，需要认真思考：①城市更新的价值认同应当在传统需求导向和问题导向基础上，增加资产导向；综合资产调查、需求调查和问题调查，通过整体评估形成城市更新的价值认同和目标合力。从物质资产、人力资产和社会资产三方面厘清社区资产价值，并从资源–资产–资本三者间的转化规律挖掘社区更新潜力。（图1-6）。②城市更新的内生动力。需要在城市更新过程中构建和完善多主体、全过程的公众参与机制，形成政府–市场–社会间的协同参与。③城市更新的规划引领。应当加强政府主导、多元主体、公众参

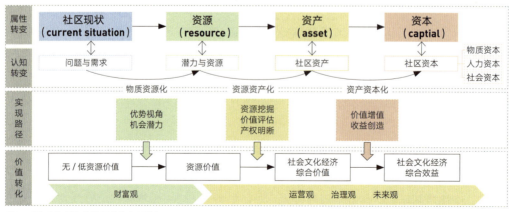

图1-6 "资产为基"的社区价值实现路径
（资料来源：黄瓴，骆骏杭，沈默予."资产为基"的城市更新规划——以重庆市渝中区为实证[J].城市规划学刊，2022, 269 (03)：87-95）

与的协同式规划引领作用，形成评估、反馈和纠错机制，进一步完善城市更新工作框架与内容。

实施城市更新，是城市发展由增量扩张转向存量提质后的必然要求，也是城市高质量发展的必由之路。城市更新在"十三五"时期已经成为国家前沿城市的重点，城市更新作为国内城市化进程新的增长点，已成为持续有影响力的命题，并逐渐演变为一项常态化工作。2016年，重庆渝中区（全市第一个完全城镇化的行政区）将城市更新作为一个重要的战略目标，纳入政府整体统筹工作，也成为一项综合性、全局性、政策性的社会系统工程。2021年，全国正式进入"十四五"规划建设时期。国家"十四五"规划纲要提出要加快转变城市发展方式，统筹城市规划建设管理，实施城市更新行动，推动城市空间结构优化和品质提升。表明新时期我国的城市更新行动更加强调从过去的推倒重建转为适度小规模、渐进式的区域更新和品质提升。

2021年6月，重庆市住房和城乡建设委员会牵头起草的《重庆市城市更新管理办法》由重庆市人民政府印发施行。该管理办法围绕"三转"（转变发展理念、转变发展模式、转变政府职能）、"三改"（改革审批权限、改革审批流程、改革政策制度），通过专家库建设、机会清单开列、更新基金筹措等工作，有效推动了重庆城市更新工作健康、稳定、可持续发展。伴随着《重庆市城市更新管理办法》的出台实施，重庆将在全市范围内全面开展城市更新工作，持续推进老旧小区改造提升、老旧工业片区转型升级、传统商圈提档升级、公共服务设施与公共空间优化升级及存量住房改造提升、存量房屋盘活利用等内容。

重庆将在主城都市区范围内启动30余个城市老旧功能片区改造试点示范项目建设，总投资约700亿元。重庆市规划和自然资源局发布的《重庆市中心城区城市更新规划》中立足新阶段新理念新格局，培育新功能、构建新形态、塑造新场景，推动城市"面-线-点"全局更新。系列政策出台，意味着重庆城市更新工作已从"十三五"期间的"局部更新"阶段逐渐进入"十四五"时期的"全面实施"阶段，城市体检、城市老旧功能片区改造试点示范等项目全面开花。"持续推进城市提升"也被纳入重庆市2035年远景目标之一，标志着城市更新的发展和实施进入新纪元（图1-7）。

为适应日益突出的城市更新需求，重庆市规划局会同市级部门和区县政府，开展了城市更新规划工作，初步形成了与现行规划体系相适应的城市更新规划体系，并在城市提升行动计划指引下，与专项工作、政策法规等共同推动城市更新与社区发展（表1-1）。从而使重庆市城市更新呈现出"总体指导、整体策划、全面统筹、类型丰富"的特点，城市更新逐渐变成一种共识，其内涵与方法也随着不同类型的更新实践不断完善。总体来看，重庆目前已经初步形成了城市更新规划建设管理体系；以总体层面、街道社区层面和更新单元实施项目层面，分别对应总规、控规和建设项目管理；并在城市提升行动计划指引下，与专项工作、政策法规等共同推动城市更新与社区发展。

图1-7 重庆城市更新局部改造—危旧改—"微更新"的过程

重庆城市更新总体规划、工作与相关政策（2013—2021年） 表1-1

主城区专项规划	专项工作	政策法规／技术规定
（1）主城区城市更新总体规划 （2）主城区城市功能优化研究 （3）主城区街道社区服务中心布点规划 （4）重庆市中心城区城市更新规划 （5）重庆市主城区城市照明规划	（1）重庆市生态修复城市修补实施方案 （2）市容环境综合整治工作 （3）老旧小区综合整治改造工作 （4）背街小巷整治专项工作 （5）传统商圈优化提升工作 （6）违法建设专项治理工作 （7）主城区老旧给水管网改造工程 （8）重庆主城都市区启动30余个城市老旧功能片区改造试点示范项目 （9）重庆市高层建筑可燃雨棚、突出外墙防护网整治攻坚行动 （10）利用边角地建设92处社区体育文化公园工作	（1）《关于推进主城区城市棚户区改造的实施意见》（2013年） （2）《深化主城区市容环境综合整治工作方案的通知》（2014年） （3）《重庆市主城区城市棚户区危旧房改扩建规划建设管理办法》（2014年） （4）《关于进一步推进城市棚户区改造工作的通知》（2015年） （5）《关于进一步加快推进国有企业棚户区改造工作的通知》（2016年） （6）《重庆市老旧住宅增设电梯建设管理暂行办法》（2017年） （7）《重庆市城市规划管理技术规定》（2018年） （8）《重庆市城市提升行动计划》（2018年） （9）《重庆市城市更新工作方案》（2020年） （10）《关于支持市场力量参与城镇老旧小区改造和社区服务提升有关事项的通知》（2020年） （11）《关于试行城镇老旧小区改造提升总建筑师负责制的函》（2020年） （12）《重庆市绿色社区创建行动方案》（2020年） （13）《关于全面推进城镇老旧小区改造和社区服务提升工作的实施意见》（2021年） （14）《重庆市城市更新管理办法》（2021年） （15）《重庆市物业专项维修资金管理办法》（2021年） （16）《关于全面推进城镇老旧小区改造和社区服务提升工作的实施意见》（2021年） （17）《关于开展绿色社区和完整社区一体化创建的通知》（2021年）

总体层面，以主城区城市更新总体规划（方案）为例，提出了"改善人居环境，提升城市品质"的目标，确定更新规划"微更新"的总体基调，提出了"双控、双增、双优"的思路，即在规划范围内不再新增规划城市建设用地规模，不再新增大拆大建、大规模开发；增加旧城区的公共服务设施和公共空间；优化城市功能结构，优化提升交通、市政公用设施的服务水平。针对三类更新用地：老旧居住区、传统商圈及周边区域、老旧独立产业功能区，提出保障公共利益的空间策略及更新管理办法。

此外，展开了大量与城市更新相关的政策、行动。以政企合作案例——盘活边角地建社区公园为例，在《重庆市城市提升行动计划》指引下，重庆市规划和自然资源局在2018年梳理了主城区隶属政府产权的92块闲置边角用地，并在3年内更新建设为特色各异的社区体育文化公园。并统一通过招标投标由地产集团承建、负责未来20年持续的管理运营。这意味着，市场特别是有实力的大企业正在逐步接受和适应"微更新"模式，实现从依赖一次性土地交易到依托持续的项目运营的转变。

重庆市城市更新项目类型在区域层面上大体分为街道/社区规划、旧城文创项目以及"城市双修"专项工作。街道或社区规划层面，分为目标导向型、问题导向型、价值导向型三种类型。"目标导向型"以七星岗街道更新规划为例，建立起从"目标—指标—措施—项目—图则"的传导方式，是城市微更新纳入规划管理的一次探索。"问题导向型"以鲤鱼池社区规划为例，建立"现状问题—资源盘点—更新策略—行动指导"的技术路线，也经历了自上而下和自下而上的双向沟通协调。"价值导向型"以嘉陵桥西村整治研究（2010年）、石油路街道社区发展规划（2013年）以及张家花园社区环境综合整治行动规划（2017年）为例，一脉相承"资产为基"的社区发展理念，并不断完善、鼓励公共参与，从空间和治理两个层面探究，逐渐形成具有山地城市社区特色的社区线性空间资产挖掘激活和社区力培育的微更新路径。

旧城文创项目层面，以鹅岭贰厂文创园为例。鹅岭贰厂位于鹅岭的最高处，与鹅岭公园紧邻，是山城重庆老建筑的典型代表。山岭顶端的老工业区改造可谓在工业遗产改造中独树一帜，鹅岭贰厂的改造中有机更新理念不仅体现在规划层面，同时也应用于建筑和景观层面。规划层面实现了延续肌理、有机再生与功能再造、多元体验；建筑层面实现了保护修缮、传承文脉与改旧添新、协调共生；景观层面则实现了打造节点、提升品质与突出重点、立面装饰。鹅岭贰厂园区的有机改造使人们在游览过程中可以随处感受到文化的环绕氛围，体会过去老厂房的辉煌，也给重庆市老工业区改造提供了新的借鉴思路[1]。

专项规划层面，以山城步道系统规划为例。规划传达了以公共空间串联城市更新与社区发展的理念；其对城市更新和社区发展的贡献在于步道产生的边际效应：① 通过串联各类资源资产，使社区资本在物质空间上得到增值；② 通过组织公共空间网络系统，提升了城市的整体功能；③ 更重要的是，通过提供有品质的空间触媒，能够促进邻里交往，撬动小微经营，增进价值认同，发掘更新的城市内生动力（表1-2）。

重庆城市（社区）更新代表性项目不完全统计表（2010—2020年）　　　　表1-2

区域层面	街道/社区规划	旧城文创项目	城市双修专项工作
渝中区	（1）七星岗街道城市更新详细规划 （2）渝中试点居住（嘉陵桥西村、大井巷）整治研究 （3）渝中区石油路街道社区发展规划 （4）学田湾社区更新规划 （5）张家花园社区微更新行动规划 （6）重庆市社区规划试点示范研究	（1）鹅岭贰厂文创园 （2）燕子岩山城后街影视文创园 （3）中山文化产业园	（1）解放碑商圈环境综合整治；李子坝等5个传统风貌区环境综合整治；重庆人民公园、枇杷山公园、虎头岩公园环境提升工作 （2）渝中区环卫设施更新规划 （3）渝中区背街小巷和社会摊点布点规划 （4）渝中半岛步行系统规划
渝北区与江北区	江北区鲤鱼池社区规划	（1）江北北仓文创街区 （2）江北喵儿石创意特区	两路老城片区城市双修工作
沙坪坝区	石井坡街道社区发展治理规划	（1）重庆S1938国际创客园（原缝纫机厂） （2）重庆大学设计创意产业园（原鸽牌电缆厂）	三峡广场商圈扩容提质工作
九龙坡区	—	京渝国际文创园	桃花溪、跳蹬河流域环境专项整治工作；杨家坪商圈市容环境综合整治
南岸区	南岸区花园路街道南湖社区片区综合改造工程	南坪N168LOFT小院	5个老旧社区和1个农贸市场环境综合整治
其他区域	江津区几江半岛片区城市与社区更新规划	大渡口艺度创文创园（1939石棉厂）	合川区草花街社区城市修补行动规划

从重庆市近年来城市更新相关政策和实践可知，城市更新工作主要的实践区域在渝中区，渝中区为重庆市的母城，其丰富的文化遗产和强大的历史底蕴使其成为各类城市更新项目实践的沃土。最近两年在沙坪坝、江北区等其他区域的城市更新项目也逐渐变多，说明城市更新工作正在向全面实施稳步推进。重庆城市更新的方向更加多元、类型更加丰富，涉及历史遗产、旧城更新、城市品质提升等多方面，且逐渐向更加微观的社区层面渗透。

进入高质量发展阶段，社区可持续发展成为实施城市更新行动、深化基层治理创新的重要基石。社区作为城市社会生活构成的基本单元，其更新与发展逐渐纳入城市可持续发展与创新社会治理的重要内容，逐渐成为城市更新工作的重要抓手。社区更新迅速成为传统城市规划学科转型的热点话题之一。相应地，社区更新规划研究与实践亦如雨后春笋般在重庆市乃至全国各地开展。由于社区的在地性特征非常明显，加之我国过去快速城镇化阶段城乡规划体系中社区规划的长期缺位，面对当下的新形势和新需求，社区应当回归规划学者的视野，如何识别社区"多样化""在地化"的特征，并基于社区存量资产价值探索社区发展新的规划路径，是新时期城市更新规划需要着力的重要议题。

1.2 重庆城市社区生活系统要素、空间特征与分类

1.2.1 城市社区生活系统要素与特征

1.2.1.1 社区生活系统要素

重庆市城市社区生活系统总体上由山、水、城、人及其整体构成。

（1）"山"：指影响和支持人类聚居行为的山地、山坡地、起伏变化的复杂地形。"山"是自然环境要素概念，是重庆城市人居环境的背景物质条件。山地复杂的地形及其蕴含的立体空间形态、多维功能格局和环境异质构成，与水共同成为，孕育重庆城市社区的自然母体。

（2）"水"：指影响和支持人类聚居行为，并与山地环境相关的江河、湖泊和水域，水具有空间连续性。在山地人居环境中，"水"是聚落变迁、聚落功能完整性、生态系统性和聚居稳定性的重要影响因素。它在一定程度上决定着气候条件、水土流失、面源污染、生物多样性等自然过程，以及人口分布、人文习俗等社会过程。

（3）"城"（聚落）：指人类通过建设活动，所营建出的用于聚居的物质和文化载体。城镇和聚落受山地、水域等客观物质条件的限定和引导，会在物质形态、营建方式和居住意境等方面表现出独特的地域特征和文化意义。另一方面，在对自然环境的改造过程中，山地城镇或聚落也会集中凝结和展现居民的营建技艺、精神面貌和生存智慧。

（4）"人"：指人类聚居的行为主体。人是山地人居环境物质形态的创造者和整体实践的参与者。人在不同的历史发展时期，对山水自然环境有着不同的理解和认识，形成各种改造和干预山水环境的方式，由此创造出丰富多样的山地人居环境形态。在山地人居环境实践中，山、水是物质基础；城是实践的对象；人是实践的主体，同时也是目的和意义。经过三千余年的历史过程，逐渐形成了今天的城市社区生活格局，其中的山、水、城、人共同成为社区生活系统不可分割的要素整体（图1-8）。

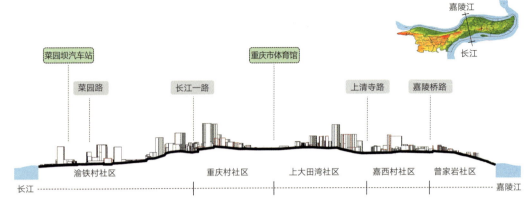

图1-8 重庆城市社区及其山水格局关系示意（渝中半岛横剖面）

1.2.1.2 社区生活特征

纵观重庆城市演变的过程，在政治、经济及社会等多重要素的引导下，其城市社区逐渐形成了具有一定生活及空间分布特征的形态模式，蕴含了丰富的研究价值。山地社区地形起伏大、平坦地势少，限制建设的条件多。特殊的地形地貌和人文底蕴使山地社区居民具有独特的生活方式，将山地城市居民生活特征与空间特征总结如下：

（1）日常出行以步行为主导

特殊的山地地形使得山地社区的机动车可达性较差，丰富的台地和坡地空间又限制了非机动车的出行，因此形成了以步行交通为主线的传统步行生活方式，且依托山城步道展开。这些山城步道积淀了浓厚的生活记忆，是社区居民进行邻里交往和娱乐活动的空间场所，也将成为保护社区社会网络和社区记忆的空间载体与记忆载体。

（2）日常事件的丰富性和外显性

重庆市老旧居住社区的住宅通常是顺应地形起伏建在不同标高的狭小地形上。居民为了在有限的基地面积内获得更多的空间，往往利用邻近的街巷空间、自然台地和坝子扩大生活空间，这是家庭事件外露于公共空间的物质促成因素，也是山地城市社区日常生活事件更加丰富的原因。山地城市社区的事件可分为生活性事件、商业性事件和休闲性事件等。

（3）居民日常活动的空间多样性

山地城市缺乏集中的交流场地，闲置空间分散而不连续，因此造成社区内的室外活动空间较为破碎、可达性较差。这些碎片化的空间为居民提供了具有趣味性的日常活动空间。山地城市的公共空间兼具结构、秩序、功能、美学上的空间意义，以及促进社会融合与发展、文化传承与交流的社会意义，这些特征为重庆城市社区赋予了更多的文化意义。

1.2.2 城市社区生活空间特征

1.2.2.1 社区街巷空间

在重庆城市老旧社区中，街巷空间形式多样，它不仅调节着社区的形态和结构，还是户外活动的重要场所，承载着居民的日常生活。由于机动车可达性较低，从而衍生出丰富的街巷体系连接社区的各个节点，使得重庆市社区街巷空间的平面格局和街巷功能具有典型特征。

（1）平面格局

由于受到山地地形条件的限制以及所在的特殊空间位置，老旧社区呈现多样的自由布置的方式。与平原地区规整有序的街巷不同，山地城市街巷格局没有明显的纵横轴线和走向，其平面格局更具趣味性。以渝中区为例，其老旧社区内街巷的平面格局主要分为"枝状""环状"以及"环枝状"三类。"枝状"主要是作为"主街"的山城步道连接各居住院落，这部分老旧社区一般地形高差特别大，出入口比较少；街巷空间呈"环状"的老旧社区一般出入口比较多，通过山城步道的连接形成环形闭合路径，通达性较好；"环枝状"通常是在一条主街上形成若干环形巷道，或主街直接连接院落与环形巷道结合（丁舒欣、黄瓴等，2013）（表1-3）。

重庆市老旧社区街巷空间平面格局　　　　　　　　　　　　　　　　　　　　　　　　表1-3

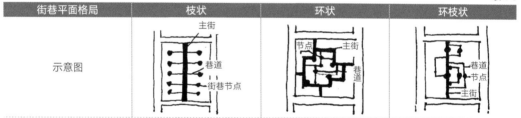

资料来源：根据"肖洪未. 基于'文化线路'思想的城市老旧居住社区更新策略研究[D]. 重庆：重庆大学，2012"改绘。

（2）街巷功能

重庆市社区街巷除满足基本的通行需求外，按功能还可分为生活型、商业型和文化型（表1-4）。生活型街巷承载居民日常生活及行为，商业事件包括人们的生活资料、饮食等日常生活所需的交易活动。重庆山高路不平，造成居民出行不便，久而久之促成了日常生活就地达成。社区中的各种店铺通过街巷空间组织起来，商家可以利用高差产生的平台展示商品或进行商品交易。文化型街巷承载了居民在日常生活中的自发性活动或社会性活动，目的是缓解疲劳、促进人际交往、休憩娱乐、观赏游览、兴趣参与等。重庆渝中区的老旧社区居民交往频繁，生活气息浓厚，处处洋溢着现代门禁小区难能存续的市井文化。并且越来越多的社区注重社区文化的发掘，通过营造社区"文化线路"等方式吸引外来游客前来参观。

重庆市社区街巷空间类型　　　　　　　　　　　　　　　　　　　　　　　　　　　　　　表 1-4

街巷功能	生活型街巷	商业型街巷	文化型街巷
空间特征	分布在非规整布局的住宅之间，或在街巷的平台尽端或凸出的边角等街巷边界的不规则处	分布在小型，或是零碎，或是狭长的难以利用的边角空间，例如梯道的休息平台、街巷空间的拐角等	多依附于社区主要文化建筑、较成规模的公共空间等
图示	住宅／住宅	商业／台地／阶梯	文化建筑／山城步道

1.2.2.2 社区公共空间

重庆作为山地城市的典型代表，其城市社区具有显著明晰而又丰富的公共空间特征，且高差错落有致，居民的日常生活在这样的公共空间中徐徐展开，制约与特色并存。山地城市社区凝聚着山地城市特有的空间形态以及依附其中世代相传的生活方式和人文特质。山地城市社区的公共空间特征尤为明显，具体表现在以下几个方面：

（1）山地城市社区公共空间的多维性

起伏变化的地形地貌造就了山地城市社区线性空间的多维特征，被地形高差切割为主次分明的公共空间网络、视线可及的多重立面等构成了山地城市公共空间丰富的空间层次和非均质的空间结构，但同时也产生大量消极的闲置空间。

（2）山地城市社区公共空间与公共生活结构密切关联

在复杂地形与气候特征的影响下，人们主要集聚在公共空间里开展活动，公共空间成为其日常生活的主要交往空间，空间景观与人的品性相互形塑。山城居民在公共空间发生棋牌、日常寒暄、晾晒衣物、健身、游戏等日常活动。

（3）山地城市社区公共空间链接城市空间文化结构

多维空间、多重视觉、山水文化、历史人文等自然与人文形态在空间上构成了山地城市独特的空间文化结构。在宏观的城市自然与人文格局中，镶嵌着中观的街区与社区尺度。中观尺度是较完整的生活活动范围和文化体验尺度，在此之下包含了多个丰富的微观尺度文化单元。社区公共空间作为重要的微观文化单元，结合社区街巷空间对城市空间文化结构起到了重要的结构性链接作用。

山地城市社区中极富地域特色的公共空间承载着日常公共生活、文化体验和社区精神，孕育了山地人居别样的生活轨迹，正是因为其兼具结构、秩序、功能、美学上的空间意义及促进社会融合与发展、文化传承与交流的社会意义（黄瓴、沈默予，2018）。根据重庆社区公共空间的尺度和形态特征，可以将社区内部公共空间分为宅前活动空间、道路旁活动空间和综合活动空间三种类型（表1-5）。

重庆市社区公共空间类型 表1-5

空间类型	宅前活动空间	道路旁活动空间	综合活动空间
描述	多位于社区道路尽端，由建筑围合形成的"凹"字型结构	位于社区道路上，依托道旁花坛、可活动桌椅、临街商铺等形成人群聚集点	既位于社区道路旁，又位于社区单元楼前
特征	尺度感理想，私密性相对较强，但品质不佳，与其他空间的联系性	具有休闲活动和交通等多重功能	良好的通达性及较高的便捷性，但活力不佳
图示			

1.2.3 城市社区形态特征与分类

1.2.3.1 社区形态分类

重庆市是典型的"多组团、多中心"城市，不同区域的城市社区的建筑分布特征具有较大差异。从建筑布局形式的角度，重庆城市社区建筑布局形式可以划分为行列式、围合式、自由式、散点式及混合式五种类型（图1-9）。每种类型的特征如下。

（1）行列式

以行列式布局的重庆城市社区主要呈现出整齐划一、等距方正的平面形态特征，社区中的建筑尺度较小。就社区规模而言，新城区比老城区的社区尺度稍大一些，其内分布有更多的商业建筑、更开阔的公共空间；重庆作为典型的山水城市，行列式布局的社区多顺应山地地形等高线，面向长江等距排布，充分契合了"背山面水"的思想。

（2）围合式

以围合式布局的重庆城市社区主要呈现出向内聚拢、向心友好的平面形态特征，社区外围建筑尺度较大，内侧建筑尺度较小。基于新老城区图底关系的对比分析发现，新城区比老城区的社区规模更大，且由围合形成的社区开敞空间尺度也更大。重庆老城区的围合式社区几乎没有既靠山也临水的情况，而新城区的围合式社区，在靠山临水的地理环境影响下，其社区外围形态多以垂直或平行于地形等高线与水岸线为主。

（3）混合式

混合式布局的重庆城市社区主要呈现出"点—条—块"有序组合的平面形态特征，社区中的建筑尺度大小不一。在社区规模方面，新城区的社区规模整体上高于老城区，此外，老城社区的平面建筑尺度跨度较大，而新城社区的平面建筑尺度差异较小。在靠山临水的自然环境下，混合式老城社区平面形态趋向于流动活泼，而混合式新城社区形态更加规整融合，两者都呈现出独特的秩序美。

布局形式	行列式		围合式		混合式		自由式		散点式	
	老城区 	新城区 	老城区 	新城区 	老城区 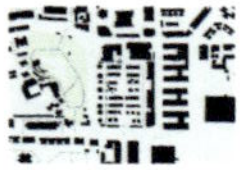	新城区 	老城区 	新城区	老城区 	新城区 
社区规模										
靠山/临水			无					无		
社区示例	渝中区 	渝北区 	沙坪坝区 	渝北区 	沙坪坝区 	九龙坡区 	渝中区 	—	沙坪坝区 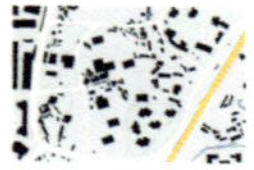	渝北区 
社区功能	社区功能完备（商业、居住、教育、医疗、公共服务设施齐全）	社区功能完备（居住、商业、教育、医疗、公共服务设施齐全）	社区功能单一（以居住为主，混合少量商业）	社区功能单一（以居住为主）	社区功能单一（以居住为主，混合少量商业）	社区功能完备（居住、商业、教育、医疗、公共服务设施齐全）	社区功能单一（以居住为主，混合少量商业）	—	社区功能单一（以居住为主，混合少量商业）	社区功能十分单一（居住）
人口密度（人/平方公里）（平均）	21261.07	978.31	2238.64	978.31	2238.64	2239.12	21261.07	—	2238.64	978.31
老年人口比例（%）（平均）	33.98	17.82	23.19	17.82	23.19	23.05	33.98	—	23.19	17.82
街区立面	街道立面连续	街道立面连续，建筑山墙面街	街道立面连续	街道立面连续	街道立面连续	街道立面连续	街道立面间断	—	街道立面独立	街道立面独立
街道空间								—		

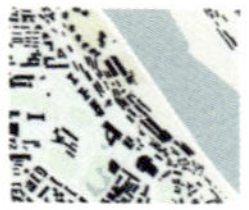

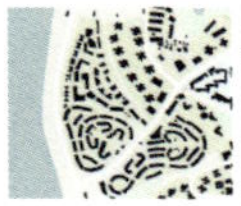

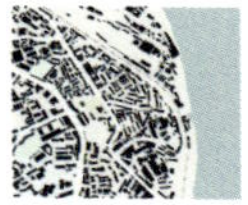

图1-9 重庆城市社区形态分类及特征
（资料来源：人口密度与老年人口比例数据均来自重庆市统计局官网2020年重庆统计年鉴）

(4) 自由式

以自由式布局的重庆城市社区主要呈现出随机自然、零碎散乱的平面形态特征，社区中的建筑尺度大小不一。这种平面布局形式的社区主要存在于重庆市各区域的老城区，充分展现了一种无序的状态。从社区规模上来看，老城区的社区规模偏小，潜藏着历史发展演变的痕迹。尤其是靠山临水的自由式老城社区，道路如同树叶的脉络将各个地块串联起来，一种紧凑的秩序美被展现得淋漓尽致。

(5) 散点式

以散点式布局的重庆城市社区主要呈现出单点独栋、零星有序的平面形态特征，社区中的建筑尺度较大。就社区规模而言，不论是新城区还是老城区，散点式的社区规模均较大。在靠山临水的区域里存在的散点式社区，一方面坐拥了优越的自然环境，另一方面享受了松散的空间布局，大多是一些高档的小区，而老城区相对于新城区则更加紧凑一些。

1.2.3.2 城市新旧社区形态特征总结

通过比对重庆市新旧社区特征可以发现，重庆老旧社区的老龄化程度及人口密度普遍高于新建社区。老旧社区的居住品质较差，整体发展处于瓶颈期，导致年轻人口大量流失。而新建社区居住品质较高，更多的就业机会和长远的发展潜力对年轻人群具有强大的吸纳能力，年轻人群纷纷转移至新建社区内。但与此同时，老旧社区较为低廉的房租和便捷的生活能够吸纳更多的流动人口，新建社区由于配套设施完善度不高，居住建筑受到容积率制约等原因，导致新建社区人口密度低于老旧社区。在形态特征上，老旧社区的尺度普遍小于新建社区，且建筑布局相对密集与无序，而新建社区规模较大，且建筑布局相对规整分散。不同的人口特征和空间形态，导致新旧社区中同类型建筑肌理也具有不同的特征。对于不同平面布局形式的社区，分析重庆市不同区域的典型案例，总结街道空间、社区功能、人口密度及老龄人口比例这几个要素对于社区生活及空间分布特征的影响，从而得出老旧社区和新建社区建筑的不同特征（表1-6）。

重庆市新旧社区空间形态对比　　　　表1-6

空间类型	建筑形态	建筑功能	街巷道路
老旧社区	混乱无序	分散式服务功能建筑	多功能街巷

续表

空间类型	建筑形态	建筑功能	街巷道路
新建社区	整齐、秩序感强	集中化服务功能建筑	通过型街巷

（1）老旧社区建筑自发性强，新建社区建筑秩序感强

受地形（山水环境）的影响，新旧社区皆呈现出顺势延展的平面形态特征。但由于老旧社区建筑缺乏系统性的规划，且受地形影响较大，因此建筑形式较为杂乱无序，具有较强的自发性，而新建社区多位于地势较为平坦的区域，住宅类型多为门禁小区，因此建筑排列规整，具有秩序感。

（2）老旧社区建筑功能更加完善，新建社区建筑功能更加复合

重庆老旧社区呈现出功能分散的状态，而新建社区的功能更加复合，往往是通过集中的商业或者公服综合体实现对社区居民的综合服务。但不论是新老城区的社区，都是以居住为主导功能模式，可根据社区其他的物质资产将社区分为生态型社区、文化型社区、商业型社区等。

（3）老旧社区道路兼具生活与通行的功能，新建社区道路设施更加完善

老旧社区的道路多承载生活、步行的功能，而新建社区的道路则是以车行为主。这是因为老旧社区是在历史的演变中慢慢形成的，其历史底蕴和丰富的碎片空间沉淀了独特的市井气息，社区道路狭窄，小汽车、电动车、三轮车停放于道路两侧，道路两侧分布的多为六层老式居民楼；而新建社区大部分是人工快速建筑的结果，宽敞的道路两侧设置有人行道，树荫浓密，街道尺度宜人，两侧的建筑多为新式建筑。

总体来说，行列式、围合式、混合式、自由式及散点式的社区平面布局方式对于新老城区而言特征各异。自然地理与社会人文要素都在潜移默化地影响着重庆城市的社区生活及空间分布，在一定程度上，对于这种影响的规律摸索可以有效地把控社区形态的演变方向，进而推动城市可持续发展的进程。

1.3
重庆城市与社区更新政策演变

1.3.1 重庆市城市更新政策发展阶段

自新中国成立以来,重庆经济不断呈现新的发展动力,但主要在生产空间上发展,消费和居住空间则作为附属空间。"文化大革命"期间和经济转型过渡期,土地使用政策、分税制、国企改革与房改的不断影响,使得城市空间不断变化,旧城建设出现较多历史遗留问题,城市更新也仅仅针对旧住房进行整治和修缮。

1997年成为直辖市以来,重庆市才在真正意义上开展城市更新建设工作,总体上可以分为4个阶段(图1-10)。

1.3.1.1 城市旧改探索阶段(1997—2000年)

重庆成为直辖市之初的4年,随着社会、经济等方面的快速发展,为改善城市面貌,适应经济发展速度,重庆市主要开展了旧居住区更新改造,采用大规模拆迁和建设的更新方式,拆除原有旧社区,建设新的商业项目。

由于缺乏成熟的政策和经验指导,市场投资成为此阶段更新改造资金的主要来源,主要从经济利益出发的更新改造在一定程度上对城市历史资源和居民公共利益产生了负面影响。同时,原住民的搬迁补偿主要采用货币补偿和异地安置。大部分居民被迫迁往郊区,难以长期保证居民的生活质量,导致一系列社会问题发生。

1.3.1.2 城市旧改发展阶段(2001—2005年)

经过4年的旧改探索阶段,重庆市总结并出台了《重庆市人民政府批转市建委关于主城区危旧房改造工程实施意见的通知》(渝府发〔2001〕41号),通过后续的指导建设,重庆市主城区旧城更新迈入了飞速发展阶段。该阶段的旧城更新以老旧住区更新为主,同时伴有工业搬迁改造。2001年4月,重庆市国土房管部门出台《重庆市城市房屋拆迁单位管理办法》,对《重庆市城市房屋拆迁管理条例》进行了修订并颁行,这一阶段的更新改造方式是政府引导、开发商投资,而且随着法律法规的不断完善,各种拆迁的安置方式也有了更多的选择。

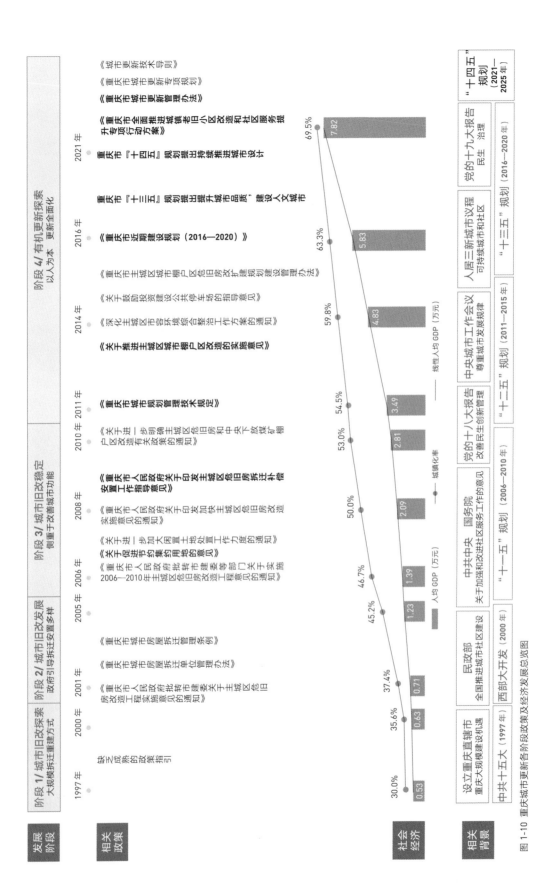

图1-10 重庆城市更新各阶段政策及经济发展总览图

1.3.1.3 城市旧改稳定阶段（2006—2010年）

随着更新的不断深入，难度逐渐加大。重庆主城区城市更新逐渐进入理性发展阶段。这一阶段主要侧重于改善城市功能，包括改造旧住宅区和更新工业厂房。

重庆市人民政府2007年年底召开了经济工作会议，会议指出，未来的3到5年内要重点进行主城九区的危房旧房改造，预计投入建设资金1000亿元，在确保老百姓居住面积增加的基础上，增加绿地占有率。颁发《重庆市人民政府关于促进节约集约用地的意见》（渝府发〔2008〕108号）、《重庆市人民政府办公厅关于进一步加大闲置土地处置工作力度的通知》（渝办发〔2008〕307号），强调稳步推进集体建设用地流转，促进集体建设用地节约集约利用。自此，《重庆市人民政府关于印发加快主城区危旧房改造实施意见的通知》（渝府发〔2008〕36号）、《重庆市人民政府印发关于主城区危旧房拆迁补偿安置工作指导意见的通知》（渝府发〔2008〕37号）和《重庆市人民政府办公厅关于进一步明确主城区危旧房和中央下放煤矿棚户区改造有关政策的通知》（渝办〔2010〕41号）等文件纷纷出台，对城市旧改提出更多层次要求，至此旧改进入平缓期，城市更新开始发展。

1.3.1.4 有机更新探索阶段（2011年至今）

随着棚户区改造和项目搬迁的阶段性完成，重庆主城区的城市更新逐步转向有机更新。2011年11月，重庆市为加强城市规划管理，保证城市规划的实施，结合本市实际，制定《重庆市城市规划管理技术规定》（重庆市人民政府令第259号），适用于重庆市城市、镇规划区内的详细规划，含控制性详细规划和修建性详细规划。

2015年12月，中央城市工作会议强调尊重城市发展规律，强化城市精细化、科学化管理，"规划""建设""管理"三管齐下，完善城市治理体系，提高城市治理能力，解决城市病等突出问题。对重庆市城市更新项目起到了引导作用；随后重庆市规委会第三次会议和四届规委会二次全会都对民生建设和环境品质的提升提出相关要求。

2016年1月，重庆市"十三五"规划第十二章提出提升城市品质，建设人文城市，挖掘各类文化资源，加强城市文脉保护，留住城市的历史人文记忆；《重庆市近期建设规划（2016—2020）》提出提升居住品质，着重开展旧城更新。

2020年6月，《重庆市全面推进城镇老旧小区改造和社区服务提升专项行动方案》提出把城镇老旧小区改造作为城市有机更新和存量住房改造提升的重要载体，加大基础设施补短板力度，加快补齐老旧小区在社区服务、卫生防疫等方面的短板。

2021年2月，重庆市"十四五"规划第六篇提出持续推进城市设计，着重从三个方面入手：实施城市更新行动、提升城市品质、推进以人为核心的新型城镇化；同年6月，重庆市人民政府颁布《重庆市城市更新管理办法》，明确城市更新从一般性、单一性走向系统更新，实现多部门、多主体协作的工作流程。随后重庆市规划自然资源局组织编制《重庆市城市更新专项规划》，确定城市更新目标、功能结构、规划布局等内容；市住房和城乡建委组织编制《城市更新技术导则》，提出片区策划指引和项目实施方案指引，明确相关技术要求，指导城市更新规范实施。

在此阶段，城市更新正逐步向循序渐进、有机更新的方向发展。整体而言，城市更新包括不同功能用地，例如住宅、商业、工业及传统风貌。城市更新方式包括立面改造、环境整治、社区培育、文物活化等，城市更新更加全面和多样化。

1.3.2 重庆社区更新政策演变

重庆社区更新历程是重庆城市更新的一个缩影。

基于时间维度，根据社区资产（包括物质、人力、社会三个方面）的演变和社区发展与规划干预的特点，将重庆市社区发展过程划分为四个阶段：1998—2010年，是重庆直辖、全面开启社区建设阶段；2010—2021年，是规划介入、重庆城市社区发展"摸石头过河，扎根地方实践"的时期，也是"社区资产"概念由模糊到相对清晰、资产内容由单一到多元、更新焦点由空间到综合的过程。后一阶段又可细分为萌芽期（2010—2012年）、发展期Ⅰ（2013—2015年）和发展期Ⅱ（2016—2020年）。下文将详细分析每一阶段特征及演进规律。需要说明的是，即便城市发展、宏观政策处于不断转型的"新常态"阶段，但经济社会也是循序渐进整体延续的，社会转型通常不会出现以某一事件或某一年代为断点的截然转变（罗震东，何鹤鸣，张京祥，2015），因此"阶段划分"更主要的价值在于凸显规划介入社区发展的演化特征。

1.3.2.1 规划介入前（1998—2010年）的社区发展

1998年至2010年，重庆市城镇化率不断增长，2010年已达到世界平均水平，而人均GDP更是几乎翻至1998年的六倍。在1990年代，伴随我国居民日益增长的物质文化需求，政府提倡落实"社区建设"，建立"两级政府、三级管理"体制以灵活应对居民各类诉求（何艳玲，2007）。2007年重庆城市社区发展响应国家宏观政策，以"实施基层社会管理体制改革、创建和谐社区"为主题。城市规划服务于快速城市化建设，社区发展缺乏规划的干预，城市规划基本上忽视了社区问题。重庆对城市更新的看法侧重于拆迁和重建，在这个阶段，规划部门虽占主导地位，但无真正意义的社区规划（图1-11）。

（1）推行基层社会管理体制改革的社区建设

2000年，《民政部关于在全国推进城市社区建设的意见》提出大力推进城市社区建设是新形势下坚持党的群众路线、做好群众工作和加强基层政权建设的重要内容，是面向新世纪我国城市现代化建设的重要途径，社区建设快速发展。至此，重庆社区建设正式拉开序幕。2004年《中共中央组织部关于进一步加强和改进街道社区党的建设工作的意见》以及2006年《国务院关于加强和改进社区服务工作的意见》的颁布，搭建了社区构建的骨架，同年，中共重庆市委二届十次全委会审议通过《中共重庆市委关于构建和谐重庆的决定》，指出切实加强社区建设，健全基层服务和管理网络。至2006年，社区基本构架搭建完成。

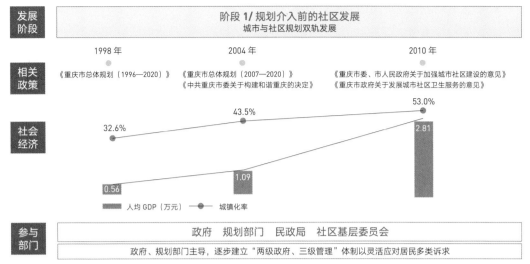

图1-11 规划介入前社区更新政策及经济发展一览

从2007年起,在一系列宏观政策背景影响下,重庆城市社区发展开始以"建设和谐社区"为主题,将完善社区服务功能、健全社区服务和管理网络、创建文明祥和的社会生活共同体作为重点内容。2007年和2008年又相继下发《重庆市政府关于发展城市社区卫生服务的意见》和《重庆市委、市人民政府关于加强城市社区建设的意见》,为以后关注社区环境品质奠定了基础。

经过十多年的发展,社区建设已形成良好的发展态势,但也面临以下突出问题:①市民的社区观念和社区意识不强,社区居民难以积极参与社区事务;社区认同感差,居民互助精神培养不足。②社区行政化趋势严重。这主要体现在政府与社区的关系上,社区居委会真正成为居民自助平台的功能未能有效发挥,而作为上级部门在基层的执行机构的作用更为突出。③社区建设的引导力量薄弱。社区建设工作主要属于民政部门,其具体事务大部分由区县民政局和社区建设科负责。工作人员数量少,专业水平仍然较低,社区建设实施难度大。

(2)服务于快速城市化的城市规划

1997年,重庆设立直辖市,城市化进入快速发展时期。这一时期,城市规划主要为快速城市化服务。此阶段主要组织了两轮城市总体规划,分别是《重庆市总体规划(1996—2020)》(根据批复时间称"98版总规")、《重庆市总体规划(2007—2020)》(简称"07版总规")。两轮总规的核心主要体现在确定城市总体空间结构和城市空间拓展方向上。07版总规还加强了城市设计对于规划控制以及城市建设的引导作用,引导政府编制了渝中半岛整体城市设计、两江四岸城市设计、大型聚居区规划设计等(扈万泰,王力国,2011)。然而,这种规划往往不能深入到城市基层社区,更难以了解社区的实际情况。缺乏对基层社会状况的准确把握,给城市的可持续发展留下了"隐患"。

（3）社区发展与城市规划的双轨机制

与国家背景类似，重庆城市社区建设由民政部门牵头，以基层社会制度改革为核心，着力于社区管理、社区服务、社区组织与和谐社区建设。在政策实施过程中，与居民的核心需求存在较大差异，效果不理想，居民参与意愿较低。城市规划由政府规划部门牵头，主要服务于城市的快速城市化建设和转型。在快速城市化的过程中，人们的视野主要集中在主导的经济和环境观上，而相对忽视了城市化过程中社区的变化和发展，社区建设和城市规划的双轨机制导致忽视或不充分落实与社区居民密切相关的问题。社区问题日益积累，直接关系到城市的可持续发展。

这一阶段，在城市面貌日新月异的光鲜背景下，城市中的社区却面临种种困境。中国独特的政治经济体制与快速城市化进程的共同作用导致社区日渐衰落，大量旧城社区、单位社区、城中村和城乡接合部社区都迫切需要进行改造和发展（李东泉，蓝志勇，2012）。由于民政部社区建设与规划部门在城市规划上的关注焦点不一致，加上"条块分割"难以整合，社区存在的诸多问题已成为城市可持续发展过程中不可忽视的对象。重庆主城区大部分老社区综合了老旧社区、单元社区和商业社区的多元化特征，社区空间环境新旧交替，居民阶层分化严重，公私利益界限模糊，社区问题日益沉积，居民需求日益增加。

1.3.2.2 萌芽期（2010—2012年）：社区空间环境整治

2010年至2012年，为规划介入重庆城市社区发展的萌芽期。至2012年，重庆市人均GDP已经高于全国平均水平，市委市政府为实现"科学发展、富民兴渝"的总任务，着力保障和改善民生，全市经济保持了稳步发展态势。此时重庆市恩格尔系数[①]降至40%，居民生活水平较高，更加注重居住品质以及精神富裕。此阶段，一方面，社区发展注重加强社区居委会建设，另一方面，相关部门开始关注老社区环境质量，突出宜居社区特色。在政府部门的支持下，规划师介入重庆城市社区的发展，虽然大部分的社区更新仍由政府主导，但政府已注意到充分考虑居民需求，开启了政府、非营利组织与居民协商共治的更新实践。这一时期社区更新以社区空间环境为导向，引入"文化资产"概念，以文化复兴策略推动社区环境整治（图1-12）。

随着重庆主城区几轮环境整治工作的开展，相关部门越来越意识到旧城改造应该由外而内，从街道立面改造的"面子工程"到社区内部生活环境和公共设施改造的"里子工程"均受到重视。2009年，重庆市发布《重庆市人民政府办公厅关于开展主城区居住区综合整治工作的通知》（渝办〔2009〕40号），以渝中区为例，启动了主干道建筑立面和居住区综合整治的工作。2009年，《民政部关于进一步推进和谐社区建设工作的意见》（民发〔2009〕165号）发布，积极推进和谐社区建设，为加强和改进基层社会管理、提高居民生

---

① 恩格尔系数（Engel's Coefficient）是食品支出总额占个人消费支出总额的比重，一个家庭或国家的恩格尔系数越小，就说明这个家庭或国家经济越富裕。

图1-12 萌芽期社区更新政策及经济发展一览

活质量、维护社会和谐稳定、密切党和政府同人民群众的关系作出了重要贡献，但与我国经济社会发展新要求、人民群众过上美好生活新期待相比仍有很大差距。2011年，《中共重庆市委、重庆市人民政府关于加强社区居委会建设的意见》下发，深化了加强社区建设的总体要求，提出着力加强和改进社区居民委员会组织建设、队伍建设、设施建设和制度建设，把社区居民委员会建设成为功能完善、充满活力、作用明显、群众满意的基层群众性自治组织。由此可见，社区居委会与社区的地位再次被强化。同年，下发《重庆市人民政府办公厅关于印发〈加强旧住宅小区综合整治工作方案〉的通知》，2012年颁布《重庆市社区服务体系建设规划（2011—2015）》，加强社区空间品质提升。此阶段规划师入场，正式将关注点从城市宏大视角转向社区微小视角，此时规划的主要特征为以社区空间环境为导向，通过挖掘社区文化资产带动社区环境改善。

在此期间，政府部门、社区（街道和居委会）、规划者、社区居民、流动摊贩和施工人员参与了该计划，但各方在计划的制定和实施过程中的发言权非常不平等。居民在这一时期的参与属于被动型，主要为规划前期提供基本的社区信息，对规划影响不大。

（1）发展期Ⅰ（2013—2015年）：社区发展与更新规划

2013年至2015年，社区发展目标从简单的空间和环境美化转变为改善服务设施和创新社区治理。2015年，重庆市人均GDP已是2010年的2倍左右，为"十三五"规划期间如期全面建成小康社会奠定了坚实基础。此时重庆市城镇化率已达60%，继续推进新型城镇化。在此期间，社区发展的概念从"需求为本"转变为"资产为基"，规划涉及社区空间环境优化、设施完善和治理创新。2013年党的十八届三中全会提出全面推进社会治理创新，2014年《重庆市城乡公共服务设施规划标准》发布，规定了重庆市城乡公共服务设施的分类分级、选址布局原则和规划配置标准，意味着从全市层面到主城各区，均开始编制实施社区公共服务设施规划。2015年中央城市工作会议上，城市规划开始着眼于社区及社区中的人，标志了城市由外延式增长向内涵式发展转型。随着中央—重庆市—各区层面分别提出了一系列关于社会治理创新和社区建设的政策，标志着重庆市正式进入社会治理创新阶段（图1-13）。

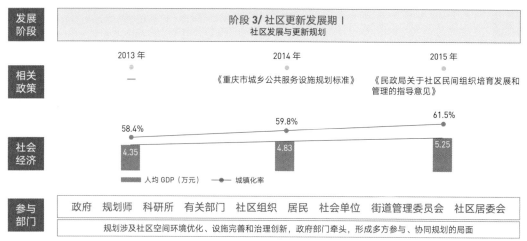

图1-13 发展期Ⅰ社区更新政策及经济发展一览

在此期间,社区规划的组织实施虽然由政府部门牵头,但形成了多方参与、协同规划的局面。更新方案从初步编制到实施,形成了由社区居民、社区组织和社会单位组成的公众层;由规划师、科研院所和有关部门代表组成的专家层;由区政府、街道管理委员会和社区居委会组成的管理层。此阶段,在规划者的意识下,公众参与社区发展取得了重大进展。从最初的社区资产调研阶段到发展规划制定,再到社区行动计划,公众参与贯穿全过程(贺文萃,2014)。尽管公众参与有所增加,但社区更新仍面临诸多瓶颈,如:参与主体和渠道有限,公众参与的深度和效果不佳;参与机制尚未形成等等。

(2)发展期Ⅱ(2016—2020年):人-空间-服务三位一体治理新格局

2016年至2020年,重庆市人均GDP逐年增长,高于国家年平均水平,城镇化率增至70%,市民的需求已从温饱、小康向共同富裕转变。市民的公民自主意识不断增强,社会成员参与政治、经济、法律、道义等社会生活的各个方面。

2016年,重庆市提出"三三制"社区协同治理工作实施方案,实现从传统管理向社区治理的转变。2017年,联合国第三次住房与城市可持续发展大会(以下简称"联合国人居三大会")《新城市议程》的诞生确立了国际社会所达成的普遍共识,即城市的首要功能是社会功能,人是城市的主体,而规划作为一种干预手段起着不可替代的作用。在这一逻辑下,规划应更加重视社会发展,并通过空间手段或空间政策达成建设包容、可持续住区的目标。在此背景下,重庆市住房和城乡建设委员会也提出了《重庆市生态修复城市修补实施方案》和《重庆市城乡社区服务体系建设规划(2016—2020)》,着力开展生态修复、城市修补,改善人居环境等重要行动。

2018年市政府办公厅提出《重庆市城市提升行动计划》,并于同年出台《关于加强和完善城乡社区治理的实施意见》,推进社会治理智能化建设,通过加快"建"、突出"联"、深度"用",构建出社会治理智能化生态圈。同年9月,重庆市总结推广基层治理"三事分流"工作机制,其中提出"党委领导、政府主导、社会参与、居民自治"的原则,促进了社区自治，推进了基层协商。同年12月，重庆市开启探索"四公"治理模式，构建社区生活共同体工作，社区党委统筹全局、协调各方，引领社区、社会组织、社工"三社"联动，着力激发社区内在活力，引导多元主体共同参与社区治理，形成党建引领、协同参与、多元共治的社区治理格局。2019年出台《重庆市城市社区规划编制导则（试行）》，下发《重庆市人民政府办公厅关于印发〈重庆市社区居家养老服务全覆盖实施方案〉的通知》，规范了重庆市社区编制的现状分析要求以及规范编制成果内容和格式的要求，对重庆市辖区范围内需要整治提升的城市既有社区的更新规划编制进行了指导。同年8月，《重庆市民政局关于做好易地扶贫搬迁安置区社区治理和服务相关工作的通知》下发，围绕做好易地扶贫搬迁安置区社区治理和服务相关工作，就加强安置区基层组织建设、健全安置区村（居）民自治机制、推进安置区社区服务体系建设提出了具体要求。《重庆市人民政府关于加强和改进新时代民政工作的意见》（渝府发〔2019〕22号）提出，到2022年基本民生保障体系更加完善，人民福祉明显增强；基层社会治理体系更加健全，群众自治充满活力；基本社会服务体系更加优化，人民生活更加便利，与经济社会发展水平相适应的民政事业发展格局基本建成。2019年12月，重庆市域社会治理现代化工作会议召开，强调要紧紧围绕共建共治共享方向，深入实施"枫桥经验"重庆实践十项行动，切实提高市域社会治理系统化、社会化、精细化、法治化、智能化水平。

2020年，《重庆市城市提升领导小组办公室关于印发〈重庆市全面推进城镇老旧小区改造和社区服务提升专项行动方案〉的通知》（渝城办〔2020〕14号），全面部署老旧小区改造工作，在综合改造和管理提升两个方面推动社区品质提升，建立工作统筹协调制度，形成"1+N"的配套制度体系，充分调动各方参与的积极性，提升人民群众的参与度、知晓度和满意度，并建立共治共管长效机制，确保"一次改造，长期保持"。同年4月，修订《重庆市物业管理条例》，推动物业管理融入社区治理，探索老旧小区居民自管物业试点。7月，渝中区社区工作会强调要发挥街道统筹作用，提升社区治理能力和水平（图1-14）。

自2012年起，我国多个政策文件中都强调了公众参与，表明在社会改革的背景下，开

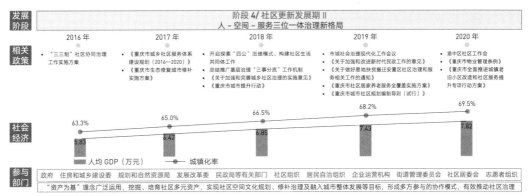

图1-14 发展期Ⅱ社区更新政策及经济发展一览

展多元共治具有必要性，成为社会创新治理的重要战略。党的十八届三中全会提出创新社会治理，改进社会治理方式，强调激发社会组织活力。政府拥有较多资源和权力，但为了实现有效治理需引入公众力量。通过搭建政府与社会的沟通平台和调动各方资源，让政府作为宏观社会事务的管理者，减少对微观事务的控制与干预。其次，中央城市工作会议指出政府要创新城市治理方式，尊重市民对城市发展决策的知情权、参与权、监督权，鼓励企业和市民通过各种方式参与城市建设、管理，真正实现城市共治共管、共建共享（楚建群，赵辉，等，2018）。该会议同样强调市民应参与城市发展的相关决策以维护自身基层民主权利。在党的十九大报告中提出建立共建共治共享的社会治理格局、加强社会治理制度建设、提高社会治理社会化和法治化、加强社区治理体系建设（王柯，2019）。至此重庆城市社区发展一方面响应国家及上级政府部门相关政策，深入推进社会治理创新，另一方面与城市更新相关联，不再局限于单个社区的规划改造。社区发展与社区规划将成为有效推进城市更新、促进城市治理升级的重要抓手。

这一阶段无论是国际还是国内，都比以往任何时候更加关注城市的可持续发展。对于重庆来说，一方面，社区发展受到一系列政策和方针的指导。另一方面，社区发展需求和矛盾在空间环境、公共服务、文化复兴、居民参与、邻里关系等诸多方面积累。面对社区发展的多样化需求，规划以"资产为基"理论作为指导，从社区自身的资产状态中培育社区的内生力。在此期间，规划对社区发展干预的广度和深度进一步加强，规划成为促进社区发展的有效手段。挖掘社区多元资产并应用于社区规划：以社区文化资产为基础的空间文化规划进一步发展，逐步融入城市文旅网络，由单一社区更新转变为通过社区资产链接的区域联动发展；形成多方参与的协同规划模式，有效推进社区治理。然而，社区规划的机制尚未形成，法律地位尚未得到承认，规范体系尚未建立，依旧还有很长的路要走。

1.4
重庆城市社区更新面临的问题与机遇

▶ 在我国，社区发展与社区规划进程同样与经济发展呈现正相关。经济越发达的地区，城镇化水平越高，社会发育相对越成熟，社区规划开展的时间越早；而经济欠发达地区则与之相反。上海、深圳、杭州等城市在进入21世纪之初已经开展了社区规划研究和实践探索，至今已取得一定成效。对于重庆市而言，基本符合以上规律，由于经济社会发展的相对滞后，2010年以前鲜有对社区规划的关注和涉足。随着重庆城市化的飞速推进，城市存量地区矛盾日益凸显，社会需求与日俱增，社区提前被政府部门和规划师所关注。

1.4.1 政策指向

着力加强社区居委会建设。从重庆社区建设的政策指向方面来看，其重点依旧是加强社区居委会的制度、组织、设施和队伍建设。宏观层面，2010年《中共中央办公厅　国务院办公厅关于加强和改进城市社区居民委员会建设工作意见》（中办发〔2010〕27号）再次强调社区制度、基础设施、人员队伍、组织机构等建设的具体标准，倡导政府主导下的城市社区建设（陈伟东，尹浩，2014）。2011年，重庆市下发了《关于进一步加强（社区）干部队伍建设有关问题的意见》（渝委办发〔2011〕36号），深化了加强社区建设的总体要求，提出着力加强和改进社区居民委员会组织建设、队伍建设、设施建设和制度建设，把社区居民委员会建设成为功能完善、充满活力、作用明显、群众满意的基层群众性自治组织。由此可见，社区居委会与社区的地位再次被强化。

1.4.2 "重工程，轻规划"的社区环境整治

重庆是一座新旧混杂的城市，老城区山地特色显著，历史遗存丰富，空间尺度宜人，但也面临社区环境日渐衰败的窘境。自2005年起，市政府主导了几轮环境整治工作。2005年亚洲市长峰会在重庆召开，会议结束不久便启动了主城区沿街立面改造，主要是对老建筑和历史街区的修复，是重庆城市环境整治的起点。2008年，以"五个重庆"（宜居重庆、畅通重庆、森林重庆、平安重庆和健康重庆）为目标，相关部门又一次发起了城市空间环境整治工作。以上几轮城市环境整治工作在一定程度上美化了城市环境，改变了城市风貌特色，但总体而言"重工程，轻规划"，尤其是在社区层面的规划缺失。

1.4.3 社区发展特征

关注社区环境品质。随着重庆主城区几轮环境整治工作的开展，相关部门越来越意识到旧城更新要由表及里、由沿街立面改造的"面子工程"到社区内部居住环境、公共设施改善的"里子工程"。但由于大面积的老城区迫切需要改变原有"脏、乱、差"的衰败面貌，又由于投入资金、人员和时间的限制，社区的公共空间及其效用难以在短期内从根本上发生改变。2009年，《重庆市人民政府办公厅关于开展主城区居住区综合整治工作的通知》（渝办〔2009〕40号）下发，以渝中区为例，启动了主干道建筑立面和居住区综合整治的工作。2010年，由渝中区市政管理局委托，选定嘉西村、大井巷两个社区作为试点，开展社区环境整治规划。与以往社区环境整治不同的是，本次社区环境整治改变纯"工程性"

倾向，强调开展社区规划，以全面改善社区环境品质、凸显宜居社区特色为目标。但由于城市规划在社区层面的长期缺位，开展真正意义上的社区规划并不容易。

1.4.4 规划介入特征

以社区空间环境为导向，在重庆市相关部门的支持下，规划师正式走进社区。规划师的介入既是相关部门对"重工程，轻规划"的反思，也是规划师的"自觉与自省"。进入21世纪以来，随着"公民社会""和谐社区"等理念的提出，我国不少经济发展水平领先的城市已开展社区规划实践来促进社区发展。而物质空间环境是社区利益的焦点和矛盾的冲突点，空间与物质环境建设始终是社区规划的重要内容（钱征寒，牛慧恩，2007）。另外，受城市规划"空间导向"的惯性影响，无论是政府部门还是规划师，在社区规划中首先关注的依然是社区的物质空间环境。这一时期开始尝试"社区资产"理念（黄瓴，2012），通过挖掘社区中的"文化资产"（当时主要挖掘散落在社区中的历史文化建筑），以文化复兴策略推动社区空间环境的整体更新。规划师正式将关注点从城市宏大空间转向社区日常微小空间，开始尊重社区居民的需求及空间本身的"场所意义"，重庆社区发展萌芽期规划的介入特征主要表现在以社区空间环境为导向、挖掘社区文化资产带动社区环境改善、以空间管理达成多元目标。这一时期是城市规划与重庆城市社区发展发生关联的开端。

第 2 章 适应性社区更新理论与更新规划方法

2.1 基本概念
2.2 适应性社区更新理论（3+N）
2.3 适应性社区更新规划方法
2.4 社区更新机制

2.1 基本概念

2.1.1 城市更新

关于城市更新的概念，基于中西方城市更新的历史和经验呈现出不同内涵。在西方，皮特·罗伯特（Peter Roberts）将城市更新定义为"用一种综合的、整体性的观念和行为来解决各种各样的城市问题；应该致力于在经济、社会、物质环境等各个方面，并对处于变化中的城市地区作出长远的、持续性的改善和提高"（Roberts，2000）。

基于西方城市更新的历史和经验，陈占祥先生在1980年代初期把城市更新主要定义为城市"新陈代谢"的过程。到1990年代初，吴良镛先生从城市的"保护与发展"角度提出了城市"有机更新"的概念，并认为"更新"应包括改造、整治、保护三方面内容。伴随历史时期的变化和前人的探索，当前中国城市更新的内涵日益丰富，外延不断拓展。城市更新已经从单纯的物质环境的改善，发展到对整个城市经济、社会、物质环境等各方面的改善和提升；从物质形态设计，转向如何促使各利益主体在最大程度上达成空间利益再分配的共识。2021年4月，《城乡规划学名词》正式公布，城市更新（urban regeneration，urban renewal）被定义为基于城市产业转型、功能提升、设施优化等原因，对城市建成区进行整治、改造与再开发的规划建设活动和制度。在重庆，"城市更新"是指对我市"城市建成区城市空间形态和功能进行整治提升的活动"[①]，其主要内容包括完善生活功能、补齐公共设施短板，完善产业功能、打造就业创新载体，完善生态功能、保护修复绿地绿廊绿道，完善人文功能、积淀文化元素魅力，完善安全功能、增强防灾减灾能力等。

2.1.2 城市社区更新

2010年至今，我国城市更新模式主要聚焦于品质时代下回归

---
① 源自重庆市人民政府2021年6月16日印发施行的《重庆市城市更新管理办法》第一章第二条。

"人的需求",从"人的需求"出发的社区更新是城市更新工作的重点之一。城市社区作为城市的重要组成部分,自然也是城市更新工作中的重要内容,它的基本概念是伴随着城市更新内涵的变化而不断变化的。

国外关于"社区更新"的理念最早体现在1991年英国的"城市挑战"计划。在西方城市更新阶段中,社区更新是西方城市更新发展过程——"清除贫民窟—福利色彩的邻里重建—市场为导向的旧城再开发—注重人居环境的社区更新"中的第四个历史阶段(董玛力,2009)。"社区更新"思想要求重视人居环境,社区应作为更新的基本尺度,更新对象主要是社区邻里历史建筑的保护与邻里社会肌理的延续等,通过政府、私有部门和社区三方共同合作,强调社区的参与和作用机制以及自上而下与自下而上相结合的参与方式,同时社区更新应从社会、经济、物质环境等维度综合治理城市问题(张更力,2004)。

国内有关城市社区更新的研究晚于西方,但也取得了卓越的成就。其中,吴良镛先生提出的"有机更新"理论在我国旧城更新理论历史中具有划时代意义。20世纪末至当前经济快速发展及快速城市化时期,随着城市建设的迅速发展和大规模房地产开发的兴起,城市中心城区更新尤其是旧住区更新暴露了各种各样的矛盾和问题,如社会、文化、生态等诸方面的问题。这时期社区更新的基本内涵逐步完善,研究成果也呈现出多样化的特点。在《城乡规划学名词》中,社区更新(community regeneration)被定义为对衰败社区进行综合整治和改造,使其恢复活力的规划建设活动和制度。这个定义强调了社区更新的综合性,认为城市社区更新应该是对社区社会、经济、文化等多方面的提升。

2.2
适应性社区更新理论(3+N)

▶ "十四五"新发展阶段,我国社会主要矛盾的变化为社区更新带来了新特征和新要求。面对愈加复杂的城市空间与社会治理,城市社区更新工作也逐渐从过去简单的空间设计理念走向综合的社区价值认知,其相关理论也在我国的城市实际发展中呈现出从"西方引入"到"在地化转译"的过程。本节将对社区更新涉及的部分代表理论作一个简要介绍,其中以"资产为基社区发展理念""场景理论"和"城市空间文化结构理论"为三大重要核心理论,首先搭建起城市社区更新基本认知框架和价值共识,再借助多种理论思想或方法集成展开在地化运用。作为一项综合的更新行动，这一"3+*N*"的理论（念）组合在城市社区更新的各个阶段都各自发挥出重要的作用。

具体而言，"资产为基社区发展理念"首先针对社区本身的价值认知，是一种面对老旧、衰败的社区现状时积极的观念转向。同时，"资产为基"也为社区整体更新工作提供了一种新的分析和认知方法。同样，"场景理论"也是一种认知社区整体价值的新范式，通过"人—空间—活动"三位一体的整体价值观来看待大量社区真实的、在地化的、烟火气的空间文化特质。"城市空间文化结构理论"是一种从价值认知到分析方法的跨越，通过对城市社区空间文化结构的识别与评价，来充分挖掘和彰显社区空间显性或隐性的文化内涵。"城市设计理论"和"社区生活圈理论"进一步为社区更新规划最核心的"人–空间–服务"耦合命题提供了理论基础和规划实施参照。"触媒理论"则为更新规划的空间落地提供了关键抓手。最后，借助"公共治理理论"，可将社区更新纳入城市治理框架，进一步将其提升到制度设计层面，强化了社区更新的政策保障。而"社会资本理论"贯穿始终，是社区更新行动得以成功推进的重要动力源之一，关于多方参与形式、资金筹措方式等内容在社区更新各个阶段都发挥着重要作用。

2.2.1 资产为基的社区发展理念

2.2.1.1 基本概念

1993年，约翰·P·克雷茨曼（John P. Kretzmann）和约翰·L·麦克奈特（John L. McKnigh）在《社区建设的内在取向：寻找和动员社区资产的一条路径》（*Building communities from the inside out: A path toward finding and mobilizing a community's asset*）一书中最早提出了资产为基的社区发展模式（asset-based community development，简称ABCD模式），并得到国际社会的广泛推广和应用（Kretzmann，McKnigh，1993）。"资产为基"的社区发展模式旨在开发和建设社区内在的能力（Capacity）——建设和加强社区的资产价值。相比较于问题和需求为本的社区发展模式（图2-1），资产为基的社区发展方式更重视社区自身的资产实力（Strengths），而非其不足。例如，它不是关注失去的小商业而是着眼于现存小商业以及他们的成功之处。进一步讲，因为集中于实力和资产，社区从整体上会看到它自身许多积极的方面（比如社区花园、职业辅导计划以及社区居民的各种技能等），然后努力将他们发展得更好。以资产为中心的社区发展理念将产生雪球效应从而影响社区的其他方面，包括社区的需求和问题。这种发展模式不会忽略社区存在的问题，但首先是侧重于社区本身的实力和成就，提出一个社区发展积极的观点而不是消极应对。图2-2是一个社区资产地图（community assets map）案例，其中包括个人（individuals）、社团组织（associations）和公共机构（institutions）的各种能力。社区资产地图强调了社区发展的潜力。

首先明确资产（assets）的定义。资产在经济学领域一般指一个家庭或单位的财产总和，随着其在其他诸如社会学、地理学等领域的广泛使用，资产也被用来指代有价值的人或事物。在社区发展框架中，社区居民、社区社团或组织、当地的公共机构或单位企业等

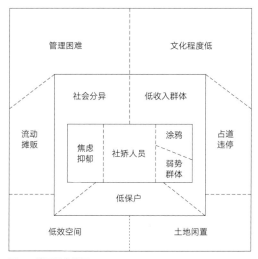

图2-1 社区需求地图

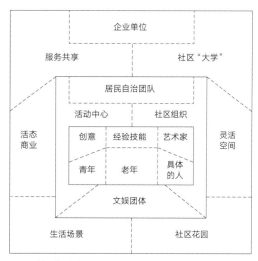

图2-2 社区资产地图

[资料来源：黄瓴，骆骏杭，沈默予."资产为基"的城市社区更新规划——以重庆市渝中区为实证[J]. 城市规划学刊，2022（03）：87-95]

都被认为是有用和有价值的，即"资产为基"。社区资产是居民个人、社团组织和公共机构所拥有的天赋、技巧和能力。在这里，居民被认为是社区资产的一部分，这是非常重要的观念。可以想象，没有居民的社区将会是什么样子？从经济的角度，资产可被看作诸如不动产、股票、债券以及现金等资本形式。同样，从社区的角度，资产被应用于社区发展过程时也可被看作是不同形式的资本。罗纳德·弗格森（Ronald F. Ferguson）和威廉·狄更斯（William T. Dickens）提出社区资本包含五种形式：物质的、人的、社会的、经济的和政治的（Ferguson R F, Dickens W T, 1999）。加里·格林（Gary Paul Green）和安娜·海恩斯（Anna Haines）在此基础上增加了环境的和文化的共7种社区资本形式（Green G P, Haines A, 2007）。丹尼尔·雷尼（Daniel V. Rainey）等认为社区资产最为本质的3种资本形式为：人的、公共的（物质的）和社会的（Rainey D V, Robinson K L, et al., 2015）。不管怎样分类，有一点毋庸置疑，即一个社区可以识别属于它自己的资产。

基于以上学者对资产分类的分析笔者提出社区资产（资本）的三种本质形式：物质资产（资本）、人力资产（资本）和社会资产（资本），并认为这三种形式可以派生出其他社区资产（资本）形式（黄瓴，2012）（表2-1）。必须明确的是，以上提到的所有形式的社区资产（资本）不是单一存在，而是错综复杂地交织在一起的，同时也是社区可持续发展和实现社区更好的生活品质所必不可少的力量之源。

社区资产（资本）的主要形式与内容　　　　　　　　　　　　　　　　　　　　　　　　　　　表2-1

社区资产类型	主要内容	主要特征
物质资产（资本）	社区建成环境（道路、建筑、公共空间、公共基础设施等）；社区内自然资源	大部分不可移动；其品质依赖于公共和私人投资的程度；包括社区的环境资产（资本）

续表

社区资产类型	主要内容	主要特征
人力资产（资本）	社区成员的技术；才能和知识劳动力市场技能；领导才能；教育背景；艺术发展与欣赏；健康以及其他技能与经验	动态的人力资产（资本）会随着时间的推移、人口的迁入与迁出而改变。另外，技术、才能和知识的变化也来源于不同文化的、社会的和机构的运行机制
社会资产（资本）	社区中的社会关系（已经建立的信任、价值规范和社会网络等），包括正式与非正式的组织和机构、社会网络与联系	正式的联系与社会网络——弱关系，非正式的联系与社会网络——强关系。社会资本可细分为经济资产（资本）、政治资产（资本）和文化资产（资本）等

资料来源：黄瓴.从"需求为本"到"资产为本"——当代美国社区发展研究的启示[J].室内设计，2012，27（05）：3-7。

2.2.1.2 基于社区资产的城市社区更新

在城市建设的长期过程中，社区各类资产由于缺乏价值识别而被忽视和破坏，社区资产的利用和培育更无从谈起。资产导向的社区更新旨在识别和利用社区优势资产，结合社区需求分析，因地制宜地拟定可实现性的近、中、远期更新目标与策略。

传统以需求为导向的社区更新由于缺乏社区内生动力的引导，无法应对社区源源不断的各类问题，严重依赖外部支持，导致居民逐渐丧失集体行动能力。资产导向的社区更新更加重视利用和培育自身资产，倡导多方参与的动态更新，逐步满足社区需求，实现多元综合的更新目标。

资产导向的社区更新强调对社区资产的识别与利用，基于资产导向的社区更新，首先要对社区资产进行梳理，将社区资产分为物质资产、人力资产、社会资产，并明确影响各类型社区资产的相关因子，初步建立社区资产评估的指标体系，从而有效识别和评估社区资产价值，为资产导向的社区更新研究和实践提供了依据和基础。其具体更新策略可分为如下5个步骤：社区资产调查、社区资产评估、社区需求调查、资产导向的社区更新潜力分析、资产导向的社区更新机制与策略构建（图2-3）。

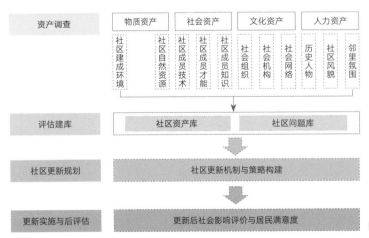

图2-3 基于社区资产的城市社区更新思路

2.2.2 场景理论

2.2.2.1 基本概念

场景理论（the theory of scenes）最初由新芝加哥城市学派的特里·N·克拉克（Terry Nichols Clark）及其研究团队针对后工业时代来临，原有的社会学经典理论难以适应时代的发展变化，而提出的一套新的学术研究范式。场景理论的核心观点是以消费为基础去审视城市空间，并把城市空间看作汇集各种消费符号的文化价值混合体。其根本目的在于通过新的视角去对后工业城市空间中的消费娱乐、生活文化设施等进行指标分析或绩效评价，并在此基础上尝试寻找当代城市的发展动力。

克拉克在1982年主持跨国研究"财政紧缩与城市更新项目"（The Fiscal Austerity and Urban Innovation Project，FAUI）时，初步研究了场景与城市增长发展之间的关系，该研究成果对美国城市更新实践与城市研究产生了较为深远的影响。在2010年以前，他多用"舒适物"（amenities）等公共物品来突出市民文化艺术参与对城市发展的重要性。之后他进一步拓展了这项研究，以消费为基础把后工业城市发展转型（包括更新）的新动力现象（文化艺术消费的社会现象）整合到"场景"（scenescape）这个概念中来，把它作为一种理论分析工具来诠释后工业城市中市民文化艺术参与对城市增长发展带来的影响。至此，场景理论得到了进一步完善。

在具体测量方面，场景理论提供了一种可用于微观尺度空间的"五要素"基础分析方法，包括：①可界定的空间实体，如邻里（neighborhood）、社区（community）；②物质结构（physical structures），城市基础设施（infrastructure）；③多样性人群，如种族、阶级、性别和教育情况等（persons labeled by race, class, gender, education, etc.）；④前三个元素以及活动的组合（the specific combinations of these and activities）；⑤场景中所孕育的文化价值（legitimacy, theatricality and authenticity）。这是一个开放性的研究框架，在具体的实证研究中有时也会增加"公共性"和"政策"层面的分析（图2-4）。

目前，国内对实体空间场景类型的研究主要包括创新创业、文化交流、文化体验与消费三种，场景分析的重点主要围绕空间本身的基本特征、主要的设施要素及其组合构成、参与人群以及空间中开展的活动类型四方面展开，而后在此基础上提炼该类场景所蕴含的文化价值观。

图2-4 场景理论的研究体系

2.2.2.2 基于场景理论的社区更新

场景理论为我们提供了整体认知城市空间价值的理论和分析视角,在识别地方场景背后隐含的文化与生活特征时,不仅要清楚环境中的设施要素,更重要的是关注场景中人、设施和环境的整体互动关系。

基于场景理论的社区更新的关键点在于:

社区公共空间中的场景认知。对于场景的认知,可从时间性与层次性两方面进行。场景的时间性主要分为历时与共时两种类型。历时指在不同的时间平面纵向认知社区空间中的场景,关注场景的过去—现在—未来,包括规划前后的状态。共时则是在同一时间平面横向认知不同场景,关注社区为不同人群提供的活动与服务。基于时间性,可扩大对社区场景的认知,从历史场景走向未来场景,用历史场景的理念作文化的挖掘,将历史场景纳入今天的社区更新和明天的社区创造、营造。场景的层次性主要是从不同的场景空间尺度(宏、中、微)或类型(点、线、面)去认知场景(图2-5)。

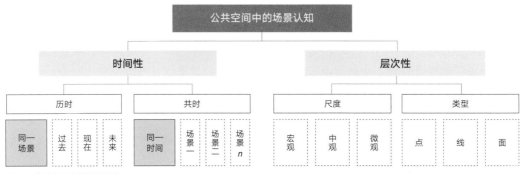

图2-5 公共空间中的场景认知

同时,基于"场景观"进行社区更新时,应高度重视不同尺度和类型场景的整体性价值,处理好场景之间关联性、连续性、差异性的关系,并适当包容场景中的多要素杂糅与协同、冲突与融合的存在,以实现社区更新的综合效益。但基于场景理论的社区更新理论和方法研究才刚起步,还需要更系统深入的研究,变成一套更好的方法理念落实到社区中。

2.2.3 城市空间文化结构理论

2.2.3.1 基本概念

关于城市空间文化结构(urban spatial cultural structure)的研究,西方学者早在20世纪就从不同角度论证了它的真实存在。凯文·林奇(Kevin Lynch)从居民的"心智地图"出发建立了表象的城市空间结构图示,揭示了城市的文化内涵如何融入城市空间。戈登·库伦(Gordon Cullen)从"连续视觉"角度构建了城市的"三维精神地图",揭示了城市空间文化结构在居民情感体验中的映射。在我国,吴良镛先生在他1989年出版的《广义建筑学》中提出了关于建筑和城市规划建设中的文化观的前导性见解,并在2009年出版的

《中国建筑与城市文化》一书中从城市和区域发展的角度，论述了城市文化与城市现代化的密切关系的。

"城市空间文化结构"的概念是从文化维度对城市空间进行解读，其核心内涵在于"整体性"，体现在对空间文化的整体性价值的认知，以及整体性、结构化的分析方法。从内容构成上来看，城市空间文化结构是由空间文化要素聚合形成的空间文化单元，以及由空间文化单元组合形成的文化功能和文化价值的集合体；在空间组织上表现为串联不同节点的文化线路的组合。城市空间文化要素主要包括与人文相关联的自然或人工环境，以及相关联的人物与事件。城市空间文化单元则是指由城市空间文化要素进行有机组合所形成，显现为具有内部协调统一性、具有独立文化价值，相对完整且可感知的空间或者实体（图2-6）。

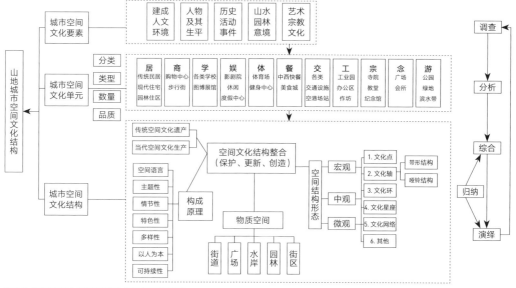

图2-6 城市空间文化结构概念内涵与研究程序
[资料来源：黄瓴. 城市空间文化结构研究——以西南地区为例[D]. 重庆：重庆大学，2010]

城市空间文化结构由一个及以上空间文化单元组成，包括宏观、中观、微观三级尺度。从宏观和中观尺度来看，若干空间文化单元形成具有内部联系的空间文化结构，用于分析城市或城市片区。城市空间文化结构的微观层面，则是指在一个空间文化单元范围内的空间文化要素的文化内涵和形式的整合。城市空间文化结构的研究，可以辅助城市规划设计工作对城市空间中各种文化资源、实体和行为的系统构成及空间组织的掌握，从而促进城市文化的健康发展和城市空间文化品质的提升，实现城市空间建设的文化目标（黄瓴，2010）。

2.2.3.2 从城市空间文化结构到社区空间文化结构

2019年，城市社会学新芝加哥学派的代表作——《场景：空间品质如何塑造社会生活》的中文译本出版，书中提出"场景是特定人群在特定物质环境下的行为以及由此产生的整体文化氛围"，从理论层面为社区空间文化价值识别提供了新的认知视角和分析工具。

城市空间文化结构宛如城市空间文化的大动脉，而城市社区空间文化结构（简称"社区空间文化结构"）则如同城市空间文化的毛细血管，既与城市衔接，又自成微循环结构。从城市空间文化结构到社区空间文化结构，其概念内涵在"整体性"的价值基础上，还具有公共性、在地性和日常性特征。公共性体现在社区空间文化结构以公共空间为抓手，通过挖掘空间的文化内涵、修复空间结构，激活居民的公共交往；在地性因社区所处地域、气候和文化的不同而存在；日常性体现在社区公共空间内居民的日常交往、休闲和娱乐等活动，具有平凡、重复和琐碎的特征（黄瓴，陈欣，等，2021）。

2.2.3.3 基于社区空间文化结构的社区更新

（1）社区空间文化结构识别

社区空间文化结构识别，一方面要通过全面梳理社区自身时空间发展脉络和居民日常行为活动轨迹，获得对社区空间文化结构的感性认知；另一方面还需借助对空间文化场景单元的适度价值计量，以识别和串联价值量较高的场景单元，其必要性在场景单元过多的社区中尤为突出。

（2）社区空间文化结构修复

社区空间文化结构修复的核心内容包括增加空间文化价值总量和提升空间文化品质。增加社区空间文化价值总量的主要途径为营造新的空间文化场景单元。对于已经消失的场景单元，在其中植入历史元素进行场景再现；结合时代需求对社区低效公共空间进行场景激活或营造，从而获得文化增量，提升结构的整体价值。围绕社区空间文化结构，对环境品质、步行体系、空间界面进行系统规划设计，提升空间文化品质。

（3）社区空间文化结构的运用

基于空间文化结构理论及社区空间文化结构理论的更新规划重点在于系统性梳理社区空间文化要素，激活空间文化场景单元和修复社区空间文化结构。社区空间文化结构作为高质量发展阶段社区更新规划的新理念，其核心贡献在于从认知上进一步强化社区空间文化结构潜在的整体价值，通过实践探索优化城市社区更新规划的在地方法。有利于促进城市社区空间文化整体品质提升，从文化维度丰富和优化城市社区历史文化保护与可持续发展的规划理念和方法。围绕社区空间文化结构实施更新行动，也是实现社区治理创新的有效路径（图2-7）。

2.2.4 社区生活圈理论

2.2.4.1 基本概念

亚洲语境下的生活圈（life circle）概念起源于日本《农村生活环境整备计划》，用来应对在城市快速化进程中出现的城乡发展不平衡、贫富差距过大等问题（和泉润，王郁，2004）。为了建立一套可用于日本国土与区域规划中类似于中心地镶嵌结构的空间体系，日

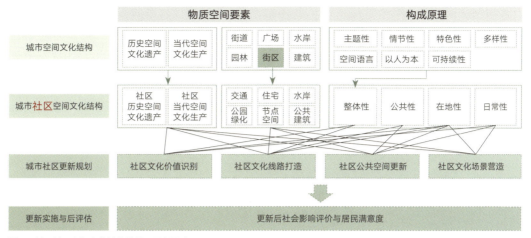

图2-7 基于社区空间文化结构的社区更新思路

本学者提出了"生活圈构成论"的基本观点（孙道胜，柴彦威，2018）。它是基于区域尺度提出的，作为合理安排基础设施和公共服务设施、促进地方均衡发展的一种规划手段。从1965年日本首次提出到2008年逐步发展完善，生活圈的概念共经历了"广域生活圈—地方生活圈—定居圈—生活圈域"4个发展阶段，逐步从区域尺度深入到城市尺度，然后再落实到以人的活动需求为核心的空间规划单元，即生活圈域——人口在30万人左右、交通时间距离在一个小时左右的区域构建成统一的"生活圈域"——并以此来优化地区间的资源配置，实现均衡发展。

在日本的影响下，生活圈的理念逐步传播到韩国及我国台湾地区。由于各国各地区自然及社会条件存在差异，生活圈的具体内涵及其层次构成，在适应自身条件的情况下各具特色。韩国有关生活圈的规划也存在地域尺度的生活圈与城市尺度的生活圈的区别。地域尺度的生活圈强调以区域为单位扩大就业机会、完善各类服务设施、提高国民福利。城市尺度的生活圈是针对具有一定空间范围的生活圈域，以"分级理论"为依据，按照生活圈的等级配置公共设施，逐步分解城市规划中的主要内容，推动战略目标的实施，从而促进地区均衡发展和人民的安居乐业（朱一荣，2009；上海市规划和国土资源管理局，等，2017）。我国台湾地区也在1979年的综合开发计划中，采用"地方生活圈"的概念对城市进行分等定级，以地方中心以上的都市为核心，考虑人的活动所需的土地规模、交通网络及社会经济活动所需的基本设施进行整体性规划，通过生活圈建设促进区域均衡发展，达成提升生活品质的政策目标（陈丽瑛，1989；陈丽瑛，1991）。

之后随着城市发展进入转型阶段，生活圈理论被引入我国大陆地区，其相关研究备受关注。其中，柴彦威等从研究居民的时空间行为角度出发，将居民的日常生活圈划分为"社区生活圈—基本生活圈—通勤生活圈—扩展生活圈—都市生活圈"5个等级层次（柴彦威，张雪，等，2015），由此提出了社区生活圈概念。进一步，诸多学者都对社区生活圈的概念进行了深入的、在地化的研究。例如，部分学者认为社区生活圈是居民以居住地为中心，开展包括购物休闲、医疗教育、就业通勤与生活服务等各种日常活动所形成的空间范围（肖作鹏，柴彦威，等，2014），是生活圈的核心圈层（孙道胜，柴彦威，等，2016）。社区生活圈在居住空间附近，集中了大多数满足基本生活需求的日常活动，如生活必需品的购物、体育锻炼、在社区周边的休闲等。社区生活圈的空间范围涵盖社区周边的散步道、公园、便利店、诊所等，也包含与社区较近的公交或地铁站。邻近的若干社区生活圈会发生重叠以及设施的共用，共同组成基础生活圈。社区生活圈也可以是居民以家为中心，在一日内开展包括购物、休闲、通勤（学）、社会交往等各种活动所构成的行为和空间范围（程蓉，2018）。它是居民的日常居住生活活动在地理空间上的投影，是相互关联的生活功能空间的集合（于一凡，2018），具有鲜明的地理空间特征。2018年住房和城乡建设部批准发布《城市居住区规划设计标准》GB 50180—2018，将生活圈居住区定义为"满足居民物质与生活文化需求为原则划分的居住区范围"，以15分钟、10分钟、5分钟三个层次的生活圈规划理念，取代了我国沿用多年的居住区、小区和组团三层次的住区规划理念（图2-8）。这一改变对我国城市规划与城市更新诸多工作行动产生了深远的影响。

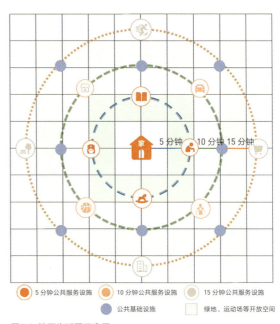

图2-8 社区生活圈示意图

总体来说，不同学者对社区生活圈的基本认识是一致的，都强调社区生活圈要以人为核心，面向美好生活的追求，从居民的需求出发，通过对居民活动时间、空间等行为特征的刻画与描述，形成涵盖居住、就业、交通与休闲等各种日常活动功能的地域范围（廖远涛，胡嘉佩，等，2018）。

2.2.4.2 基于社区生活圈的社区更新

2021年7月，《社区生活圈规划技术指南》TD/T 1062—2021正式推行实施。作为行业标准，这一指南重点阐述了社区生活圈规划的总体原则、城镇社区生活圈及乡村社区生活圈的规划指引、差异引导和实施要求等内容。从过去的"居住小区"到如今的"社区生活圈"，体现了城市规划设计、城市更新思路从计划、问题导向向品质、需求导向的根本转变。

基于价值认知的城市社区更新强调生活导向的空间观、资源平衡的时间观和行为需求的人本观，可借助社区生活圈规划手段进行逐一落实，完成社区生活空间更新规划、社区生活时间更新规划、社区时空行为更新规划等内容。基于社区生活圈的更新规划实践路径，首先应先按照居民平均步行速度（3~4千米/时）所需消耗的时间和所能达到的空间距离为依据，划定的15分钟生活圈（15分钟的出行距离约为750~1000米）、10分钟生活圈（10分钟的出行距离约为500~700米）、5分钟生活圈（5分钟的出行距离约为250~300米）的空间范围。其次，应从社区居民的实际需求出发，进行社区体检，诊断圈域内设施配套、公共空间等的欠账问题；并基于居民的居住密度和居民群体结构特征，确定社区更新中应配建设施的数量与规模，以最大限度地满足居民需求，实现资源利用效率的最大化。

另外，基于社区生活圈的城市社区更新建设尤其需重视与行政管理单元的衔接关系以及全过程的公众参与，强调依托多元力量推动社区向理想的生活圈目标前进，以治理的方式来推动社区生活圈规划的落地实施。具体而言，基于社区生活圈的社区更新：①应结合规划管理单元划定社区生活圈的范围；②根据居民设施需求调查，以社区生活圈为单元明确公共服务设施的配置标准；③基于划定的社区生活圈范围，结合控规实施情况，评估当前各生活圈内设施的配置情况，为后续开展控规修改调整提供支撑依据；④以社区生活圈为单元开展社区公共服务设施统筹配置；⑤建立社区生活圈与行政管理单元的衔接关系，以治理的方式来推动社区生活圈规划的落地实施（廖远涛，2018）。

需要注意的是，由于重庆天然存在的山地地貌特征，其城市社区是处于山地丘陵中的城市社会聚落，为一种具有典型特征的城市单元。因此，社区生活圈在山地城市逐渐生发出因地制宜的自适应性（黄瓴，明峻宇，等，2019）。具体表现在：①社区生活圈在城市宏观视角保持有显著的自足性和差异性、独立性和排他性，彼此间存在巨大特征差异（图2-9）。②在中观视角，社区生活圈彼此显现出高度依赖性。复合的立体空间在纵向上强化了生活圈在相近高程的联系与依赖，其"圈层"也会因复杂地形而变得更加模糊（图2-10）。③社区生活圈在微观层面具有明显的封闭性和方向性。其内部联系更加紧密与封闭，对外联系也受制于指向明显的线性交通（图2-11）。社区生活圈规划强调因地制宜、因需制宜，在重庆的城市社区更新规划中更反映出其基于客观事实的在地理论转译与方法演进。

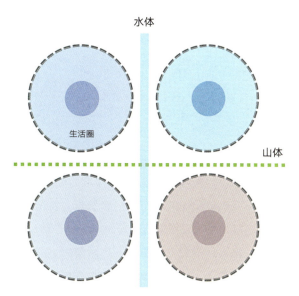

图2-9 宏观层面社区生活圈的差异性与独立性

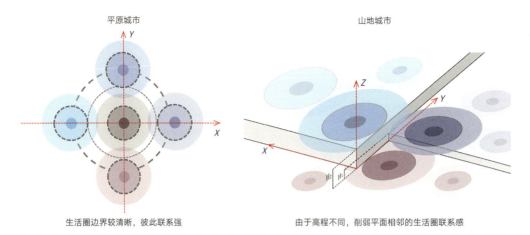

图2-10 中观层面社区生活圈的依赖性与联系性

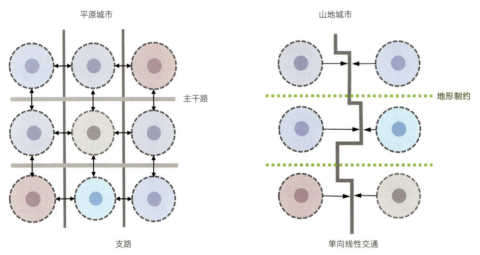

图2-11 微观层面社区生活圈的封闭性与方向性

2.2.5 城市设计理论

2.2.5.1 基本概念

城市设计,又称都市设计(urban design)。《城乡规划学名词》将其定义为:对城市形态和空间环境所做的设计和构思安排。城市设计作为一种设计思想和方法贯穿于城市规划的全过程,也可以作为城市规划中的一个阶段或工作层次。

与城市规划不同,城市设计的对象是城市空间,目的是对城市空间的优化,并对理想空间形态的描述。其实质是人和城市环境之间的一种互动——人作为主体,人类生活的环境是客体。人类通过(城市设计)活动改变环境,环境同时也影响人类和其活动。因此,城市设计包含了三方面的要素:人(主体)、环境(客体)、(人和环境之间的)相互作用(过程)。

关于城市设计的任务和目标，朱自煊先生在《中外城市设计理论与实践》一文中，将其总结为如下几方面：

（1）城市设计要为人们创造一个舒适宜人、方便高效、卫生优美的物质空间环境和社会环境。

（2）城市设计要为城市社区建设一种有机的秩序，包括空间秩序和社会秩序。

（3）城市设计是一项综合规划设计工作，要求能综合各专业的需要，做到合理安排、协调发展。

（4）城市设计是对城市空间环境的合理设计，主要立足于现实，又要有理想并具有丰富想象力。

（5）城市设计目标是城市空间环境上的统一、完美；综合效益上的最佳、优化；社会生活上的有机、协调。

2.2.5.2 基于城市设计思维的社区更新

社区更新规划突破僵局的关键在于积极转变规划视角，改变过往简单的开发及旧改模式，大胆地将城市设计的思维及理论融入社区更新实践中，促进社区规划及更新设计理念的转型，推动社区更新模式走向精细化（图2-12）。通过积极有效地挖掘用户需求，达到实践项目与用户需求匹配，从而实现社区开发及更新设计品质的升级，为城市社区建设一种有机的空间秩序和社会秩序。

社区更新面对的更新尺度相对较小，同时需要更完整、准确、翔实的产权等数据作为支撑，对社区更新专业人员以及社区管理工作提出了更为精确、严谨的深度要求，即社区更新需要"绣花功夫"。基于设计思维的社区更新意味着从社区更新问题的发现到解决是一个非线性、迭代循环的过程，其本质是以用户为中心，去理解、观察、分析社区用户人群及其真实需求，提出多样化创意方案，针对性地解决现实问题的一种创新思维方式。首先，它需要进行现场踏勘、访谈观察并体验社区环境内用户的日常行为生活，初步了解社区内不同利益方的诉求。然后，基于调研与信息收集，分析用户特征及其需求信息，把更新工作聚焦到关键问题之上。其次，针对社区突出的问题及居民反馈原因提出解决的策略

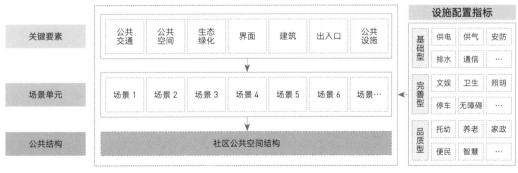

图2-12 基于城市设计理论的社区更新思路

和多个创意构思，并选取相对较优的设计方案进行深化。最后，将设计方案原型回归社区，与城市设计领域专家、社区用户、社区物业管理人员进行互动、交流，记录真实环境中不同用户对方案的支持程度及需求反馈，以达到设计方案的完善，实现方案设计的最佳效果（王振报，2020）。

2.2.6 触媒理论

2.2.6.1 基本概念

触媒（catalysts）原是化学中的一个概念，也叫催化剂，指"一种与反应物相关、通常以小剂量使用的物质，用来改变和加快反应速度，而自身在反应过程中不被消耗"，后来引申为"加速一个过程或事件的进度，但自身并未卷入或不被其后果改变的物质"。借用这一特性，1989年，韦恩·奥图（Wayne Attoe）和唐恩·洛根（Donn Logan）在《美国都市建筑——城市设计的触媒》（*American Urban Architecture—Catalysis in the Design of Cities*）一书中将"城市触媒"（urban catalysts）定义为"在城市中应有一系列有限的但可及的理想，而彼此都能相互刺激，起协调作用"，其目的是"促使城市构造持续与渐进地改革"。最重要的是，触媒并非单一的最终产品，而是一个可以刺激与引导后续开发的元素。

触媒最初仅作用于与其邻近的城市构成元素，通过改变现有元素的外在条件或内在属性来带动其后续发展。随着"媒介"（指城市开发建设中元素间的相互作用力）的能量传递，当原有的元素被改变或新的元素被吸引过来后，原始的"触媒点"与新元素一起共振、整合，进而形成更大规模的城市触媒点，影响到更大的城市区域，最终产生一种城市开发的联动反应。

根据韦恩·奥图等人的总结，城市触媒的作用特征可以归纳为以下8个方面：

（1）新元素改变了其周围的元素。
（2）触媒可以提升现存元素的价值或作有利的转换。
（3）触媒反应并不会损坏城市文脉。
（4）正面性的触媒反应需要了解城市文脉。
（5）并非所有的触媒反应都是一样的。
（6）触媒设计是策略性的。
（7）产品[①]整体比元素的总和要好。
（8）触媒本身仍然是可辨认的。

触媒理论并没有为所有的城市地区设计出一套统一的完成目标的方法、一个最终的形式或一个较好的视觉特质，而是描述了一种城市开发的必备特征，利用触媒可激起其他作用的力量。触媒理论的焦点是置入的新元素与现存元素的相互作用，以及它们对未来城市

[①] 韦恩·奥图等人认为，城市触媒是由城市（它的"实验室"）所塑造的元素，然后反过来塑造它本身的环境。城市触媒的目的是促使城市结构持续与渐进地发展。最重要的是该触媒并非单一的最终产品，而是一个可以刺激与引导后续开发的元素。由此可见，城市触媒的主要功能是激发和带动城市的建设，促使城市结构进行持续、渐进的发展。它不是终极产品。而是一系列产品的发端，它的出现将刺激与引导后续众多项目的开发。

形式的影响。"城市触媒可能是一间旅馆、一个购物区域或一个交通中心；它也可能是博物馆、剧院或设计过的开放空间；或者是小规模的、特别的实体，像是一列廊柱或喷水池"。触媒可以成为任何城市中的物质形态，而非局限于某一特定领域。一个报告或是一套指导方针或者某个标志性事件都可以成为触媒，"有时候，触媒指的是经济上的过程，典型的例子是一项资金的投入会引导其他资金的投入"等。金广君就在其原有理论基础上对触媒理论进行了深入探索，探讨了城市触媒的类型与特点，并根据城市设计形态将触媒归纳为"点触媒""线触媒""面触媒"（金广君，刘代云，等，2004）。

2.2.6.2 基于触媒理论的社区更新

城市触媒是指能够促使城市发生变化，并能加快或改变城市发展建设速度的新元素。诸多学者对触媒理论运用于城市更新展开了广泛的应用与探索。提摩西·查平（Timothy S. Chapin）研究了以体育设施（体育馆）作为城市更新触媒的规划（T. Chapin, 2004），其中约翰·诺维（Johannes Novy）和迪克·皮特（Deike Peters）所撰写的第10章《大型铁路项目对后工业城市的触媒作用：以德国"斯图加特21"项目为例》（*Railway Megaprojects as Catalysts for the Re-Making of Post-Industrial Cities? The Case of Stuttgart 21 in Germany*）探讨了大型铁路项目作为城市元素对都市发展的助推作用，以及对市民生活的显著影响（J. Novy, D. Peters, 2015）。而在我国的旧城更新工作中，触媒理论也成为化解旧城更新中各方利益冲突、实现多方共赢和城市空间可持续发展的重要途径（运迎霞，2012）。本书笔者课题组就曾在社区更新实践中，基于城市思维，将社区更新目标纳入周边区域整体发展框架，以社区内主要生活街巷和菜市场作为活力触媒点，提出了"区域联动+触媒营造"的更新策略（图2-13）（黄瓴，王思佳，等，2017）。至此，触媒理论在社区更新中的运用价值逐步显现。

基于触媒理论的社区更新，首先要梳理和挖掘社区空间中的禀赋元素，明确更新触媒的类别与级别。然后选择适宜的更新触媒，明确其在触媒空间系统中的具体职责；在选定更新触媒后，再对触媒空间系统进行具体设计。最后，在完成触媒选择和触媒空间系统设计的基础上，制定开发实施策略，以提高更新触媒开发的可操作性，保证在市场经济体制框架内更新方案的顺利实施，从而推动社区的发展与更新。

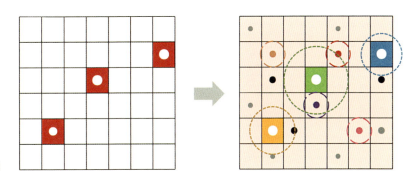

图2-13 触媒理论基本逻辑

社区作为城市社会治理的基本单元,也是市民日常活动的主要空间,其本身所包含的各种特质为触媒效应的发生提供了重要基础。同时,引发触媒效应需要的前期投资相对较少、建设量较小,不会给政府财政造成过大压力,更容易启动。而这种小尺度、渐进式的更新模式更易于激发公众参与,形成社区认同感,让当地居民的态度从"社区已没救了"转变为"任何事都有可能发生,而且我们可以使之发生",从而调动居民参与社区更新的积极性,使社区更新取得更好的效果。

2.2.7 社会资本理论

2.2.7.1 基本概念

1916年,社区改革倡导者利达·汉尼范(Lyda J. Hanifan)在《美国政治社会科学学术年鉴》(*Annals of the American Academy of Political and Social Science*)上发表了题为"乡村学校社区中心"(*The Rural School Community Center*)的文章,首次提出了"社会资本"(social capital)概念,用来分析社区参与和社会纽带的重要性。之后,简·雅各布斯(Jane Jacobs)在《美国大城市的死与生》(*The Death and Life of Great American Cities*)一书中也运用了"社会资本"这一概念来分析美国大城市的衰退和复兴。她认为"街区邻里之间形成的社会网络是一个城市不可替代的社会资本,当这种社会资本慢慢消失时,它给城市带来的好处也就减少或消失;也只有当这种资本慢慢再开始积累时,这种益处才可能再次出现"。

随着研究的不断深入,第一个系统诠释社会资本现代意义的学者是法国社会学家皮埃尔·布迪厄(Pierre Bourdieu)。他从社会关系网络的视角来理解社会资本,并把资本区分为经济资本、文化资本和社会资本三种形式。在《资本的形式》(*The Forms of Capital*)一书中,他系统地阐述了社会资本理论(Bourdieu P., 1986)。所谓社会资本,"是指实际的或潜在的资源集合体,那些资源是同对某种持久的网络的占有密不可分的;而这一网络是大家共同熟悉的、得到公认的,并且是一种制度化的关系网络。换句话说,这一网络是同某团体的会员制度相联系的,它从集体性拥有资本的角度为每个成员提供支持,提供为他们赢得声望的'凭证',……这些资本也许会通过运用一个共同的名字(如家族的、部落的、学校的、党派的名字等)而在社会中得以制度化并得到保障,这些资本也可以通过一整套的制度化行为得到保障"。

在布迪厄研究的基础上,有关"社会资本"的现代意义得到了进一步扩充,社会资本研究也呈现出了泾渭分明的两支:即以社会为中心和以个人为中心。其中,以社会为中心理论研究取向的代表人物罗伯特·普特南(Robert Putnam),其为社会资本打入主流学术话语作出了突出贡献,既充实了布迪厄关于社会关系网络的静态定义,又继承了科尔曼(James Coleman)把社会资本看作公共产品属性的研究成果。目前,普特南对社会资本的定义得到了普遍的认同。他认为"社会资本是指社会组织的特征,例如信任、规范和网络，它们能够通过推动协调的行动来提高社会的效率"。作为一种为促进共同利益而采取的集体行动的正式和非正式的规范和网络，社会资本对于个人、组织之间的生产和合作乃至整个社会的进步和繁荣具有积极意义。

在社区尺度上，社会资本存在拥有主体的差异。微观层面，社会资本是社区居民个体所拥有的社会关系网络以及通过这种网络动员获取资源的能力。在中观层面，社会资本是社区组织在社区社会网络形成中的作用，即社区组织的关系网和动员能力。而在宏观层面，则强调社区整体所拥有的社会资本，也就是把社区视为一个整体，社会资本即社区在嵌入社会系统时所依赖的法律、制度、规则以及网络等。由于在这个层次上的社会资本具有相当明显的公共产品性质，因此也可以称之为群体社会资本。

2.2.7.2 基于社会资本理论的社区更新

国内外学者研究发现，社会资本存量多的社区更能够应对贫困、解决争端、促进就业、提高组织效率、促进社区经济发展，而社区社会资本普遍缺失则容易导致社区失谐，且社区更新行动如不能补偿社区居民丧失的社会资本，更新工作便难以得到居民的支持（图2-14）。

图2-14 基于社区资本理论的社区更新思路

因此，从可持续发展理念出发，一方面，应推动社区更新的模式从政府和国有企业主导，向"政府引导、市场主导、居民参与"的模式转变。例如，目前政府和国有企业是城市社区更新工作主要的资金来源，途径相对单一，资金压力也十分巨大。且由于社区更新工作周期较长，现有资金投入模式不可持续。在此背景下，加快探索社区更新改造的市场化路径，吸引社会资本参与，破除社会资本尤其是民营企业参与社区更新的壁垒，探索更新项目资金平衡的有效机制，鼓励多方社会资本参与社区更新行动，通过给予政策支持或途径优化，创造公平、透明的市场环境来集聚更多有实力的社会资本，形成的更大更新合力，推动社区更新提速增效。

另一方面，应通过社会资本培育，实现更新资本的积累，促进社区更新工作的展开与和谐社区的建设。遵循"判定社会资本存量→明确障碍因素→提出优化策略"的研究思路，即合理判定其现状资本存量水平，明确影响社会资本培育的社会–空间因素，可通过住区社会–空间结构优化提升住区社会资本存量（张祥智，2016）。

2.2.8 公共治理理论

2.2.8.1 基本概念

"治理"一词在英语中对应的是"govern",原意是控制、引导和操纵。长期以来它与统治(government)一词交叉使用,并且主要用于与国家的公共事务相关的管理活动和政治活动中。1995年由全球治理委员会(Commission on Global Governance)发布的《我们的全球伙伴关系》(*Our Global Neighborhood: The Report of the Commission on Global Governance*)一书将治理(governance)定义为"各种公共的或私人的个人和机构管理其共同事务的诸多方式的总和"。它是使相互冲突的或不同的利益得以调和并且采取联合行动的持续的过程。治理是一个上下互动的管理过程,它主要通过合作、协商、伙伴关系、确立认同和共同的目标等方式实施对公共事务的管理。其权力向度是多元的、相互的,而不是单一的和自上而下的。治理意味着办好事情的能力并不仅限于政府的权力,不限于政府的发号施令和运用权威。其核心在于多元协商,共同参与。

公共治理(public governance)是指政府、社会组织、私人部门、国际组织等治理主体,通过协商、谈判、洽谈等互动的、民主的方式共同治理公共事务的管理模式。与传统的公共行政相比,公共治理不再是自上而下,依靠政府的政治权威,通过发号施令、制定和实施政策,对公共事务进行单一化管理。它强调的是主体多元化、方式民主化、管理协作化的上下互动的新型治理模式。究其根本,治理就是一个还权于民的过程,公共治理实际上是国家权力向社会的回归,是在国家–市场–公民社会三维关系的组合中,寻求一种不同以往的、更为有效的互动合作模式。

公共治理理论具有以下特点。第一,公共治理是一种过程。它包括发放调查问卷、广泛收集民意、网络投票、举办听证会和提案等方式,是政府与其他各主体共同管理社会事务的整个过程。第二,公共治理是协调沟通。政府以协调的方式来管理社会事务,这很利于公民社会的发展。第三,公共治理拥有极其广泛的主体。除了政府外,治理主体还包括企事业单位和第三部门等等。第四,公共治理拥有非常强的互动性。例如,现代通信技术的增强和不断发展,扩展了其互动的广度和深度(徐中振,2008)。

2.2.8.2 基于公共治理理论的社区更新

城市社区更新是城市更新的重要单元和推动抓手,其更新的目标在于实现社区物理空间及其建筑设施"微整容"的同时,也诱导和熏陶着良好社区居民关系的形成。但是社区事务多种多样,又极其复杂,这就决定了社区注定是一个由政府、市场和公民社会三者互动协作、共同治理的场所。因此,基于公共治理的社区的更新工作,有利于调动多元主体共同参与和互动合作(图2-15)。

同时,城市社区在更新中不可避免地存在着空间资源为众多产权人共有的特点,需要以制度设计来代替工程设计。基于公共治理的社区更新可以有效发挥政府、社会、居民、

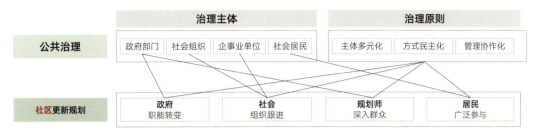

图2-15 基于公共治理的社区更新思路

规划师等多元主体的作用，采取集体行动以取得更好的结果。其中，政府应转变职能，放权社区治理；社会应组织跟进，承接政府职能；居民应广泛参与，活跃社区自治；规划师应深入群众，实践研究，发挥"智囊团"建言献策的作用。

2.2.9 理论的集成与在地化运用

在存量发展时期，面对愈加复杂多维的城市社区问题，单一的社区更新理论已显现出许多局限性而难以应对城市发展诸多矛盾，创新理论的集成运用必将是社区更新的未来方向。基于上述的社区更新相关理论集成是对在更新过程中可用到的各种"资源"进行集成，以城市社区发展目标为主线，用现有的理论集成认知、描述、解释、处理和规划社区更新面临的实际问题，包括价值认知、方法运用、空间落地、政策机制、维护运营等，以形成能够在地化解决社区实际问题与需求的集成方案与思想，使更新工作的科学性与方案性达到最优解。同时，理论的系统集成也帮助规划师或管理者、参与者从整体性、全面性的角度出发，综合考虑社区更新全过程中涉及的诸多影响因素，并管控整个更新过程中各因素间的相互关联与影响。

另一方面，在中国情境下验证现有理论的适用性也是检验和发展现有理论在我国特色语境下的转译与归纳。包括关于社区更新规划的适应性方法，也是期望通过对单一、零散的方法进行集成，构建一个系统化的、条理化的创新方法集成应用包，以完善在地化的社区更新规划整体理论方法框架，提高其科学性。

最后，社区更新的理论集成与综合方法运用应以实现社区高质量的、因地制宜的可持续发展为基本目标，并首先需要满足几点基本原则：

2.2.9.1 社区更新的目标
（1）优化城市布局，完善城市功能

当前，随着我国经济发展由"高速度"逐渐向"高质量"转化，城市经济的发展与空间利用对城市功能提出新的更高要求，为满足城市功能升级需求，城市更新已成为城市发展的主要途径，具有时代发展的必要性。实施城市更新行动是我国城市发展的必须要求。我国大量城市在改革开放后快速拓展，而老城区的布局、设施大多是20世纪五六十年代的基础框架，许多城市片区面临功能调整和设施提升，改革开放初期建设的社区和产业园区存在功能配套上的短板，城市更新需求变得越来越迫切。

另外，在我国加快构建新发展格局的时代背景下，城市建设是经济增长中的重要一环。当前我国城镇化率已突破60%，城市发展正在从增量时代转向存量为主、增存并重的时代。实施城市更新行动，谋划推进一系列城市建设领域民生工程和发展工程，不仅有助于充分释放城市发展的巨大潜力并形成新的经济增长点，成为构建新发展格局的重要支点，也有助于形成新的发展模式，让城市建设继续扮演现代化建设的重要引擎角色。

（2）提升人居环境，建设高质量社区

大力推进城市更新，旨在提升城市人居环境质量和城市品质，建设宜居、绿色、韧性、智慧、人文的城市，全面开展城市体检，持续强化城市生态韧性，高质量推进城镇老旧小区改造，提升城市竞争力和功能品质，增强城市居民的幸福感、安全感、获得感。

伴随城市更新进程，我国出台了若干关于社区的政策纲领，逐步迈进空间治理视角下的城市与社区更新规划阶段。"十四五"规划明确提出实施城市更新行动，加强城镇老旧小区改造和社区建设。社区规划成为更好地实施城市更新行动的重要工具，应当运用好政府力、吸引来社会力、培育好社区力，齐心协力推动社区可持续发展，建设高质量社区。

（3）传承城市文化，塑造城市面貌

城市文化在漫长的历史过程中积淀、缓慢演变发展，形成城市的文脉。城市的文化资源、文化氛围和文化发展水平，在一定程度上体现出城市的竞争力，决定着城市的未来。城市的快速发展过程中，外来文化带来冲击，在地城市文化的传承面临着消解。城市面貌是历史的积淀和文化的凝结，是城市外在形象与精神内质的有机统一，是一个城市的物质生活、文化传统、地理环境等诸因素综合作用的产物。现实中由于城市规划建设中抄袭、模仿、复制现象十分普遍，面貌雷同的城市街区越来越多，导致城市空间的特色衰微。各地具有民族风格和地域特色的城市风貌正在消失，代之而来的是几乎千篇一律的高楼大厦，千城一面的现象日趋严重。

城市更新则需要挖掘和保护城市文化要素，基于在地性的文化特色、历史遗迹、人文底蕴，打造具有特色的城市风貌，避免千城一面的困境。

2.2.9.2 社区更新的基本原则

（1）在地性

城市是在地历史文化的产物，城市更新应首先遵循在地性原则。对于城市而言，一个城市的自身特色和独特之处是因为其在地性元素，包括地域环境、文化特色、历史遗迹、人文底蕴等。这些元素是城市生命的一部分，承载了城市的记忆，涵养了城市的生命力，迸发了城市的活力，彰显了城市的魅力。在城市发展方式转变过程中，城市更新要求留住城市特有的在地性要素，从而避免形成千篇一律的城市整体风貌。

在地性因城市所处地域、气候和文化的不同而存在。城市内的要素，如古树、普通历史建筑、公共活动空间等，对于所在城市历史的宏大叙事而言也许不足道，却是居民形成地方认同的重要载体，也是对居民而言可知可感可解读的历史切片，形成了地方知识。注重在地性的城市更新行动一方面应当保护历史建筑、老街区、旧居住区、旧厂区、旧商业区以及古井、古树、古桥等历史遗存，作为城市记忆的承载体；另一方面，应当关注非物质的在地性城市文化，如具有特色的日常生活场景、非物质文化遗产等。随着时间的迁移，城市记忆的新承载体会不断出现，城市更新行动也应当持续维持在地性原则，与之不背离。

（2）日常性

城市更新应当注重"日常性"的视角，并将其作为原则之一。不同于宏大叙事逻辑下的大规模城市更新，以老旧小区和老旧街区为代表的城市更新承载的是城市居民的日常生活，这些城市更新更多地考虑面向日常生活，以小规模、常态化、渐进式和持续性的方式开展。

日常性体现在公共空间内的日常交往、休闲和娱乐等活动，具有平凡、重复和琐碎的特征。正是日常生活中重复性潜在的意识活动构成了在地居民的行为习惯和文化风俗，成为公共生活和集体记忆的重要来源，同时形成重要的城市文化景观。强调日常性并非抛离具有纪念意义的非日常的文化场所、事件及活动，这是在当下城市建设中普遍"重历史而轻日常"背景下，对回归日常并珍视日常空间的强烈呼吁。注重日常性的城市更新应当强化对"人"的关注，坚持以人为本，重视民生保障、福祉改善和公共利益，将目光更关注于普通人的生活便利性、舒适性、幸福感。城市日常生活是由各类人群的生活共同构成，因此更应充分考虑和研究人群在日常生活中的环境行为特征和心理需求，重视适老化、儿童友好、全龄友好和代际互动等问题。

（3）时间性

城市更新要关注时间维度，注重时间性原则，由传统的更新方式走向常态化、渐进式、持续性的更新方式。城市更新不是一个固定静止、聚焦当下的行动，而是保持动态变化、放眼未来的过程。城市更新应当发现凝练时间的价值，从时间的维度来理解城市的发展性和生长性。

城市更新的时间性也体现在对城市空间文化的关注，后者是在历时性和共时性视域下潜藏在城市空间表征中的文化意义和精神，也是高度原子化社会中城市人形成归属感和认同感的重要依托。只关注空间建设而忽略其历史文化脉络及积淀形成的文化精神，空间只能成为文化浮萍；而脱离了空间的城市文化也难免成为空洞的所指。对于空间文化的关注，拓宽了对空间的认知视野，文化不仅是空间的附加品，也是空间的基本属性。

（4）公共性

城市更新应当面向公共，注重公共性原则。城市的公共空间和日常公共设施是满足居民基本生活需求的资源，然而在城市发展过程中，往往存在供给不足、品质不佳、价值异化等问题，公共空间和公共活动设施有待完善，城市空间的公共性有待提升。在物质空间更新层面，城市更新强调公共空间中的场景营造，激活公共空间活动，注重公共空间的适老化设施和儿童友好设施，通过挖掘空间的文化内涵、修复空间结构，激活公共交往。

另外，在城市更新的规划实施层面应当搭建公共交流平台，搭建社区听证会、线上社区论坛、居民议事会等多样化的居民公共交流平台；完善城市社区管理机制，形成党建引领、物业协作、居民自治的多元管理模式；倡导公众参与规划，提升居民公共参与更新规划的积极性，构建自下而上与自上而下协同包容的更新治理价值范式及城市公共空间微更新策略，建立城市居民共同意识。基于公共性原则，将"协同"理念作为城市更新的价值范式之一。

（5）公平性

实现社会公平与空间正义一直是城乡规划持续探讨的重要议题。根据马斯洛人类需求五层次理论，城市社区更新的公平性首先表现在城市公共资源的合理配置上，以满足居民的基本生存权利，即"均等公平"。这包括合理的空间布局、便利的公共设施、便捷的公共交通、公平的住房保障等。同时要更加关注弱势群体和边缘群体的需要，使其在社区中拥有同样体面生活的权利和能力，实现"需求公平"。在此基础上，再进一步"从有到优"，构建高品质、有内涵的社区文化，丰富社区精神，提高居民的生活满足感。

但需要强调的是，"公平"是一个相对的概念，不存在绝对的公平社会。社区更新的目标应该是在人本目标下，调整过去简单的标准化供给为精准、适配的服务均好，通过复合多元路径推动社区可持续发展。

2.3
适应性社区更新规划方法

▶ 作为城市更新的重要场域，社区更新行动的实施与推进离不开"结构–机制–行动"完整框架，其中"结构"就是在规划层级对社区更新的整体把握（图2-16），是对包括公共空间结构、空间文化结构、空间经济结构等社区公共结构的统筹规划和调整。基于前文对社区更新概念的阐述及对相关理论（念）的梳理，参照重庆山地城市社区规划与更新实践，进一步构建适应性社区更新规划方法和实施路径（图2-17）。

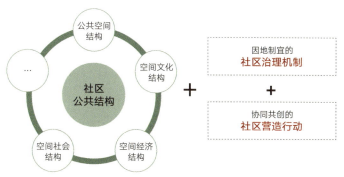

图2-16 基于"结构-机制-行动"的社区更新框架

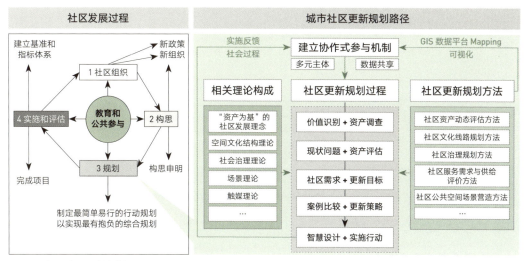

图2-17 社区更新规划实施路径

2.3.1 社区资产识别与评估方法

2.3.1.1 社区资产识别

（1）社区资产调查与价值认知

依据前文表2-1识别社区资产及其价值。其中社区物质资产可以延伸涵盖社区的建成环境和自然环境，是社区环境品质的营造的载体和基础；社区人力资产包含社区成员的技术、才能和知识，不仅包括劳动力市场技能、领导才能，还包括教育背景以及其他技能与经验；而社区社会资产代表社区中的社会关系，包括正式与非正式的组织和机构、社会网络与联系，它对于社区的网络建立具有至关重要的作用，其正式或非正式的联系是社区内部资产力与政府力、市场力和社会力强弱关系建立的基础，是一个社区凝聚力和执行力培养的关键。

每个社区的资产都不尽相同，社区可以识别和界定自身特有的资产，所以在社区的具体实践中，不同的社区其三种资产类型包含的资产内容都可能不同，因此每个社区拥有物质资产、人力资产、社区资产的能力和优势都不同。这为发展多元化的社区以及社区发展的策略多样化奠定了基础。

（2）社区资产调查方法

社区资产的调查方法主要包括：查阅文献资料、实地踏勘调研、社区会议、访谈咨询、问卷调查等。

1）查阅文献资料

相关管理部门会定期编制所在行政区域的"县志"或"地方志"，查阅此类文献可以直接、便捷地了解到社区的历史沿革和发展状况等基础信息。政府网站上每年会公布地区的统计年鉴，政府工作报告也会对地区发展情况作相应的总结，可以在此类年鉴和报告中了解社区相关的信息。此外，互联网上拥有大量官方和公众提供的开放信息，通过搜索引擎能够获取相关资料和数据资源，但需要甄别其中的可靠性。

2）实地踏勘调研

收集和整理文献可以了解社区基本情况，而深入社区的实地踏勘才是获取社区资产状况最有效和最直观的途径。进入社区亲身去观察、感受社区的空间场景和日常生活，并通过文字、速写、影像记录等方式去记录社区的资产现状，以此加深对社区的认识。此外，与社区居民简短的交谈和询问，就可以搜集社区大量的真实信息。

3）社区会议

社区会议旨在通过规划团队与社区居民的交流，相互公开信息，对互相关心的议题进行讨论和反馈的有效方式。通过社区会议的方式，鼓励社区居民发表自己的意见和观点。社区会议应该将社区居民、政府管理部门、规划团队、社区居委会、社会组织等不同主体纳入参与范围，充分地交流沟通。一个好的社区会议能够收集大量的居民意见，还可以对社区居民起到宣传、动员的作用。培养居民参与社区发展的积极性。

4）访谈咨询

访谈咨询的对象通常是社区内一些关键性的消息提供者，例如社区行政管理人员、社区领袖、长期居住在此的居民等。访谈前应当对想要获取的相关信息制定一个大致的内容框架，并预留一些开放式的问题。开放式的访谈可以让受访者自由和充分地表达自己的看法，通过访谈咨询可以获取想要了解的关键性信息。

5）问卷调查

问卷调查是针对相关对象和具体议题收集数据的方法。问卷调查的内容设计对问卷结构有很大的影响，因此需要研究者仔细确定问卷调查中所要问的问题，并编制成书面的问题单或表格交由调查对象填写。在调查对象填写过程中可以采取适当的引导与解释，使得调查对象充分了解调查的提问。问卷调查后收回整理分析，从而得出结论。

本文对社区资产评估的意见收集主要是通过问卷调查来获得，因此调查对象要选择对社区情况熟悉并对相关研究有一定理解的人群，并且调查样本的数量应当尽量广泛。问卷调查除了传统的现场发放还可以借助问卷网、问卷星等互联网平台或手机软件进行问卷调查，提高社区居民的参与度与问卷完成效果。

(3) 社区资产数据库构建

在社区资产调查后，对社区内的各类资产进行挖掘、记录、识别和梳理。从而明晰社区内各类资产的状态，通过对社区资产数据信息的整理便于构建社区资产数据库。

社区资产数据库包含多种方式，例如将具有空间属性的社区资产内容用于绘制社区资产地图，建立GIS数据平台等方式，明晰社区资产的空间分布特征；另外一些空间属性较弱的社区资产通过建立社区资产统计表等方式明晰资产内容。社区资产数据库的构建可以为下一步的社区资产评估以及社区更新规划提供基础。

2.3.1.2 社区资产评估方法

(1) 社区资产评估体系构建

通过社区资产调查可以了解社区资产的基本情况，但要正确识别社区资产价值则需进行相对科学的量化评估。通过建立社区资产的评估方法，识别资产价值，发现社区更新中可以利用的、重要的社区资源，从而明晰社区在更新中的资产优势，这对于确立社区发展的目标和社区更新策略的选择有重要的意义。

针对社区资产评估的特点，社区物质资产与社会资产的评估采用层次分析法与模糊综合评价法。而社区人力资产采用传统的问卷调查和资料收集整理，可以比较得出量化结论，在此对社区人力资产的评估方法不再过多赘述（图2-18）。

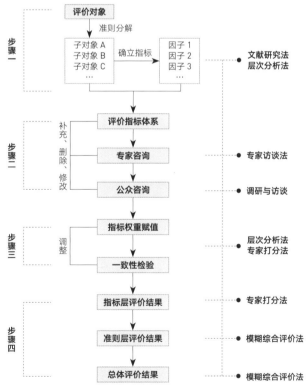

图2-18 社区资产评估过程框架

（2）社区资产评价方法选择

1）层次分析法

层次分析法（The Analytic Hierarchy Process，AHP）是一种为应对多目标、复杂化的综合评价问题，结合定性与定量的权重决策分析工具[①]。自1980年代引入我国以来，已经广泛应用于城市规划相关的各个研究领域。

层次分析法能够将定量与定性分析的相融合，通过调研对象的主观认知与判断，利用确定的相对标度来对各个要素的相对重要性进行测度，能够快速、方便地得出结果。同时充分借鉴系统科学中的对层次和结构要素的分类方法，将评价目标逐步向下分解为准则层、指标层等要素，通过对各层次各要素的相对重要性对比传达出影响评价目标的各因素的相对递进关系。其工作步骤大致为：

①建立层次结构模型：针对具体研究问题，自上而下对评价目标的要素建立多层次阶梯式的结构指标体系。

②构造两两比较判断矩阵：在建立好层次结构模型后，将同级的各层的各要素采用统一的比例标度进行两两相互比较，根据评价对象的认知判定两者的相对重要性，以此建立比较判断矩阵。

③计算层次指标权重，并进行一致性检验：计算每一个成对比较矩阵最大特征根及对应的特征向量，得出权重指标。并利用随机一致性指标进行一致性检验，如有不符则修改比较矩阵，直至得出准确的权重指标。

由于层次分析法基于不同调研对象的主观判断，应当采用数学期望等方式统一归纳结论，得出的各个层次的最终指标权重。

2）模糊评价法

模糊综合评价法（Fuzzy Sets或Uncertain Sets）是一种基于模糊数学的综合评价方法。它是以模糊数学为基础，通过构建模糊集合，建立起与评价指标相应的隶属度函数，最后结合定性评价的隶属度集合进行计算，转化为定量评价，从而得出评价目标的评价结论。近年来，模糊综合评价法已经广泛应用于城市规划相关领域，对一些复杂的城市问题的评价方面已经初显成效。

模糊综合评价法可以对评价目标进行多层次递进的评价，即下一层次的评价结果可以作为上一层次评价的基础数据，这种方式在对较复杂对象进行评价时能较好地处理多因素、模糊性以及主观判断等问题，从而取得较好的评价效果。但其自身的理论原理决定了最后的评价结果只会为一个模糊向量，而非具体点值，每个评价对象具有唯一的评价结果。评价结果可以参考相关的评分原则，进行得分转换得出具有相对比较性的分值。模糊综合评价法的步骤大体为：

①建立模糊综合评价模型：指标体系是进行模糊综合评价的基础，指标选取得是否适

---

① 该方法是美国运筹学家匹兹堡大学教授托马斯·萨蒂（Thomas L. Saaty）于20世纪70年代初提出的一种结构化技术，用于组织和分析复杂决策。AHP并非规定一个"正确"的决定，而是帮助决策者找到最适合其目标及其对问题的理解的决定。它为构建决策问题、表示和量化其要素，并将要素与总体目标联系起来以及评估替代解决方案提供了一个全面与合理的框架。

宜会对模糊综合评价结果的科学性产生重要影响。

②构建指标权重向量：运用德尔菲法、层次分析法等方法确定好各层次和指标的权重向量。

③建立评价矩阵：总结调查对象的判定结果，建立对应隶属度的评价矩阵。

④将评价矩阵和权重向量进行合成：选取适应的模糊算子，结合指标权重与评价矩阵得出相应的评价结论。并可以考虑采用相关评判标准进行得分转换，从而使评价结论更为直观。

（3）社区资产评价指标的确定

1）建立指标结构模型

搭建社区资产的指标体系首先应结合层次分析法的基本原理，构建"目标层—准则层—指标层"的三层次指标结构模型。最上层为评价的目标层，按照资产分类的相关研究，将目标层分为物质资产、社会资产和人力资产三类。第二层为三类资产评价目标的准则层，准则层的因子是通过对评价目标层的影响因素进行分解归类而得到。第三层为评价的指标层，将准则层的各因素再细分，得到具体的评价指标。

2）确立各层次评价指标

评价指标的选取在层次分析法中占有非常重要的作用，并且会影响到结论的科学性。通过相关理论研究，结合专家的咨询意见，本书将社区资产的物质资产、社会资产、人力资产分别建立评价体系目标层，通过对三类资产目标层进行再分解，研究出影响各类资产的要素，作为准则层和指标层的影响因子。而准则层和指标层的相关因子可参考可持续发展、社会影响评价、公共空间评价、社会资产（资本）评价、文化资产（资本）评价、宜居城市或宜居社区评价等领域，并结合社区具体情况得出符合社区自身特点的评价指标（表2-2）。

资产评价指标体系总表　　　　　　　　　　　　　　　　　　　　　　　　　　表 2-2

总目标层	准则层	指标层
A1 物质资产	社区区位	周边资源，发展趋势
	用地功能	适宜性，复合度
	活动场地	安全性，可达性，功能性，活力性，可识别性
	道路交通	安全性，通达性，可步行性，可识别性，公共交通与停车状况
	界面	街宽比，协调度，业态多样性，延续性，开放性，引导性
	住宅建筑	新旧度，风貌，住宅品质
	景观绿化	绿地率，绿化品质，多样性
	公共服务设施	生活服务设施、市政设施、公共服务设施
	环境质量	噪声，光线，空气质量，温度，维护度
	历史文化资源	历史建筑，历史事件，文化活动，文化技艺，生活习俗
A2 社会资产	经济产业	产业结构，产业潜力，产业效益

续表

总目标层	准则层	指标层
A2 社会资产	社区组织	社区居委会，志愿者组织，企事业单位
	社区服务	公共服务，便民服务，福利服务
	社会网络	凝聚力，归属感，信任度，认同感，互动与互助
	社区关联	社会支持，依赖度，参与度
	人口情况	人口密度，外来人口比例，老龄化率
	职业结构	失业人员，自由职业，管理人员，技术人员
A3 人力资产	教育背景	中小学，高中，大专及以上
	家庭结构	夫妻家庭，核心家庭，主干家庭，其他家庭
	经济收入	收入，中等收入，高收入
	技能特长	职业类，爱好类

2.3.2 社区空间环境综合整治设计方法

2.3.2.1 社区公共服务设施

社区公共服务设施是相对于城市公共服务设施而言的。随着城市扩张速度加快，城市级公共设施的服务半径越来越大，可达性的减弱导致居民使用频率降低；位于居民基本生活圈内的社区公共服务设施因"数量多、距离近"而成为居民日常使用频率最高的公共设施，因此社区公共服务设施更加贴近居民的日常生活。社区公共服务设施可以按功能分为生活服务设施、社会管理设施和社会福利设施三类，具体包括：城乡社区就业、社会保障服务，社区医疗卫生和计划生育服务，社会服务，文化服务、教育服务、体育服务，法律服务、安全服务，社区生产服务等设施。社区公共服务设施，应该从现状评估、划分单元、分级配置三个步骤进行综合配置。

（1）社区公共服务设施现状评估

公共服务设施评估时应从"点、量、质、人"四个维度进行评估。"点"与"量"对应空间分布；"质"对应"服务品质"；可从空间分布、服务品质、居民满意度三个维度进行综合评估。评估公共服务设施的空间分布时，可用可达性、综合服务半径等指标衡量；评估服务品质时可用供需水平、出行时间成本、集约性等指标衡量；评估居民满意度时，可采用问卷或者访问的形式获取社区居民对社区公共服务设施各项指标的满意度，从而了解社区居民的真正诉求。综合对公共服务设施的空间分布、服务品质和居民满意度的三个维度的评估结果，可得出社区公共服务设施现状的不足，为公服设施规划提供方向和思路（表2-3）。

社区公共服务设施评价维度　　　　　　　　　　　　　　　　　　　　　　　　　　　　表2-3

评价维度	空间分布（点、量）	服务品质（质）	居民满意度（人）
评价内容	可达性、综合服务半径	供需水平、出行时间成本、土地集约性质、设施品质	问卷调查、访问调查
评价目的	得出社区公共服务设施配置的空间特征、服务半径的覆盖情况等	得出社区公共服务设施的服务品质和居民使用的便捷程度	从居民主观需求出发得出社区公共服务设施的改进方向

（2）结合社区生活圈划分治理单元

社区生活圈是指在一定的空间范围内，全面与精准解决各类生活需求、融合居住和就业环境、强化凝聚力和应急能力的社区生活共同体，是涵盖生产、生活、生态的城乡基本生活单元、发展单元和治理单元。《社区生活圈规划技术指南》中将社区生活圈分为15分钟、5~10分钟两个层级；公共服务设施配置要素分为基础保障型、品质提升型和特色引导型。根据社区生活圈划分治理单元，可使社区公共服务设施配置更加精准化和公平化，便于实施和管理。同时，划分社区治理单元应满足适应性、协调性、自然性和复杂适应性等多项原则（表2-4）。

社区治理单元划分原则　　　　　　　　　　　　　　　　　　　　　　　　　　　　表2-4

原则	适应性原则	协调性原则	自然性原则	复杂适应性原则
描述	与当地人口适应且符合当地的经济发展水平	空间单元和治理单元应该协调统一	适应山地城市的山水自然边界，顺应地形	结合人口特征、片区功能特征综合布局
图示				

（3）结合治理单元配置公服设施

对于重庆的老旧社区，由于其存量资产的复杂性和山地地貌的限制，导致缺乏空间进行设施增补，因此老旧公共服务设施增补的方法需要考虑多重因素。首先须结合现状公共服务设施的特征，明确需要增补或者提升的设施类型。发掘社区潜力空间和闲置空间，最大限度提升其对服务设施的容纳效能。对于现状服务品质不佳的公共服务设施，可从改造建筑、置换功能、服务提量等方面改善公服设施品质。

对于新建社区，运用"社区家园体系"理念，依托"社区家园"实现社区服务设施配置。在空间治理视角下，社区家园以10分钟社区生活圈为基本单元，高效集成空间服务资源并与服务机制有效协同，旨在构建城市社区中"人—空间—服务"三位一体的有效链接。参照《重庆市主城区街道与社区综合服务中心规划》等相关规定，明确社区家园服务设施的功能组成与控制指标，如图2-19所示。

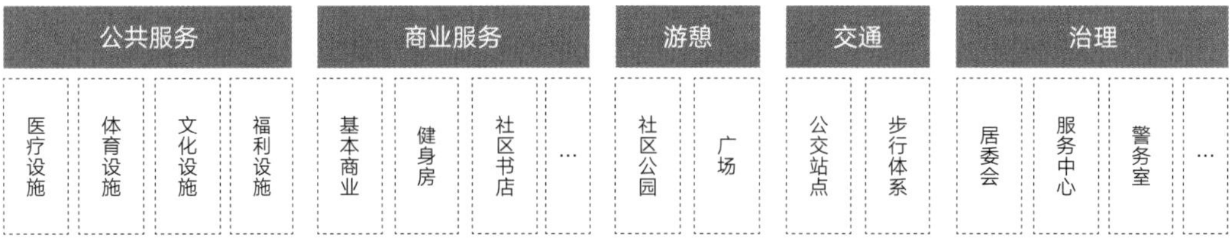

图2-19 社区家园服务设施功能组成

2.3.2.2 舒适物设施

"舒适物"（amenities）一词源于经济学，与"消费"有关，通常是指能给人带来舒适与愉悦的事物，包括设施活动与服务等。关于"城市舒适物"，西方舒适物类型研究和国内已有的宜居城市评价体系均对舒适物类型进行了研究和思考。总体而言，城市舒适物包含自然舒适物、文旅舒适物、产业舒适物、交通舒适物、基本服务舒适物和社会舒适物等。而聚焦社区尺度，舒适物的内涵和类型将更加聚焦，成为直接与人群紧密结合的设施系统。同样地，社区舒适物也可从生态、生活、文旅、交通、服务设施等方面进行分类（图2-20）。

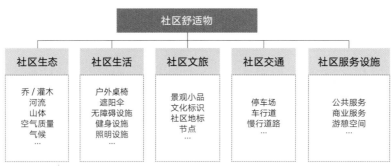

图2-20 社区舒适物类型

舒适物的概念关注真正能够给人带来愉悦体验的环境要素，有助于将有限的更新资源运用到真正能够发挥作用的地方，尤其是对山地城市而言，适应复杂地形的社区空间环境所能够供给人群休息的场景空间，无论是数量上还是空间条件上，相对于平原城市都是十分有限的。在实施城市更新行动的背景下，社区更新应更加注重均好性、全龄化、精细化等原则。舒适物的配置是社区更新的重要抓手之一，而在山地城市重庆，老旧社区面临的问题更加复杂，受限于地形特征、人口问题、治理条件等多因素。社区舒适物配置应该注重以下几点：

（1）聚焦全龄化，实现舒适物的适老化和儿童友好

第七次全国人口普查显示，我国60岁以上人口占比达到18.7%，人口老龄化将成为我国中长期发展基本国情，人口老龄化越发显著且呈现高龄化的现象，社会抚养比将达到最大值。随着"三胎"的不断开放，儿童的数量也会逐渐增长。因此社区高质量适老化设施

及儿童友好设施的需求量也会不断增加。适老化与儿童友好的舒适物均需满足便捷性、安全性、可达性、舒适性、趣味性和多功能性等条件。并且针对老年群体，需要考虑结合老年人的活动特征设置无障碍设施。而针对儿童，在满足儿童特殊的生理尺度和活动要求的前提下，还可以让儿童共同参与到设施的设计中，激发儿童的创造力（图2-21）。

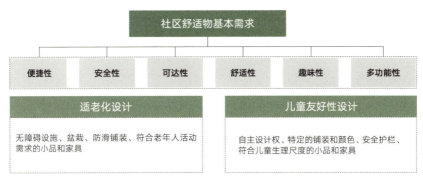

图2-21 社区舒适物基本需求与适老化、儿童友好设计

（2）注重差异性，避免社区舒适物设施的同质化

通过快速的社区微空间设计这一抓手提升社区建成环境品质，往往会导致社区公共空间设计缺乏精细化。采用"模板化"的设计手法最终将导致社区公共空间严重的"同质化"。重庆市不同的社区，其文化、人文底蕴和存量资产的丰富度均有较大的差异。不同社区的舒适物的设计应当结合所在社区的特征而有所差异。例如在重庆市七星岗街道、嘉西村社区等文化资产较为丰富的社区，舒适物设施应当结合社区的文化线路设置，同时配合进行一定的文化宣传并设置旅游标识。舒适物在满足服务居民的同时也可成为社区的特色标识，增加社区的文化魅力。

（3）贴近日常性，考虑居民日常生活需求

舒适物设施需要精密结合居民日常生活需求。除刚性需求的舒适物设施，如安全设施、照明设施、市政设施、适当的休憩设施和宣传标识栏等，其他设施的设置权可以让居民行使，社区居民可根据日常生活选择可移动、可变化、可拆卸的灵活小家具。让设施的功能随需求的差异而变化（表2-5）。

灵活可变的社区舒适物　　　　　　　　　　　　　　　　　　　　　　　　　　表 2-5

类型	舒适物图示					
	名称	照明设施	环卫设施	固定桌椅	标示设施	宣传栏
刚性需求舒适物	图示					

续表

类型	舒适物图示					
弹性需求舒适物	名称	小型花架花坛	多功能立柱	可移动式座椅	儿童活动设施	其他
	图示					
	设施功能	居民自主设计、维护的盆景园林设施	功能灵活可变：晾衣服、球类运动场	根据日常活动的类型和人数而变化	结合儿童活动特征和需求设置	舞台、露天电影台

2.3.2.3 社区场景设计

场景是以人与环境的关联性为核心，舒适物是链接人与环境的关键性要素。场景以鲜活灵活的方式表征出人们对环境的感知和行为方式，与环境互动所产生的活动外化出人们对舒适物设施的选择和偏好。因此社区空间环境综合整治设计不仅需要考虑空间品质的提升和设施的补齐等物质资产，更需要考虑社区中人与社区空间设施的交互、人与人的交流、人与社区文化的共鸣。基于场景营造的视角所提出的整体性规划思路和从人本需求出发的规划方法，将山地社区场景设计的方法与过程归纳为环境品质评估、问题空间与活力节点识别、场景要素转译和营造目标制定等4个过程（图2-22）。

图2-22 社区场景设计过程

（1）基于场景识别的社区整体环境品质评估

设计之前应该以场景的视角关注步道中人群的活动状态并对步道场景进行归类，依据步道中的主要使用人群、活动内容及其相关设施，明确步道中与人群活动联系紧密的既有环境要素，并依据环境品质相关的评价维度对这些要素进行归类，建立针对每一类要素的评价方法和标准，据此对社区整体环境进行不同维度的评估。可从安全性、舒适性、连续性、趣味性4个维度21项环境要素进行评估（表2-6）。评估完成后，可对社区空间环境品质的差异性有初步把控，明确社区场景设计的重点内容。

场景评价维度　　　　　　　　　　　　　　　　　　　　　　　　　　表2-6

评价维度	安全性	舒适性	连续性	趣味性
评价要素	通行空间、人车混行、过街联系、机动辅助设施、无障碍设施	铺地、遮蔽设施、遮阳设施、垃圾桶、座椅、照明、栏杆、公厕	路段标识	入口空间、公共空间、街道界面、小品雕塑、树种配置

（2）明确需要补齐基本设施的问题空间，提取具有空间特色的活力节点

依据社区整体环境品质的评估结果，从补足基本短板的层面总结步道环境基本设施缺项的问题，并采用Mapping的方式将具体问题与具体空间相对应，明确需要补齐基本设施的问题空间。

社区空间环境综合整治工作需要"以点带线，以点带面"分时渐进式进行。需要提取社区关键公共空间节点进行重点改造设计，结合山地城市地形条件形成立体的、多层次的空间体验。同时考虑结合社区风貌节点、社区景观节点、社区文化节点和社区生活节点梳理出作为特色化场景营造的空间节点，对特色空间节点改造后可促使其他小型社区场景成型，从而增加整个社区场景单元数量。

（3）场景要素的社区转译

识别出社区的问题空间与活力节点之后，也就识别出场景的空间载体。对场景要素进行社区转译的过程，即是对这些空间载体进行设施配置和活力激活的过程。对场景主客观结构两大体系的五要素（邻里社区、物质结构与舒适物系统、多样性人群、前三要素的组合、场景中的符号意义与价值）进行综合解析，得出其对应到社区层面有哪些设计要点。

要素一的邻里社区对应社区的物质空间，社区层面的物质空间包含建筑、公共空间与基础设施等。要素二的物质结构与舒适物系统对应社区公共服务设施与生活文化消费设施。要素三多样性人群则对应社区居民的在地性特征，需要精准地对每一个社区的人群结构、社会结构、生活习性进行剖析。要素四为前三要素的集合，可表征为社区居民在公共空间的各种活动，分成社区日常活动与消费活动。要素五对应社区的价值与文化认同感，城市社区文化方式的在地性认知非常重要，从社区公共性和治理中寻找到在地社区的真善美特。总而言之，场景要素的社区转译过程，核心是将人、空间、行为活动进行关联，同时进行空间文化价值认知、文化价值评价挖潜，最终实现社区空间文化价值的提升（图2-23）。

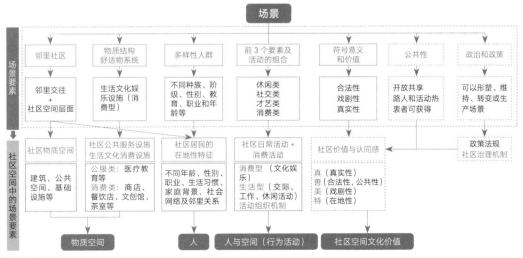

图2-23 场景要素的社区转译

（4）制定差异化的场景营造目标

更新目标的制定为更新规划指明了价值导向、明确了更新思路，起统领全局的作用。现有的社区环境更新在提出目标时，都是从社区本身发展角度出发，以愿景式的目标定位呈现出对整治工作后旧貌换新的美好畅想。但场景营造的视角强调从日常生活出发，基于人与环境的互动规律提出符合人群真实需求的、适合客观环境条件的更新目标。真实性、客观性的原则决定了场景营造的目标是多维度、差异化的。

2.3.3 社区空间文化规划方法

2.3.3.1 社区文化线路

社区空间文化是提供生活出行、文化活动、邻里交往的社区线性空间、点状的广场空间、院落空间、历史遗迹、活动设施等"点—线"空间和实物为载体的空间文化。对于社区空间文化的结构梳理，应通过调查与分析，把握居民主要与次要活动出行、集中与分散活动出行、历史遗迹和活动设施等空间领域并进行解析。

社区空间文化结构是社区空间文化在空间上存在的形式和逻辑关联，通常以具有文化意义的点状公共空间、文化设施等为社区精神凝聚的中心，以居民生活及邻里交往的线性空间路径为社区文化连接的纽带。解析社区空间文化结构是认知社区空间环境与人文内涵的一种有效方法与途径，也是城市空间文化结构在社区层面的一种表现形式。

（1）社区文化线路定义及其分类

在重庆渝中区城市老旧居住社区内，由于特殊的山地地形条件，居民长期生活形成了步行交通为主的居住生活、邻里交往、对外交通出行模式，山城步道便成为居民生活的线性交通，同时，居民在社区生活上以具有文化意义的公共空间、文化设施等为社区精神凝聚的中心，产生了社区的文化氛围，线性交通和社区精神凝聚的中心整体成为社区精神与社区凝聚力充分体现的空间载体。因此，这种以山城步道为载体的线性空间体现了"文化线路"思想的特征。在社区更新实践中，规划工作者容易忽视居民生活的社区线性空间和社区精神凝聚的中心，造成对社区文化与社区精神的干预破坏，因此，梳理保护社区的生活线路是城市老旧居住社区更新的重要前提。

在具有历史遗址、遗迹的老旧居住社区中，区域城市文化线路可与老旧居住社区内的历史遗址、遗迹进行贯通，这也是城市文化线路在社区层面的充分表达，从而产生一种新的隐藏的文化旅游线路，与社区生活线路重叠或分离。因此，挖掘和梳理城市老旧居住社区内潜在的文化旅游线路，并建立其与社区生活线路良好的互动机制，是实现老旧居住社区文化复兴的第一步。

综上所述，社区文化线路是指在城市老旧居住社区内居民长期生活形成的生活型线性空间或通过社区内重要历史遗址、遗迹与城市文化线路进行有效贯通的文化旅游型线性空间。可见，社区文化线路包括文化旅游型与生活型两种类型。解析社区文化线路实质是对社区空间文化结构的梳理，通过对社区生活线性空间和社区文化旅游线性空间的挖掘和梳理、社区精神凝聚中心文化氛围的营造，对于城市老旧居住社区空间环境的认知与人文内涵的挖掘和社区整体文化复兴具有重要意义。

（2）社区文化线路的建构方法

城市老旧居住社区内社区文化线路的建构实质是对社区文化空间结构的梳理，首先判别城市老旧居住社区与周边城市文化线路的空间关系，确定是否存在文化旅游型社区文化线路，其次通过调查与图纸分析，梳理居民对外出行的主要生活线路与次要的生活线路，即对生活型社区文化线路的梳理，然后分析社区内主要文化节点，包括公共活动空间、次要公共活动空间以及文化活动设施的分布及使用情况，然后连接诸多文化节点，成为完整的社区文化线路图，以形成城市老旧居住社区更新关于空间文化层面的整体骨架。建构社区文化线路，有利于对社区文化线路图上的文化节点与线性空间的清醒认识和对文化内涵的充分挖掘，并能引导对其进行重点更新与设计

1）判别城市老旧居住社区与城市文化线路的空间关系及其分类

若社区内存在历史遗迹、遗址，则社区必然与城市文化线路有一定的空间关联，或从边缘经过，或从内部穿越，因此，社区内将形成文化旅游型社区文化线路。若社区内不存在历史遗迹、遗址，则仅需要对社区内的生活型社区文化线路进行梳理。通过判别城市老旧居住社区与城市文化线路的空间关系，可以对城市老旧居住社区以及社区文化线路进行分类，有利于把握更新整治重点（图2-24）。

通过以上关系梳理，当城市文化线路远离城市老旧居住社区时，社区内仅存在生活型社区文化线路，即仅需要对居民生活线路进行梳理，此时的城市老旧居住社区一般为空间上较孤立的居住单元，关于此类老旧居住社区更新的宏观策略并不需要从城市文化线路的建构保护角度进行研究，可以从其外部景观环境、与开敞空间可达性改善等方面提出宏观策略。关于此类老旧居住社区更新的宏观策略不作为本文重点研究的范畴，社区更新的宏观策略研究仅是针对与城市文化线路有密切关系的城市老旧居住社区。

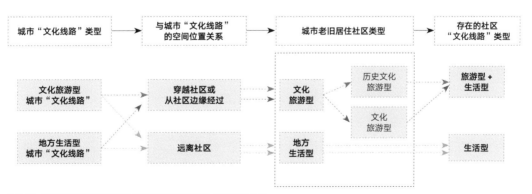

图2-24 城市老旧居住社区与城市文化线路的空间关系及社区分类
[资料来源：肖洪未. 基于"文化线路"思想的城市老旧居住社区更新策略研究[D]. 重庆：重庆大学，2012]

2）社区线性空间的梳理及类型判别

社区线性空间，通常是以山城步道的形式存在于社区内，应根据居民生活出行方式、邻里交往规律、文化活动设施、公共空间、历史遗迹的分布以及山城道的空间形态梳理线形交通。由于社区文化线路分为文化旅游型和生活型两种类型，因此，线性交通必然以其中一种或两种形式存在于社区内，这取决于社区内是否存在历史遗迹或与城市文化线路的空间位置关系。前文已讨论，没有历史遗迹、离城市文化线路较远的老旧居住社区只存在生活型线性交通，但不管是否有历史遗迹，城市文化线路从老旧居住社区中部或边缘经过时均存在文化旅游型和生活型线性交通，这也是笔者大量调查渝中区城市老旧居住社区总结出的（图2-25）。

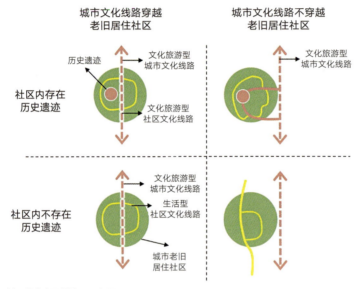

图2-25 社区线性交通的梳理示意图
[资料来源：肖洪未.基于"文化线路"思想的城市老旧居住社区更新策略研究[D].重庆：重庆大学，2012]

3）社区文化节点的梳理和塑造

通过对社区文化节点的梳理和塑造，目的是强化社区文化线路的特色。社区文化节点包括社区历史遗迹、遗址、公共空间、院落空间（半公共空间）、室内公共活动中心等展示社区特色与社区邻里文化的公共场所。社区文化节点也是形成社区文化线路的重要依据，实际上，社区文化线路正是由众多文化节点连接而成，只有通过对文化节点文化氛围的塑造，社区文化线路才有存在的意义和价值，社区邻里文化和社区特色才得以恢复和突显。现存线性交通上的文化节点，由于失去了文化氛围，社区文化线路并不明显，导致整体缺乏社区活力和社区精神。因此，社区文化节点的梳理和塑造，是建构社区文化线路形、成社区文化氛围、塑造社区特色、培育社区精神的最有效途径。

建构社区文化线路的目的是挖掘社区历史特色，并对社区居民生活空间与历史记忆进行重构，最终目标是复兴社区文化（包括社区历史文化和社区邻里文化）以及让社区充满活力。

4）强化线性空间的文化性、历史性和特色性

这里指的线性空间不包括社区文化线路上的文化节点，不仅因其最基本的交通功能而具有视觉导向性、景观连续性、行走安全性等，而且也因其作为展示社区生活、社区历史和社区形象的重要窗口而具有文化和历史性。因此，除了对线性空间上铺装、扶栏、绿化、界面进行物质空间层面的整治外，还应植入反映社区生活、社区历史和社区特色的文化元素。如对于生活型线性空间，可在线性空间两侧界面张贴反映社区过去风貌或社区日常生活的照片，文化旅游型线性交通可植入历史雕塑，展示社区悠久历史等。

（3）"文化线路"思想导向的城市老旧居住社区更新基本框架和步骤

将"文化线路"思想应用于城市老旧居住社区更新，应从宏观和微观两个层面研究进行。首先，在城市层面，通过对城市历史文物资源的挖掘（特指社区历史遗迹）以及线性交通的梳理，理清城市文化线路的分布，将城市老旧居住社区与已梳理的城市文化线路进行叠加，可以进一步厘清城市老旧居住社区与城市文化线路的空间关系，然后依据空间关系对城市老旧居住社区进行分类，并从城市文化线路与城市老旧居住社区共享的空间、文化等维度提出具体策略。其次，在社区层面，通过对社区文化线路的梳理，对于前各环节已确定的不同类型，应按照各自类型梳理社区文化线路。如文化旅游型城市老旧居住社区，应梳理文化旅游线路和生活文化线路；地方生活型城市老旧居住社区只需梳理生活文化线路，即只需对社区居民生活空间和线性交通的梳理。然后针对不同类型社区文化线路从空间、文化等维度提出具体更新策略。城市老旧居住社区更新基本框架和步骤详见图2-26。

可见，城市老旧居住社区的更新是经过两步完成的，城市层面的更新目的是为社区层

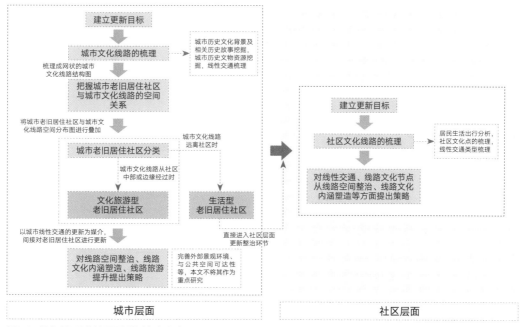

图2-26 城市老旧居住社区更新基本框架与步骤
[资料来源：肖洪未.基于"文化线路"思想的城市老旧居住社区更新策略研究[D]．重庆：重庆大学，2012]

面更新创造更优越的外部环境，社区层面的更新则是城市层面更新的深化和落实。对于生活型老旧居住社区，本书并没有将其纳入城市层面以城市文化线路为导向的更新环节进行讨论，但仍然可以对这类老旧居住社区进行城市层面的更新研究，如从改善社区外部景观环境、完善居民与周边公共空间的可达性等方面着手。因此，对于该类社区，可直接进入社区层面以社区文化线路为导向的更新研究，进行社区文化线路的梳理，重点从社区线性交通的空间整治和文化内涵的提升等方面提出策略。

2.3.3.2 社区文化标识系统

（1）定义

标识，即标志识别，从语义上是指用来识别的记号。标识系统是指在特定场合中，将不同的标识符号按照某种特定关系排列组合形成的系统（王娅，胡希军，2012）。社区文化标识，是指具有标志识别功能的信息本身，通过图形、符号、文字等媒介为居民或游客提供具体的功能阐述、道路引导、信息识别和认知等，其具有承载社会文化和环境美学功能，并能够营造场所特色（丁玉红，2008）。因此，社区文化标识系统是指多种标识按照不同的功能组合形成的系统，布局在社区空间中以传递信息。

（2）社区文化标识系统对社区文化建设的意义

在"全域旅游"背景下，社区作为城市的基本组成单元，是城市大旅游系统的重要组成。在社区中构建文化标识系统，不仅有利于居民深入了解和感知社区的历史和当代文化，提升文化认同感和文化归属感，同时也是社区融入城市旅游结构的重要手段，并可对外传播和宣传社区文化，促进社区的文化活力和经济活力。

社区文化标识系统是彰显社区在地特色的重要手段。通过文化标识系统将社区历史、社区精神等非视觉内容转换为直观可感的图文符号，多角度、全方位立体展示社区特色，营造社区氛围。

（3）社区文化标识系统内容

社区文化标识系统主要包括索引类、指引类和解说类。

1）索引类

社区中索引类文化标识通常包括社区文化旅游地图，标识社区主要的历史文化建筑和特色当代建筑及其他公共信息，为参观者提供社区整体认知并定位自身所处位置。一般索引类文化标识设置在社区或旅游景区的主要出入口明显处，以挂墙安装为宜（图2-27）。

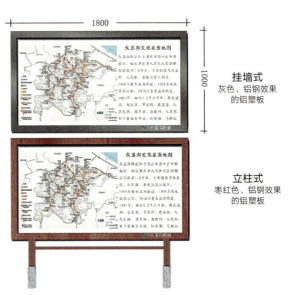

图2-27 社区索引类文化标识示意
（资料来源：2017年，《重庆市渝中区大溪沟街道特色老社区环境整治设计》项目成果）

2）指引类

指引类标识是通过箭头、文字、符号的配合传递一定范围的动态信息（牛丽，2020），包括街道名称、建筑名称等。社区中指引类文化标识主要包括导向标识和交通导视图。导向标识主要设置在社区内的文化建筑周边或道路交叉口附近。交通导视图主要布局在社区内主要街道口、丁字路口或十字路口。指引类标识通常采用立式设计，标识设计应当直观醒目，以快速传递信息；或结合社区空间文化线路的规划设计，在地面设置引导线，并简要介绍文化线路名称和相关信息（图2-28）。

图2-28 社区指引类文化标识示意
（资料来源：2017年，《重庆市渝中区大溪沟街道特色老社区环境整治设计》项目成果）

3）解说类

解说类标识是对目的地名称、历史事件、功能、背景等信息进行介绍，参观者据此了解其文化内涵和价值。在社区中解说类文化标识主要包括文化展示牌、文化宣传碑、简介牌等。社区闲置墙面可整改为文化墙，文化宣传碑通常设置在社区主要公共空间和标志性入口。简介牌通常设置在文化建筑周边。

（4）设计原则

1）美观性

标识牌平面设计中，注意文字、符号、颜色之间的和谐统一。深入挖掘社区空间文化内涵，通过挖掘历史人文故事，设计出符合社区特色的视觉造型要素。字体大小适中且应具有大众辨识度。标识系统色彩搭配宜主次分明，颜色气质与社区气质相符。

标识牌体量大小可以根据周围的环境特点和标识牌所要承载的内容来确定，不同内容、不同环境要求下标识牌的体量是不同的。在重要景点入口处和场地空旷的地方，可以放大标识牌体量，放置导览说明标识牌，引导游客进行游览。在设计规格上要严格按照人机工程学来设计标识牌的大小及设置合适高度。

2）系统性

社区文化标识系统宜具备系统性和功能健全性，标识系统的空间布局和排列组织宜考虑参观者的心理需求和行为需求，做到结构清晰、信息层次明确，完成功能性或者特征性的表述，满足游客在景区内的信息需要；与此同时，注重信息传递时的人性化。标识设计中，关注人的心理、情感需求，使景区标识设计体现出一定的亲和力，在发挥使用功能的同时为游客带来轻松愉悦的心理感受与体验（侯爱萍，2016）。

（5）社区文化标识系统规划方法

社区文化标识系统规划可以遵循"区域—面—线—点"的规划方法，从宏观到微观，从整体到局部。

1)"区域"：链接城市资源

"区域"层面重点需要建立起区域观：即社区/街道不是孤立的个体，而是更大尺度空间的组成部分，与外部构成了紧密的社会、文化、交通联系。因此，考虑社区文化标识系统的空间布局时，需要立足于区域/片区进行整体思考，积极链接城市旅游资源，并融入片区旅游地图中。

以重庆市渝中区嘉陵桥西村（简称"嘉西村"）为例，在更新改造前，由于缺乏文化旅游线路导向，外界人员无法获悉其存在，历史价值尚未得到充分发挥。在2010年，嘉西村进行更新改造过程中，从整体发展的角度出发，将社区空间文化结构纳入城市空间文化结构体系，打通社区与城市的空间与文化联系，并通过文化标识系统进行体现，促进嘉西村社区成为重庆市第一个具有国家3A级景区的社区。

2)"面"：社区空间文化地图

社区文化标识系统规划宜以街道为单位。街道办事处是城市基层社会治理的主体，有利于从整体层面统筹标识设施的系统配置。需要考虑社区文化旅游地图、展示墙、指向标识、简介牌的空间布局、配置比例和功能叠加。对于区位优越、公共空间充足的历史建筑而言，标识设施的功能多样，具有简介牌、社区文化旅游地图、展示墙等多重功能。

3)"线"：社区文化线路

社区文化线路具有层级性，主要可以划分为街区级文化线路和社区级文化线路。当街道内部或者周边存在山城步道线路时，可再增加山城步道层级，形成街区级—山城步道级—社区级文化线路。文化符号系统依据不同的文化线路层级而不同，主要体现在地面导视线的色彩上。

4)"点"：社区空间文化节点

在"面"维度已经对文化标识系统进行整体布局，"点"维度则重点关注社区中文化内涵丰富、文化价值较高的空间文化节点。重点设计相应的文化展示牌和简介牌，通过历史照片和历史故事彰显空间的文化意义。

2.3.3.3 社区空间文化体系

（1）社区空间文化体系内容

城市空间既是文化本体，又是文化载体。社区空间文化虽呈弥散状态分布，却以一种隐性秩序潜藏于社区的整体关系中，形塑着在地居民的价值观念、风俗人情与心理结构，是社区生活在空间中的文化象征。简单来说，社区空间文化体系可以概括为"社区空间文化要素—社区空间文化场景单元—社区空间文化结构"。

（2）基于社区空间文化体系的社区更新规划方法

1）要素梳理：文化资产全面盘点

社区空间文化要素包括：人工环境、与人文关联的自然环境、历史和现代的人物事件以及物质和精神的产物，并体现在时间和空间维度上，且这些人、事、物都具有一定文化内涵。在此认知基础上重新审视社区，重视对社区历史发展过程、文化活动、治理现状、文化产业等资产的梳理，通过对历史空间文化和当代空间文化的前期调研，梳理相应的空间文化单元，作为空间文化价值计量的基础。

2）价值识别：空间文化价值评价

借助空间文化价值的适度计量方法，评价社区空间中的文化价值。在量化基础上还需要回归空间，分析文化要素和单元的空间拓扑关系。基于对城市空间文化要素的类别、空间分布和内在关联的清晰认知，从节点、路径、区域三个层面进行结构化的抽象提取，形成空间文化结构地图。

3）文化赋能：空间文化场景激活

不断修复和合理优化社区空间文化结构，通过打造节点场景、文化线路和塑造区域整体形象来提升空间文化品质。在结构修复和空间提质基础上，进行文化设施运营、文化组织培育和文化政策扶持。文化设施包括社区文化服务中心以及咖啡店、社区书房、社区展览馆、社区乐房等设施，宜围绕社区空间文化结构所形成的文化线路进行布置，合理提升空间文化浓度和密度。在文化组织培育的过程中，应在前期促进多方合作，充分发挥政府机构、商业团体、社区组织（NGO）等主体各自在政策制定、资金投入、社会动员等方面的优势；通过在社区举办各项活动挖掘和培育社区能人，奠定人才基础。文化政策的制定需要结合国家及所在城市制定的文化政策，通过系统性梳理上位政策，基于社区自身发展条件和发展诉求，有针对性地提出社区发展的具体政策（图2-29）。

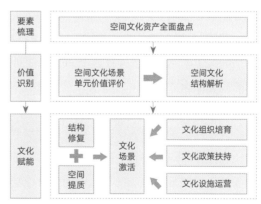

图2-29 基于社区空间文化体系的社区更新规划方法

2.3.4 社区城市设计方法

2.3.4.1 社区城市设计的内涵与目标原则

社区城市设计的核心在于人，以实现社区舒适性、安全性、可达性、可识别性等为规划设计工作目标，社区城市设计要求规划师在规划过程中须首先树立正确的价值观，包括社区可持续生态观、社区整体空间人本观、社区公众参与协同观和社会公平与正义观。

其中，社区可持续生态观即尊重社区发展规律、延续社区生态格局、传承社区文化底蕴，以科学性、前瞻性和可行性的社区更新规划方法，明确社区发展方向。社区整体空间人本观强调"人本规划"，从需求导向出发对社区空间环境进行更新改造，实现居民在社区物质空间与社会空间中的社会平等、空间尊严、空间公正与行为自由。社区公众参与协同观指社区更新规划设计的主体对象是社区各阶层居民群体，在规划设计过程中应以平等的话语权和公正的空间享有权鼓励社会各阶层共同参与其中。社会公平与正义观意味着在规划设计过程中不应忽视社区弱势群体的需求与生活尊严，保证社区资源的公平配置与社区空间结构的公正布局。

由此，城市设计的内涵开始由大尺度的城市空间设计向近人尺度的社区空间延伸和拓展，其关注的是人的需求，并在过程中遵循人文关怀、集约经济、活力舒适、保护传承等多种原则，目的是营造人性化的社区公共生活体系。

2.3.4.2 社区城市设计的内容

根据国内外相关研究理论文献，基于城市社区特点、特征，归纳出社区城市设计所涉及的要素有：空间结构、尺度大小、形态肌理、建筑立面、道路交通、公共空间、园林绿化、公服设施、节点标识等。则其工作内容包括社区空间文化结构设计、社区空间环境设计、社区公服设施设计、社区节点标识设计等内容。

（1）社区空间文化结构设计

社区的空间文化结构反映了社区内部公共空间的等级秩序和领域层次。清晰明确的空间等级秩序有助于人们形成对社区内部公共空间的整体意象，更容易在其中把握方向（黄瓴，2010）。社区空间文化结构设计指通过整体性、结构化的分析方法来分布和组织社区多种空间文化单元（由多种社区空间文化要素组成），发掘社区空间的文化价值，明确更新设计的改造目标。

（2）社区空间环境设计

属于传统城市设计范畴，即在居民需求前提下运用传统城市设计手法来完成社区在界面、流线、节点、公共空间、标志物等空间环境的更新优化与设计，并协调公共与私密的空间关系。如从人的心理与生理对于社区空间的感受和需求出发，研究社区整体空间比例与尺度；从建筑细部着手考虑建筑内外空间、社区公私空间的衔接与过渡；从人的感知角度研究社区界面的色彩和材质选用、步行系统和公共空间的人性化与舒适度、绿化景观的美学修养等内容。社区空间环境设计是对社区公共空间的人性化设计，在设计的过程中要充分考虑人的空间感受和需求，有些设计表达的是最终建成的空间实体环境，可以实现从设计、施工一步到位，有些设计则规定了空间环境的最终形态要求，即对每个公共空间的基本元素、尺度、风格、建筑细部等进行详细且长时段的探讨与提升。

（3）社区公服设施设计

主要包含基础设施完善、环境设施美化和公共服务设施提升。其中社区环境设施主要针对社区内的建筑设施、装饰设施、公用设施、游憩设施等的设计与美化，如社区家具、社区照明等。旨在通过统一的社区城市设计思维与手法使其成为人性化公共空间中的一部分。

（4）社区节点标识设计

主要与前三种设计内容一起，综合考虑社区在地特色和文化内涵，发挥规划设计专业优势，通过线条、色彩、构图等方式使其兼具一定舒适、优雅、得体、可识别的美学特征。

2.3.4.3 社区城市设计的框架与步骤

在具体工作框架与步骤上，应首先运用城市社区空间文化结构的"整体性"价值内涵，来充分认知社区空间基底的比例与尺度、形态与肌理，挖掘梳理附着其中的多种历时性和共时性空间文化要素，及其在与空间本体互动过程中所体现出的整体性价值。然后通过社区空间文化结构设计，以社区空间文化线路串联建筑立面、公共空间、道路交通、出入界面等各类相关要素，以城市设计手法结合该社区空间文化价值认知完成社区空间环境、社区公服设施和社区节点标识等规划设计的内容。最后，以综合导引的方式，分别从关键控制要素、规划内容范围、更新要求建议、设计手法原则、角色分工、更新阶段时序等方面制定社区更新规划导则，提出管控建议，以指导社区城市设计的标准划定和进一步分工实施（图2-30）。

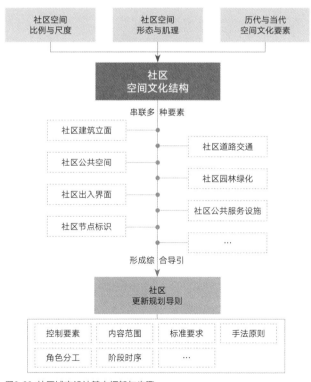

图2-30 社区城市设计基本框架与步骤

2.3.5 社区治理规划方法

2.3.5.1 社区治理规划的内涵与意义

由于社区更新是一个不同参与主体基于多种利益需求在社区内进行博弈、协商、调和并采取联合行动共同推进社区可持续发展的过程,社区更新的内容也基本围绕社区物质空间,涉及文化、经济、景观、民生、社会等多种因素,类型多样,内容复杂。基于此,社区更新可理解为就是社区治理,是社区主体以空间为中介产生的多种行为互动。其中的空间设计与项目策划只是社区治理众多阶段中的一环,其所涉及的前端调控、过程协调、后端运营也是社区更新不可或缺的重要内容。

我国社会治理创新主要体现在制度保障、机制运作和实现手法等方面,借助规划的全局意识,社区治理规划也出现了多维度的转型,包括建立以人为本的更新规划标准实现以人民为中心的理念转型、构建通过合作协作完成规划编制实施的决策转型和强调基于现实面向实施的行动转型,从而凸显出社区治理规划以制度保障设计为先的社会善治观、以政府职能下放为主的和谐共建观、以多元主体参与为主的协同治理观以及精细管理实施的路径创新观,从多个层面、多个角度保障了社区更新的有效推进和社区发展的可持续。

2.3.5.2 社区治理规划内容与方法

社区治理规划方法主要包括社区行动指引和社区发展规划,分别从当下行动计划和未来政策机制两方面,借以近、远期更新思路来强化社区更新实践,并落实社区治理规划。

(1)社区行动指引

行动指引旨在为社区更新工作提供具体的操作建议,以指导社区更新主体通过社区治理的方式来推进规划方案的编制、建设、管理与运营(程蓉,2018),从而达到保障项目落地实施、提高社区凝聚力的目标,强调社区更新基于当下的行动计划与实施机制(图2-31)。

1)行动方案——面向实施的全过程规划治理清单

社区行动指引主要包括从"社区认知、目标策略、更新内容、项目清单、责任主体、行动计划、实施细则、运营管理"到"后评价"9个阶段,涵盖了从项目立项、规划、编制到建设、管理、运营等各个时期的

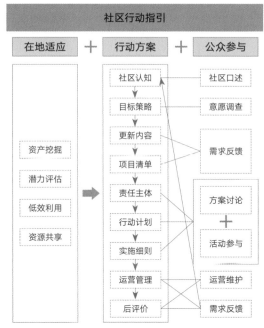

图2-31 社区行动指引基本框架

工作内容，形成全过程的规划治理清单。

社区认知在于全面解读社区实情，挖掘与梳理社区资产，统一大家对社区更新规划的行动共识。目标策略主要通过社区潜力评估和资产优势，查找社区发展短板与特色，明确社区更新目标。更新内容指在目标策略基础上，分类、分项明确诸公共设施、公共空间、道路交通等的更新方向。项目清单是在更新内容基础上对各类各项进一步细化条款，确保项目精细化、工作精准化。责任主体在于落实项目清单，将项目明确到单位、落实到部门，以明晰的编制细则帮助各参与主体划定责权范围、拟定经费来源，确保更新项目顺利实施。行动计划和实施细则主要通过综合考虑居民需求紧迫度、项目实施难易度、实施主体积极性、资金运转灵活度等因素，分条目制定近远期行动计划，以有节奏、有秩序地推进社区更新，逐步完善社区品质。运营管理强调项目实施后的长期维护，以保障社区的可持续造血与发展。后评价主要关注社区居民对更新项目的使用感知与满意度，以总结经验教训，动态修正社区更新方法，调整社区更新行动计划。

在具体的工作开展时，可根据社区的实际情况，灵活调整和完善各阶段的内容。

2）公众参与——共建共享的多主体规划参与活动

除了强调社区物质空间环境的品质提升以外，社区治理规划同时也关注社区各群体的"品质提升"。借助社区更新项目，邀请公众参与其中，有助于提高社区居民的自治意识从而提高社区归属感、认同感和凝聚力。因此社区行动指引鼓励公众全过程参与更新规划从立项到实施的各个环节。

在项目立项阶段，充分发挥社区人力资产优势，通过访谈、交流、口述等方式完善对社区的多维度认知，还原真实的社区之貌。在目标策略阶段，开展居民意愿调查，了解居民社区发展愿景，与居民一起共同制定目标策略。在拟定更新内容和项目清单阶段，要优化规划方法的可读性和通俗性，便于社区公众理解关键信息，并积极引导不同阶层的社区居民通过多种方式公平地参与讨论，及时了解其需求想法和反馈意见。在项目实施阶段，进一步扩大对社区政策、规划相关知识的科普宣传和咨询工作，帮助居民明确项目实施的权责利，通过方案讨论和活动参与有效地进行社区更新和实施共建，提升社区凝聚力。在项目的后期运营管理阶段，借助社区人力资产和社会资产优势，积极发挥社会组织的作用，邀请各类组织加入社区的运维工作，共享更新成果，共创社区活力。在后评价阶段，以多种方式获取居民满意度与诉求，进行动态修正与调整。

另外，在公众参与的全过程中，也可优先建立社区规划师制度，借助权威专家的专业知识，"一对一"针对性地全过程参与社区治理规划，把脉社区问题、提供专业咨询，指导方案设计实施。

3）在地适应——因地制宜的精细化规划提升机制

地方适应主要强调要做因地制宜、集约节约的社区更新规划，在存量发展阶段充分识别社区现状资产本底，评估社区潜力资产，可通过品质提升和功能改造等方式精细化制定更新策略，换活闲置、低效空间。同时借助社区在地特色以资源共享的方式实现更新成果的集约使用。如对部分公共空间进行功能整合，提高空间活力度；对社区活动中心、社区停车场等公共设施采用错时共享，提高设施使用率；对学校图书馆、体育场等部分附属设施开放资源共享，减少重复配置，避免资源浪费，提升社区生活服务品质，强化居民归属感。

（2）社区发展规划

社区发展规划是对社区更新规划的内涵延伸，将社区更新从物质空间扩展到社会空间，通过政策机制的构建来保障社区的远期更新规划，实现社区发展可持续，强调社区未来价值。

1）社区全民教育与组织培育

以远期为目标构建以社区为核心的社区更新公众参与体系。首先要强调社区的全民教育，良好的社区发展离不开居民的高素质水平，教育的培养也能提高居民自治意识和能力。在社区更新过程中，可通过政策机制的平台搭建，借助社区培训、社区老年大学、社区文化活动中心等途径，鼓励居民学习和了解各类相关知识，提升社区居民的教育水平。这样不仅能整体提高社区的精神素养，帮助居民知晓自己的权利和权益，还能减少在社区更新过程中开展公众会议、咨询会、讨论会时遇到的壁垒和阻碍，从而使各参与主体是在统一的价值和理念共识下完成社区更新的协作规划工作。同时也能提高居民对业主委员会、社区居委会的参与共创能力，通过互相尊重合作、承担言行责任，以有效的对话平台参与规划决策，影响社区发展。

其次是社区组织培育。通过完善的政策机制框架，培育多种社区组织和社会非营利组织。针对社区组织，可利用各种社区活动为契机，挖掘居民潜能，丰富社区文化精神生活，提高社区活力。同时强化社区组织在社区内的参与主体意识，可与不同组织合作进行社区环境、社区公服设施、社区旅游宣传等的后期运维工作，强化居民认同感。针对社会非营利组织，通过划定非营利经营业务的范围、利润分配、融资方式与运营方式等，来鼓励和规范非营利机构参与和经营社区的养老服务、康复照料、心理咨询、住房改建等诸多社会事务，进一步完善社区更新框架。

2）社区公共管理和服务体系

管理是城市发展的永恒主题，城市公共管理和服务体系的建设是新时期实现城市战略转型的重要支点，也是彰显城市价值的重要途径。社区公共管理是在一个社区范围内，由社区组织及其职能部门引导的、社区内组织和社区居民积极参与的区域性、居民自治的管理，是政府和社会力量通过面对面的合作方式所形成的网络管理系统（李志宏，2004），属于政府公共管理的重要内容。社区公共服务指依靠政府或其他社会组织等通过健全的机制框架，为社区提供优质的公共设施、社会就业保障、文体科教等公共事业、发布公共信息等，旨在为居民的日常生产生活夯实基础、提供保障、创造条件。

以开展社区更新为契机，可在长期的更新行动过程中理顺政府与部门的协作合作关系、与街道办的权责关系以及与社区民主自治的关系，逐步健全形成由政府统一领导、民政合作牵头、有关部门配合、社会广泛参与的社区服务管理体制和工作机制。各参与主体各司其职，进一步制定促进社区服务可持续发展的政策措施，推进社区公共服务体系建设，形成以党建为引领，以制度为保障，以社区组织、居委会社工、志愿者等为纽带的自我管理、自我服务、自我教育的社区服务体系。如调动社区组织积极性，鼓励开展类型多样的互助性服务和志愿服务；探索社会组织力量兴办微利性质的社区商业服务，促进公共服务社会化，同时引导营利性商业服务向产业化、市场化健康发展；最后，应建设社区信息化平台，以多种方式形成社区公共资源共享机制，提高社区公共服务的人性化、智慧化水平。通过多层次、多类型、广覆盖的社区公共服务网络，可在社区的可持续发展过程中逐渐满足居民日益增长的物质需要和精神文化需求。

2.4 社区更新机制

▶ 在规划介入重庆城市社区发展的角色体系中，现阶段主体角色包括政府部门、规划师和社区居民，其共同目标都是增强社区资产，改善居民生活品质。从"资产为基"社区发展的内涵来看，不同年龄结构、职业、特长技能的热心居民是社区最珍贵的人力资产，潜力巨大，社区居民应是"自治"的核心，也是唱戏的主角。政府是"互助"的主导力量，起着决策、支持和引导作用，现阶段政府部门恰恰是推进社区发展的重要政治资产（广义上属于社会资产范畴）。规划师则提供专业支撑，帮助甄别、挖掘、培育社区资产，建立社区资产与空间的联系，并充当政府部门、社区居民等角色的联系纽带。在社区发展成熟的国家和地区，一般具体运作由社区组织（NGO）承担，但目前我国参与社区发展的专业社区组织极其匮乏，培育不足，尚不能成为社区发展的主体角色。

2.4.1 政府主导

在"资产为基"的社区发展过程中，政府更多的是引导、动员社区居民，通过提高社区的内在能力来改善社区境况。基于现实国情，我国很长一段时期内社区发展、社区建设活动都是由政府发起。新中国成立至1980年代初的全国性、大规模、运动式的发展方式，20世纪80年代后期至21世纪初的转折期为适应社会转型进行的社区建设尝试（李东泉，2013），都由政府主导，政府并成为社区发展和建设舞台上的主角，以致人们认为社区发展就是政府的事。过去，政府几乎对社区建设事务实行"包办"，取得了较大成效，但也面临一些问题，如居民处于被动参与过程，对政府的依赖性增强，社区发展的内生力并未得到良好培育，社区发展不可持续。21世纪以来，形成了自上而下与自下而上同时并存的多元发展格局，但居民意识依然薄弱，参与程度较低，话语权仍不足（图2-32）。

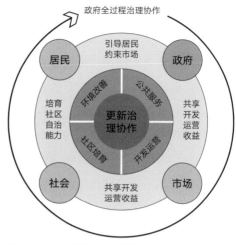

图2-32 政府主导型社区更新机制示意

以北京大栅栏片区为例，2011年，在北京市文化历史保护区政策的指导和西城区政府的支持下，由北京大栅栏投资有限责任公司作为区域保护与复兴的实施主体，通过城市策展、品牌活动等方式，创新实践政府主导、市场化运作的基于微循环改造的旧城有机更新计划；建立开放的工作平台——大栅栏跨界中心（Dashilar Platform），作为政府与市场的对接平台，通过与城市规划师、建筑师、艺术家、设计师以及商业家合作，从街区—地块—建筑三个层次，推进小规模、渐进式、可持续更新，巧妙驱动各界能人异士为老街复兴出谋划策（滕仲旦，2005）。

重庆的城市社区发展与规划同样由政府部门主导，尤其是在社区规划目标的确定和规划编制及实施方面，政府部门起到了决定性作用。政府所具有的政治和财力资源优势，使得政府成为社区建设舞台上具有压倒性优势的主导性力量（张勇，2011）。从重庆近八年的城市更新历程来看，政府的角色并未发生根本性改变，但在国家治理创新的宏观背景和社区发展需求的现实背景下，政府在价值认识、权限下放、平台搭建等方面发生了显著的变化。一方面，政府部门越来越重视社区的价值及规划推进社区发展的作用，这从社区规划的类型和数量等表征上可以看出。另外，政府部门为社区居民搭建了越来越多的参与平台，尤其在社区规划过程中与规划师一道探寻公众参与的渠道和机会，倾听居民声音。当然，从实际效果来看，政府干预依然较多，社区的行政事务并没有实质性地减少，能承担社区具体事务的社区组织培育不足。

现阶段及未来一段时期内仍要充分发挥政府的主导和引导作用，从"资产为基"社区发展的视角来看，充分运用、借助社区政治资产（政府力）以促进社区发展是社区更新取得成功的核心一环。从重庆现阶段的实际情况来看，政府所提供的资金、资源等方面的支持对社区规划的推动起到了关键作用，"政府力"逐渐成为社区发展过程中的重要社会资产。从体制上看，我国目前的城市社区依然是"行政区—社区"的模式，大量权力和公共资源都掌握在上级政府手中。另外，我国现阶段社区组织（NGO）等社会资产基础薄弱，居民参与程度低。从这点看未来较长时期内政府依然起主导作用，但不应继续是主角。政府角色的转变，须进一步赋权社区，逐渐从外部"多予"向内部"放活"转移（于显洋，任丹怡，2016），将更多的权限赋予社区居民和社区组织。更要求政府同时转变职能，在社区参与和居民自治基础上提升政府效能。政府要进一步深化改革城市治理方式，为社区可持续发展提供良好的政策环境，自上而下与自下而上结合，这实质上也是培育社会资产的过程。

2.4.2 社区主导

"资产为基"的社区发展，除了改善社区的居住条件外，更重要的是为居民搭建"自治—互助"平台，激发社区居民和社区组织的潜力，培育社区内生力，促进居民参与意识、权利意识和自治意识的觉醒，最终让居民成为社区发展的主体。要强化居民的主体意识，应由过去的被动参与到未来的自我突破。从规划介入重庆城市社区发展的过程来看，居民意识觉醒是一个循序渐进的过程，这个过程涵盖外部支持和内部自身强化两大因素。

从外部支持因素来看，主要是政府部门和规划师在价值理念、平台搭建等方面所做的努力。居民的参与意识、参与程度、身份角色与政府部门、规划师及相关社会力量的认知和行动呈正相关。

以嘉西村社区环境综合整治规划为例，萌芽期，规划师虽然有意识考虑居民诉求，了解民意，但居民的参与主要体现在前期调研阶段，属于被动式的参与。参照谢莉·安斯汀（Sherry R. Arnstein）的"市民参与梯子理论"（A Ladder of Citizen Participation），这一阶段的居民参与处于梯子的底端。到发展期，政府部门和规划师对居民参与的认知有所加强，从前期资产调查到规划编制再到社区行动规划、实施反馈，居民全过程参与其中，充分讨论并提出相关意见和建议，社区规划的效果明显增强。并且通过社区规划平台，引入协作规划机制，寻找社区居民的关注点，除了让居民全过程参与，还培育了一定数量的社区领袖，与规划师一道挖掘历史文化资源、开展社区文化规划。随着政府部门、规划师等外援力量的增强，居民身份角色发生了明显的改变。随着开展的社区规划由"为人的规划"走向"与人的规划"，社区居民也在由被动转向主动，由参与的"客体"逐渐转向参与的"主体"（图2-33）。

从内部因素来看，居民自身的转变才是社区发展经久不衰的动力。但起初需要政府、规划师及相关社会力量对社区人力资产加以引导和培育。在嘉西村社区环境综合整治规划之初，社区居民并未有效参与，社区意识尚未形成。在规划师的精心设计和政府部门大量资金投入后，社区的空间环境面貌焕然一新，社区的历史文化建筑得到有效展示和利用。至此，社区居民的社区认同感、凝聚力与日俱增，邻里关系日渐融洽。之后在渝中区相关

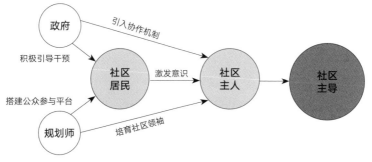

图2-33 社区主导型社区更新机制示意

部门及社区居委会的帮助下,由居民成立的自治物业管理组织诞生,各种"社区组织"相继成立,居民在很大程度上实现了"自治",真正成为社区的主人,而政府部门、社区规划师则逐渐退出。

社区居民角色的转变是内因外因共同作用的结果。我们必须清楚,以上案例的转变是在政府部门和规划师作出巨大努力基础上所发生的个案,政府部门应当走在前面,积极干预,以外部援助来撬动社区的培力,最终形成"政府力—社区力—市场力"三方合力共同推进社区发展的良性模式。

另外,社区居民并不见得是一个"利益共同体",社区人群诉求不同,首先应用解构手法认清人群特征,分析当前社区发展参与的主体人群、职业构成、心理特征、年龄分布等诸多要素,也应了解各类人群对社区公共服务、基础设施改善、社区治理等方面的不同需求。

2.4.3 多方协作

多方协作的协作式规划是通过邀请相关利益方进入规划程序,共同体验和建立共享的过程,要求不同利益方通过合作达到共同目标。协作式规划理念(collaborative planning)起源于1981年哈贝马斯(Jürgen Habermas)提出的"具有畅谈性的合理性"(communication rationality),经过时间的发展,其概念内涵已得到极大扩展。主要经历了从理性规划(精英意识),倡导性规划(民权意识),沟通式规划(交流意识)到协作式规划(合作意识)的发展过程。英国的帕齐·希利(Patsy Healey)教授是支持该理论的主要代表人物,他认为城市空间规划对社会、经济、环境之间的协调关系研究太少,规划实施中对利益者间的矛盾研究甚少,因此协作式规划理论应运而生。从帕齐·希利的角度来说,判断政府政策是否具有可协作性,主要包含5个因子:承认协作者来源的多样、对政府权力适度分散、鼓励社区自治能力、为民间组织提供发展机会、协作过程公开透明(图2-34)。

以上海彭浦美丽家园社区为例,在项目前期研究中结合上海创新治理的时代要求,确定了社区更新开展坚持"整体统筹、规划引领、公众参与、群众满意"的基本原则,并重视其惠民工程性质,强调社区规划与社区治理紧密结合。创新提出"社区更新P+P+P模式"，分别指规划（planning）、公众参与（participating）、实施（put-into-effect），即动态规划和自治共治相结合的社区更新理念，并落实具体建设。强调社区更新应以社区居民为核心，依托静安区基层治理中既有的"三会一代理平台"和"1+5+X"自治模式，建立社区更新工作机制，为居民、政府、规划师、建设方搭建一个高效的协同平台，协调各参与主体角色扮演和职责分工，从而积极有效地推动社区更新[①]。

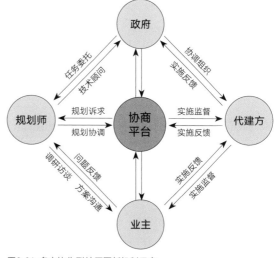

图2-34 多方协作型社区更新机制示意

目前，协作式规划所存在的主要争议就在于可操作性方面，人们往往担忧在很多领域无法形成共识。而在社区领域，这种可操作性则可以被大大提升。在城市规划领域，目前普遍认为规划是在特定社会背景下的互动过程，而不是单纯的技术性的设计、分析和管理过程。在社区公共领域，是寻求集体行动的领域，该领域极易受公共政策的影响。城市规划的公共政策属性在近年的城市规划项目中愈发凸显。清华同衡规划设计研究院总规划师袁牧曾提到：城市规划的公共政策属性体现在公开性、综合性、动态性三个方面。这其中的公开性、综合性与协作式规划关联密切——公开性要求公众参与，市民不应该仅仅有知情权，而且应该有参与编制和实施的机制；综合性体现在满足政府、社会、公众等不同利益主体的诉求，尽可能地多去体现社会利益，这就需要在多方利益诉求之间进行协调，维护各方利益平衡并保证公共权力。

2.4.4 社区规划师制度

社区规划师伴随着社区规划的兴起而产生，逐渐成为社区发展中的关键角色之一。国际上，社区规划作为一种制度安排伴随着20世纪60年代英、美等发达国家兴起的社区建设运动而产生，"社区规划师"（community planner）随之开始出现，成为专门从事社区规划的专业规划人群或机构（吴丹，王卫城，2013）。

伴随城镇化转型，我国城市发展从增量扩张转向存量提升，在国家治理水平现代化和社区治理精细化发展要求下，迫切需要更多的规划师扎根社区，长期跟踪、服务、评估街道或社区等小尺度地块规划设计，提供精细化的专业指导和技术服务（施索，2020）。政府从公共利益的立场出发，把公众参与城市规划作为一项制度予以明确，衍生出社区规划师队伍及工作制度，在规划管理部门与基层民众间搭建沟通协作平台（赵蕊，2019）。

---

① 资料来源：规划头条君，《同济匡晓明社区规划：上海市静安区彭浦镇美丽家园社区更新实践》，https://www.upnews.cn/archives/13994。

我国诸多城市都针对社区规划师相关实践与制度框架进行了探索与研究。台湾地区因地方环境改造以及社区民主参与的需求而逐步确立了"社区规划师"制度，它是作为一项制度由民间与当局的共同推进落实的，其特点是"一群具有高度热忱且走入社区的空间专业者，如同地区环境的医生一样，主要借由在地化社区规划师工作室坐落在各社区中，就近为社区环境进行诊断工作，并协助社区民众提供有关建筑与公共环境议题及专业咨询，亦可协同社区推动地区环境改造与发展策略，以提升社区公共空间品质与环境景观"（王婷婷，张京祥，2010）。作为大陆地区最早进行社区规划师探索的城市，深圳社区规划师是政府部门针对自身工作的反思和改革，是政府自上而下推行的一种制度，由处级干部挂点担任社区规划师，保证每月至少为社区提供一次规划服务，将收集到的问题纳入系统督办，限定办理日期和责任人（赵蔚，2013）。北京市从2017年发布"新总规"以来，各区以落实"新总规"为基础，结合自身区域发展优势，纷纷创造性地探索制定责任规划师的实施细则。例如海淀区依托高等院校、科研院所人才优势，将责任规划师制度明确为提高规划设计和建设管理水平的重要抓手，率先建立了"1+1+N"（1名规划设计工作者、1名社区社会工作者和N名社区规划员）的社区规划师团队。建设采取街道搭台支持，企业、社会组织和社区共建团队，第三方培训和评估，社区协作的方式。通过充分发动辖区内的社会力量，搭建制度化平台，形成专业支持与社区自治紧密协作的工作形式，推动社区微观人居环境与和谐活力邻里的共同营造；并通过与责任规划师工作的无缝衔接，探索规划引领城市精细化治理的有效模式，实现街区更新的整体谋划和精细化治理、精准化服务的全面结合[①]（图2-35）。

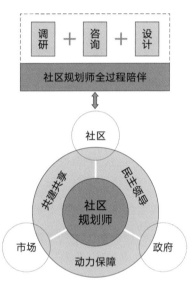

图2-35 社区规划师制度示意

随着经济社会快速发展，重庆部分社区呈现建筑老旧破败、公共空间不足、服务设施缺失等问题。为深入了解此类社区情况以及市民对城市建设、管理的意见和建议，探索规划师参与社区治理的方法和经验，重庆市规划和自然资源局组织开展社区规划师试点工作。通过学习借鉴北京、上海、深圳、广州等地经验，制定出台了《重庆市社区规划师试点工作方案》，并提前筹备社区规划师公开招募、启动会、进社区、小微公共空间城市设计方案征集等后期工作。通过上下结合的方式，试点阶段结合问题导向、各区诉求和市住建委2020—2021年中心城区城市更新项目安排，以及中心城区的社区数量、类型和具体社区进行比选，按每个区（管委会）1个试点的原则，先行选择了市中心城区具有典型性改造需求的12个社区。同时，重庆市规划和自然资源局面向全社会招募了12位社区规划师（包括

---

① 资料来源：中国城市规划，《从"为人做规划"转向"与人做规划"：清河社区规划师行动纪实》，https://mp.weixin.qq.com/s/5tm5wHpYH_fzueS9G5PQzg。

海归学者、高校教师、工程技术人员、社区工作者、政府管理机构人员以及其他各行各业热衷于社区治理工作的市民）对口服务12个试点社区（图2-36）。

重庆市社区规划师试点时间为一年，立足公益，以志愿者的形式，为进一步优化社区公共功能和空间、完善基础服务设施、提升城市风貌品质、传承历史文化、建设美好家园提供技术服务。将开展以下5项工作：①向居民宣讲规划政策、知识等；②了解社情民意，评估社区的规划实施、设施运营等情况；③参与社区空间改造、公共设施建设项目的规划设计和审查等工作；④指导社区内的项目实施，保证设计意图最大程度得到落实，避免不当建设行为；⑤促进社区营造，带动多方参与社区共建、共治、共享。主要目的是深度认知重庆典型社区情况，发现共性和差异性特征；了解社区市民对城市建设、管理的意见和建议；探索社区规划师参与社区治理的方法和经验；研究适应重庆市特点的社区规划师管理制度[①]（图2-37）。

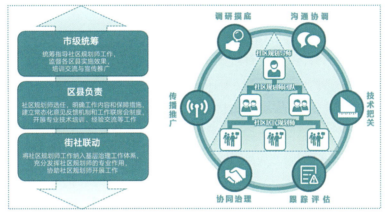

图2-36 重庆市社区规划师工作制度示意图
（资料来源：重庆市规划事务中心）

图2-37 重庆社区规划师进社区开展相关调研活动

---

① 资料来源：人民资讯，《重庆中心城区启动社区规划师试点》，https://baijiahao.baidu.com/s?id=1691193755846288633&wfr=spider&for=pc&searchword=%E9%87%8D%E5%BA%86%E7%A4%BE%E5%8C%BA%E8%A7%84%E5%88%92%E5%B8%88app。

社区规划师是致力于社区管理、更新、复兴等事务的服务和管理者，主要工作是传播规划知识、建立公众参与规划渠道、审查规划成果并参与指导规划建设。一个社区乃是一个城市的缩影，社区的复杂性决定了社区规划师的多元构成和"服务型"角色，具体表现为以下五个特征：①综合的知识结构：除了一定的空间规划专业知识外，还需要对环境设施、建筑改造、土地经济、文化历史、心理、卫生、物业、税收及法律等知识有一定程度的掌握。②较强的沟通组织能力：社区问题琐碎，常常涉及个人利益与公共利益的矛盾与冲突，特别考验社区规划师的协调与应变能力以及"公"与"私"在度上的把握。③社区服务精神：社区规划师的角色介于政府与民众之间，应具备客观、公正的公共价值立场和较强的社区服务精神。④在地化：一个社区规划师对本社区及更大区域的了解和感情是处理实际问题的有力保障。国外很多社区规划师就是本社区居民，甚至设计事务所就开设在社区内，可以对社区的日常问题给出具体策略和长远计划。⑤较长的时间周期：对一个社区而言，社区规划师应相对固定并服务社区3~5年甚至更长的时间，这样可以较长期地跟踪社区发展过程，将社区具体问题与长远规划进行统筹考虑。因此，对社区规划师的选拔应该采用更为灵活的方式，特别是针对我国不同地区、不同发展阶段和不同性质的社区而言，可以通过一定时期的培训和实习，让不同层次和专业背景的大学生、高校教师、政府管理人员和社会人士等进入社区规划师选拔的机制中。

基于社区主义的公共理性价值认知，社区规划师并非只是参与传统的住区建设规划过程和当今意义的社区规划过程，而是应该参与整个社区发展过程，具有以公共理性为核心的社区价值观——社区（群）主义。从方法论上看，个人无法脱离于自身所在的社区，个人的意义与价值必须从社会的定位与脉络中探寻，即个人的自由选择能力以及建立在此基础上的各种个人权利都离不开个人所在的社群；从规范价值上看，社区主义强调普遍的善与公共利益，只有公共利益的实现才能使个人利益得到最充分的实现。社区主义的提倡为在"国家管理"与"市场竞争"以外提供了第三种选择——基于公益的市民治理模式。

第 3 章　重庆城市社区更新实践

3.1　城市社区更新类型与特征
3.2　城市社区更新实践案例解析

3.1
城市社区更新类型与特征

▶ 重庆，两江环绕，四山蜿蜒，历经三千余年跌宕变迁，成就今天的大都市格局：组团布局、桥网交织、大疏大密、风格迥异，城市的风貌与特色像极重庆著名的火锅——"大杂烩"+"重口味"。聚焦到城市社会的基本空间单元——社区，空间的多样性和市井生活的丰富性非常突出，别具一格，但历史沉积与当代建设最终留下来的社区差异非常明显，直接表现在社区日常生活环境与品质上。追溯至2010年，重庆市主城区在相继完成城市主干道沿街立面综合整治工作之后，渝中区率先开展社区环境综合整治工作，从"面子"到"里子"的转向，是在时代的发展基础之上城市治理的价值观念转型的体现，标志着人民群众的幸福感和获得感日渐成为重庆城市建设的重要议题。而规划师开始进入社区，参与社区更新，具有里程碑意义。随后，党的十八届三中全会、我国新型城镇化战略规划、中央城市工作会议、联合国人居三大会、党的十九大会议等系列精神，逐渐为当下的城市与社区发展指明了目标与方向：建设以人民为中心、绿色健康、公平友善的可持续城市与社区。这个目标并非一开始就清晰明确，落实到不同城市和地区，因经济、文化等现实条件不同而相异。纵观重庆近十余年的社区更新实践，主要可分为以下三种类型。

3.1.1 基于公共空间更新的社区环境整治

当前，中国城市已经经历了多年的高速发展，城市面貌发生了翻天覆地的变化。但是旧城却面临着环境恶化、交通拥堵、设施陈旧等问题。基于此，进行高效、经济且以人为本的旧城更新已经势在必行。社区是城市发展的基本单元，是进行旧城更新的起始点和落脚点之一，同时也是人们居住和进行日常活动的场所。但是在城市化进程中，老旧社区却陷入了居住质量下降、社区归属感消失的困境。因此，老旧社区更新是焕发城市活力与构建和谐社会的基础。

社区公共空间是一种空间虚体，指存在于建筑实体之间的、居民进行公共交往活动的开放性场所。它承担了一定的物质功能与社会功能以满足人们的使用要求，包括交通联系、休闲娱乐、社会交往、健身锻炼等。同时，社区公共空间也是展示社区形象、营造社区归属感的场所，被称为"社区阳台""社区橱窗"。由此可以看出，社区公共空间的品质直接影响了居民的生活质量以及社区的形象。

因此，对老旧社区公共空间的优化进行研究具有十分重要的实际意义。但是，传统的老旧社区公共空间优化方法往往是自上而下的改造，没有从社区自身出发，因此最后的成果往往是"华而不实"，无法令居民满意。针对这种情况，我们尝试运用美国社区发展中"资产为基"这一理论，结合重庆市渝中区石油路街道的民乐村社区公共空间优化，来探索适合老旧社区公共空间优化设计的理念和方法。

与传统的以需求为导向的社区发展模式相比，"资产导向"的社区发展模式更加注重社区自身的资源和优势，而非其问题。例如，它不是关注缺乏的公共空间而是着眼于现存的公共空间以及它们可被利用之处。但这不表明"资产导向"社区发展模式会忽略社区的需求和问题，它只是集中精力将社区的优势发挥到最大限度，与此同时产生的连带效应会解决社区的需求和问题，社区成员的信心也会增强并积极参与到社区的发展中来。这样，社区的资源优势和成员的积极性成为社区发展源源不断的动力，最终形成良性循环。

"资产导向"这一理念可以运用到社区发展规划的各方面，例如：经济发展、组织管理和公共空间优化设计。针对"资产导向"的社区公共空间优化设计可以分为两个阶段：准备阶段，即社区空间资产的调查和社区公共空间现状问题的梳理；行动计划阶段，即具体策略制定。

在老旧社区公共空间资产调查中，对老旧社区的公共空间资产进行调查和梳理是进行优化设计的首要环节，也是区别于传统设计方法之处。通过对公共空间资产的调查，可以对整个社区的空间资产有一个清晰详尽的了解，进而可以归纳分析出社区在公共空间方面的优势。资产调查的方式应将现场踏勘与公众参与相结合。现场踏勘可以使设计人员对社区有最直接的感知，有利于其对现状资产作出专业方面的评析；公众参与能够使设计人员搜集到使用者对社区公共空间的感受和需求，从而使调查结果更真实有效，最大程度地保证未来的优化策略能够以人为本。

资产调查的具体方法包括数据收集分析和资产地图绘制。数据收集分析是对前期调研搜集到的各种数据进行数理分析，进而科学论证出社区的空间资产优势；此外，设计人员还需要结合自己的实地踏勘与公共反馈，将社区的公共空间资产对应落实在图纸上，绘制出社区公共空间资产地图。

（1）社区公共空间问题梳理

"资产导向"的老旧社区公共空间优化设计将焦点集中于社区资产，但这并不代表会忽略社区公共空间中所存在的问题，这种设计理念是通过充分发挥社区的资产优势来带动社区的发展，在发展过程中会附带解决存在的问题。所以，对社区公共空间问题进行梳理仍是非常必要的。

社区公共空间问题梳理的方式方法与上文提到的资产调查的方式方法类似，即通过实地踏勘与公众参与，收集各类问题进行统计分析，最后得出社区公共空间所存在的各类问题。

（2）相关设计条件分析

对老旧社区公共空间优化产生影响的因素除了社区公共空间资产和问题之外，还有社区人口、社区经济、社区组织、上位规划等。设计者应综合协调、统筹安排，制定出最适合社区的公共空间优化策略。

（3）制定老旧社区公共空间优化策略

对于老旧社区公共空间优化有很多具体策略，如增添设施、美化环境、更换铺地等等。每个社区根据自身的情况会有不尽相同的公共空间优化策略，但这些策略在其本质上有很强的共性。

1）延续空间肌理

延续老旧空间肌理的最直接办法就是对社区进行整体保护。而如今，许多老旧社区公共空间由于形态单调、尺度太小等问题而不太适应现代生活的要求，因而必须通过较大程度的更新来解决这些问题，这就同延续传统空间肌理的要求产生了一些矛盾。要解决好更新同延续之间的矛盾，就必须认识到老旧社区空间肌理并非静止不变的物质形态要素，而是处于持续发展演变的状态中。因而老旧社区空间肌理的延续应当是动态的延续，是经概括后的代表性特征的保留，而不是针对每一处肌理的具体特征。

2）完善空间结构

空间结构反映了社区内部公共空间的等级秩序和领域层次。清晰明确的空间等级秩序有助于人们形成对社区内部公共空间的整体意象，更容易在其中把握方向。但是老旧社区的公共空间等级秩序往往比较混乱，造成这种混乱的原因可能有两种：一是地形等自然条件的制约，二是乱拆乱建等人为因素的影响。因此在优化设计中应对公共空间的结构进行梳理整合，或恢复、强化原有秩序，或建立新的秩序。

3）加强空间联系

社区公共空间系统的形成有赖于内部公共空间的良好联系。但是在一些老旧社区中，公共空间往往被建筑、围墙等分隔为多个零散的体系，彼此间缺乏联系，大大弱化了社区公共空间的系统性。在优化设计中可结合建筑的改造，开辟一些联系空间，这些联系空间可以分为两类：一类是以交通功能为主的线性空间，另一类是综合交通功能和活动功能的节点空间。

4）增强空间开放性

增强老旧社区内部公共空间的开放性包括两方面：一方面是加强公共空间在社区内部的开放性，另一方面是加强社区内部公共空间系统对外的开放性。首先，可通过扩大原有空间来增强社区内部公共空间的开放性。然后，可通过优化社区人口空间来加强社区内部公共空间的对外开放性。

5）丰富空间景观

丰富的空间景观带给人们多样的视觉体验和心理感受。在老旧社区内部公共空间中，空间景观还是传统社区风貌的最直观体现之一。但是老旧社区公共空间的景观往往较为单调，在优化设计中可以加入一些现代性元素，如雕塑、小品等，也可以充分挖掘社区文化资源，打造文化景观。

3.1.2 基于公共服务提升的社区综合整治

3.1.2.1 公共服务优化原则

（1）分级分类，精准配置

1）分级控制

城市级：对应地级市标准，设置大型公共服务设施，用于举办城市级活动或者服务于中心城区90万人口的公共服务场所。

片区级：对应市辖区标准，按照片区服务人口及用地规模设置各类公共服务设施。市级公服所在片区及服务半径内原则上不再设置片区级设施。

社区级：按照服务人口和服务范围设置社区、邻里、街坊三级生活圈，社区级生活圈服务800~1000米半径，要保证中学、专项运动场地等必要设施的均衡设施；邻里生活圈服务500~800米范围，对应基本空间单元，作为社区级公共服务设施优化的基本单元；街坊生活圈服务周边300~500米范围，作为居民使用最频繁公共设施的聚集之地。由于服务层级和服务性质的差异，部分社区级公共服务设施（基层医疗设施、基层文化活动设施等）不能被周边城市级公共服务设施（大型综合医院、市区级文化馆等）替代，仍需设置对应的社区级设施。

2）分类控制

城市级、片区级参照《城市公共服务设施规划标准GB 50442（修订）（征求意见稿）》标准分为6类公共服务设施进行控制：公共医疗服务设施、公共教育服务设施、公共文化服务设施、公共体育服务设施、社会福利设施和其他设施。社区层面考虑到公共服务设施服务性质差异，将其区分为社会管理类、生活服务类和市政服务类三种，并根据各分类公共服务设施配置标准，在空间规划布点时分类实施。

（2）新旧区分，差异配置

存量修补重在从问题视角出发解决现状问题，同时考虑未来发展弹性，处理的是做什么、为什么、怎么做的问题。而增量建设仍以蓝图视角的规划预设为主，处理的更多是做什么、怎么做的问题。在方式方法、重点难点、目标原则上都存在较大差异，因此增量发展和存量发展地区的规划优化策略应因地制宜，差异化配置。

1）增量片区源头优化：新建城市建设区应总结归纳建成区已出现的公共服务问题，探索其产生的原因,并通过借鉴发达地区优秀公共服务设施建设模式,把握后发优势,有效规避旧有问题,从规划源头搭建完善、人性化的公共服务体系,抛弃过去公共服务滞后、"亡羊补牢"式的发展模式,注重公共服务供给质量的提升,建设舒适宜居的现代化典范新城。

2)存量片区渐进修复:以存量建设为主的建成区各类空间、社会、经济问题多元复杂,除非进行大规模结构性更新,现存空间设施体系难以短时间完善,只能选择查漏补缺、渐进修复的方式完善公共服务设施体系。

(3)需求匹配,动态配置

公共服务均等化要求服务供给与需求相匹配,而公共需求来自居民的生活、生产、娱乐等基本需求,人在哪里需求就在哪里,公共服务供给要与人口分布相适应。而人口分布与规划用地性质关联密切,不同功能分区人口人类学特征及集聚度、规模层级差异明显。与此同时,城市人口分布及公共服务需求也会随着时间维度的纵向推进而缓慢变迁,人口分布会出现局部老龄化、绅士化、弱势化等,因此公共服务供给标准应随功能空间变化有所区分,根据时序推进反馈功能人口变化情况,实时实地匹配居民需求。

1)标准指标:城市片区级设施参考国家法定标准进行控制,社区基层设施结合城市现状、国家及发达地区标准指标,制定适用于"平均社区"的公共服务设施指标标准,具体社区标准应在"平均社区"标准上根据时空间及人口特征变化动态浮动。

2)动态指标:考虑到由时空间分异导致的人口需求多元性,应根据规划功能分区、人口结构特征调整对应相关类别公共服务设施的建设指标值,制定在标准指标基础上的百分比上下浮动指标,保证配置标准的时空间弹性,同时定期评估,更新具体指标,更新频率应控制在2~5年/次,以便制定下一阶段的优化计划。真正实现公共服务配置标准化、科学化、人性化。

3.1.2.2 公共服务优化路径

(1)补数量:首先依据现状及规划人口规模,确定各类设施需求,补齐缺失部分。从结构上、总量上实现幼有所育、学有所教、病有所医、老有所养、住有所居、弱有所扶。

(2)优分布:结合5分钟、10分钟、15分钟生活圈服务范围以及各市区级设施服务人口规模和半径范围,对现状及规划设施布点区位进行优化调整,以期实现就近就学、就医、养老、文娱,提升公共服务可获得性、效率和使用率。

(3)调规模:调整具体类别等级服务设施的供给规模以适应城市人口非均质分布现象,并引入动态指标对供给规模进行弹性控制,实现公共服务精准化、标准化、专业化供给。

(4)提质量:优化公共服务设施设备配置、逐步提高设施设备标准;合理调配服务人员,平衡公共服务从业人员工作强度,均等化公共服务供给水平;提升服务管理水平,保证服务标准落实。

3.1.3 基于公共参与的协作式社区治理

1969年，美国著名学者谢莉·安斯汀（Sherry R. Arnstein）构建了经典的"市民参与梯子理论"（A Ladder of Citizen Participation），将公众参与城市规划按照参与程度分为8个层次（图3-1），至今为止该理论仍被国内专家学者公认为公众参与理论研究和演绎的基础，也有学者结合我国国情，将"市民参与梯子理论"演绎成"推进式的参与理论"，即由于我国发展的阶段和规划的程序内容与美国有区别，我国社会发育发展存在严重的不平衡，导致公众参与建设也存在差异，现实中的公众参与各个阶段之间的关系并非"阶梯式"，而是呈现"推进式"的并列关系，并将其运用到社区发展规划的实践当中，取得了一定的成果。类似的理论和实践探讨丰富了我国公众参与的研究，但是针对社区发展规划中的公众参与程序，在实际操作的过程中还需要对更加具体的内容加以界定，明确社区发展规划的程序步骤，依据规划的主体阶段和内容设定每个阶段公众参与的具体内容、方式、参与主体等。

在本书中，作者根据社区发展规划的阶段性内容和具体目标，结合本地公众参与的实际能力，推导出社区发展规划公众参与的"复合递进式"模式，为社区发展规划中各个阶段提供公众参与的程序内容和具体参照，推动公众参与在社区发展规划中的进一步发展。

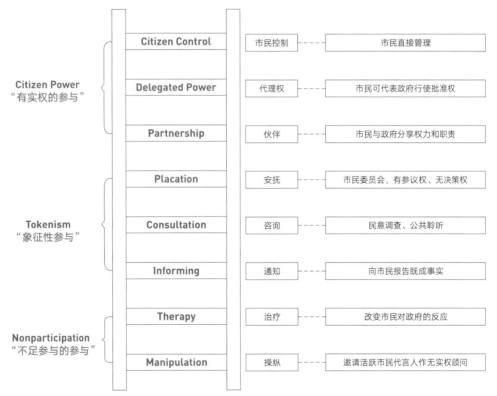

图3-1 1969年谢莉·安斯汀构建的"市民参与梯子理论"
[资料来源：根据1999年梁鹤年的《公众（市民）参与：北美的经验与教训》整理绘制]

"复合递进式"公众参与社区发展规划模式是以谢莉·安斯汀的"市民参与梯子"理论为原型，尊重3个阶段的主体内容，但是将3个阶段的梯度关系置换成复合的递进关系，明确每个阶段公众参与的主要任务和内涵。社区作为城市管理最基本的单元，作为实现基层民主的重要载体，社区发展规划作为城市规划学科从传统空间领域向社会经济领域拓展的一个方向，公众参与在社区发展规划中的应用就显得尤为重要。由于我国社会经济发展不平衡，居民的参与意识与能力也参差不齐，针对具体的规划内容，参与涉及的内容、深度、广度以及方式方法都不一样，为了给我国不同层面的社区和公民提供广泛的参与可能性，避免单一"梯子式"的公众参与影响社会民主化进程，针对社区发展规划的主体内容和主要阶段，"复合递进式"参与模式即在规划过程中根据规划所处的不同阶段，选择对应合适的参与方式，共同推动规划的开展。所谓的"复合"是指在同一阶段可以同时介入两种或两种以上的参与程度。例如社区发展规划包括前期的规划立项动员阶段、前期调研规划阶段、行动计划制定实施阶段、方案总体完善反馈4个主要阶段。

（1）以规划立项和前期动员为主体的第一阶段

主要介入的参与程度为"不是参与的参与"，这一阶段主要又分为立项和规划动员两个部分，主要是规划目标的制定和前期信息的宣传，目的在于决策者让公众在规划前期充分了解规划信息，获取公众对规划的基本态度，促进公众与决策者之间的相互信任，以求达成规划共识。立项阶段，公众的积极参与可以为规划决策者提供规划目标制定以及立项的必要性信息。立项之后开展规划动员，通过网络、电视等大众媒体开展规划宣传，让更多的社区居民和社会公众了解和参与前期信息的反馈。第一阶段的重点是所有参与者对规划信息的了解和沟通，寻求产生社区发展和规划的共识。

（2）以前期调研和规划制定为主体的第二阶段

这一阶段同时应用"不是参与的参与""象征性参与""有实权参与"3个参与类型。这个阶段涉及的内容非常多，调研阶段多涉及"不是参与的参与""象征性参与"，通过公众会议、民意调查、对居民进行专业知识的宣传教育，了解社区真实的信息，提高社区居民参与能力；而在规划开展阶段多以"实权参与为主体"，居民与政府分享权利和职能，共同努力为社区制定出发展蓝图。一旦规划立项即开展规划调研，通过与公众接触以及现状的空间调研和走访了解社区基本信息和问题。同时，需要社区公众的参与，共同制定社区发展规划的初步目标以及规划方案主要解决的具体问题，可以在前期的调研阶段开展公众参与社区发展规划的问题咨询会。会议应该尽可能地扩大公众参与的范围，提高参与的质量。会议过程中尽可能让社区居民全面直接地反映社区需求和存在问题。规划编制阶段由专家主导，根据社区公众反馈的意见和问题以及实地调研和基础资料的收集分析，形成明确的规划思路，提出多套可行的社区发展规划方案，供社区公众参与评比。虽然在规划方案制定之初，社区管理部门对社区的发展会有一些主观意愿，但是社区公众在参与的过程中提出的意见和建议更需要重视，倘若意见相悖则需要规划师在其中协调各方共同商议，共同制定具体可行的初步社区发展方案。

这一阶段非常重要的一个环节就是社区资源的挖掘，社区资源主要涉及物质资源、人力资源和社会资源。规划前的社区资源分散于社区的各个角落，没有得到有效的整合与利用。决策者和规划人员可以发动社区居民共同参与挖掘社区资源，这有利于公众对社区的进一步认知和认可，从而提升社区的凝聚力。经过公众参与多方案的讨论和协商，规划人员应当充分协调各方意见并对方案进行修改和完善以形成完整的综合方案。

这是公众参与规划编制的初步阶段，参与的质量直接影响到规划方案的制定。这一阶段中涉及的专业性内容需要规划人员在与公众沟通的过程中对公众进行引导和教育，规划师有责任将居民的构思和想法具体化、视觉化。同时公众提出的意见应该及时得到反馈，以达到有效参与的目的。这一阶段同时应该由民政部门、市政管理部门、城市生态社会专家等不同专业的部门和人员共同参与决策。

（3）以制定具体行动实施计划为主体的第三个阶段

主要涉及"象征性参与""有实权参与"两部分内容。行动计划既需要进行民意调查、与公众沟通，更需要邀请社区居民参与规划计划的实施。针对具体的社区计划进行公众意见咨询和问卷调查，将社区亟须解决的问题提上议程。这个阶段应该是具体行动计划的实施阶段，采用公众互动直接参与的方式开展社区行动计划。社区居民与管理者、规划师共同行动，在互动中掌握社区建设、社区资源整合的方法。

（4）以完善总体方案和后期反馈为主体的第四阶段

最后一阶段以"有实权参与"为主体，在总体实施与反馈阶段，公众既享有监督权也更有义务对自身生活的环境直接实施管理。一般的社区规划方案包括社区发展规划文本（包括社区经济、产业、目标等发展内容）、社区空间规划图纸（一般涉及公共空间、基础设施等内容）、社区管理机制创新研究等内容。在规划方案制定之后，需要对方案进行全面的公示。在社区规划中，可以制定社区发展规划宣传册。公众对规划方案有知晓、质疑以及反馈的权利。公众参与的最终目的就是要使公众的意见能够真正影响到规划决策，一旦公众对规划方案有任何异议，可以向社区规划小组、社区管理者及时反馈，可采用社区意见箱、邮件、专线电话、网络等多样化的方式进行。公众反馈的意见需要持续得到接纳，即使在规划后期，也应将反馈意见纳入动态规划过程，使规划一直处于开放、动态发展的状态。

3.2
城市社区更新实践案例解析

▶ 重庆城市社区更新实践起步较晚,本书选取了2010—2020年10年间在重庆主城实施的10个代表性案例,涵盖了不同尺度、不同区位、不同实施主导部门,每个案例存在不同的切入点,也有各自的特色和亮点。这10个案例分别冠以不同的社区发展主题,可作为重庆2010—2020年城市社区更新行动的缩影。整理列举如表3-1所示。

重庆10个城市社区更新实践代表案例一览　　　　　　表3-1

编号	时间（年）	项目名称	更新重点
案例1	2010	重庆市渝中区老旧居住社区整治研究与方案设计（嘉陵桥西村/大井巷社区）	空间美化与文化复兴
案例2	2011	重庆市渝中区背街小巷流动摊点布点规划	社会公平与移动景观
案例3	2013	重庆市渝中区石油路街道社区发展规划	治理创新与集体行动
案例4	2015	重庆市渝中区老旧居住社区整治研究与方案设计（桂花园路段）	山地特色与场所营造
案例5	2016	重庆市渝中区上清寺学田湾片区更新概念规划	触媒焕新与城市链接
案例6	2017	重庆市合川区草花街社区城市修补行动规划	历史保护与协同参与
案例7	2017	重庆市渝中区社区更新总体思路研究与试点行动规划	区域统筹与差异发展
案例8	2019	重庆市江津区几江半岛城市与社区更新规划	生态优先与精细治理
案例9	2016	重庆市渝中区七星岗街道更新专项规划	系统提升与节点干预
案例10	2020	重庆市渝中区七星岗人文街道品质整体提升研究	文化引领与场景营造

3.2.1 空间美化与文化复兴：嘉陵桥西村/大井巷社区更新

该项目以"文化复兴"为主要策略来展开。首先对渝中区市井文化的独特价值给予肯定,通过调研分析,制定出管理运行建议、活动开展建议、环境整治策略三者相结合的整体复兴策略。以环境整治为基础,对嘉西村社区和大井巷社区进行空间美化,并通过文化管理运行与文化活动开展实现文化复兴,使社区市井文化在渝中半岛再现独特的吸引力。

3.2.1.1 嘉陵桥西村社区更新

嘉陵桥西村位于渝中半岛西部嘉陵江大桥南桥头南侧一高地上，隶属于上清寺街道，东临上大田湾社区，南抵牛角沱立交桥，西临嘉陵江及二号轨道交通线曾家岩站，北靠曾家岩风貌区，四周被上清寺路、嘉陵桥路、二号轨道交通线等道路交通包围，区位、交通、景观条件极其优越。嘉陵桥西村占地面积5.78公顷，含64个居民楼院，2250户居民，其中常住人口约占2/3（图3-2）。

嘉陵桥西村具有两处抗战遗址——宋子文官邸和鲜英旧居；其中宋子文官邸是重庆谈判旧址之一，现保护基本完好。现存鲜英旧居是抗战遗址特园的一部分，爱国民主人士鲜英抗日战争期间曾将其作为书斋小院和偏房使用。嘉陵桥西村因具有宋子文官邸和鲜英旧居两处抗战遗址，属于典型的生活兼历史文化型传统社区，也是重庆抗战文化走廊上的重要节点。

（1）现状特征

1）建筑类型

嘉西村现状建筑大多属于20世纪80~90年代建设的建筑，以住宅为主，建筑较为老旧，

图3-2 嘉陵桥西村区位示意图

大多采用砖混结构。邮政家属院采用清水砖筑。规划范围内的历史建筑主要有：宋子文官邸和鲜英旧居（图3-3、图3-4）。

2）公共设施

社区内现有公共设施基本满足居民生活要求，但健身设施较为缺乏，现有1所幼儿园，3处集中健身设施，2处小卖部，3处公共厕所，四新路入口处有1个菜市场。

图3-3 嘉西村社区建筑分布示意图
[资料来源：2010年，《重庆市渝中区老旧居住社区整治研究与方案设计（嘉陵桥西村社区）》项目文本]

（a）邮政家属院　　　　（b）其他居住建筑　　　　（c）宋子文官邸

图3-4 建筑现状图

3）道路系统

社区存在3个主要入口，邮政局大门旁入口1和派出所旁入口2为主要入口，但识别性较差；入口3在社区西边，临城市道路。规划区内由于地形原因，无车行道路，皆为步行道路，社区内可达性较强。社区内有1条主要的交通型路径，作为片区对外联系的主要通道。

4）空间类型

由于特殊的地形条件，社区内空间类型丰富多样，高低错落，形态各异，极富人情味。规划范围内灰空间较多，从而形成较多的环境死角；多数空间质量较差，缺乏绿化、环卫设施及休憩设施（图3-5）。

（a）带形空间　　　　　　　　　　　　（b）公共空间

（c）缝隙空间　　　　　　　　　　　　（d）过道空间

图3-5 丰富的社区空间类型

5）居民活动分布

社区内居民的活动主要集中分布于6个点。其中城市阳台处社区居民活动较为集中，是社区的公共活动中心；另外宋子文官邸入口点等其他各点均为周围居民活动的集中地。居民活动大多集中于路径较便利的点，社区居民活动分布具有一定的区域性。城市阳台为社区的公共活动中心，社区中心绿地（鲜家院子）居民利用率很低。

6）环境卫生

社区虽处于闹市区，但内部环境较为清幽，环境较宜人。社区主要区域公共卫生管理较好，居民普遍较为满意，但是对建筑内部卫生较为不满，普遍认为卫生较差。社区也有部分废弃物乱堆乱放，无人处理。社区整体环境较好，卫生管理较好，但是缺乏环卫设施，局部环境卫生仍需改善。

7）绿化景观

社区内缺乏较集中的绿地，景观质量较差，绿化景观较粗糙，缺乏美感。社区绿化参与性不强，居民很难接近（图3-6）。

图3-6 绿化景观现状

8）名人故居

①怡园-宋子文官邸-重庆谈判旧址

宋子文，抗日战争时期国民政府财政部部长，著名政治家、外交家与金融家。抗日战争期间宋子文来到重庆，与夫人张乐怡入住牛角沱19号别墅，因夫人名字有"怡"字，故将该别墅称为"怡园"。怡园是一座三层小楼（含地下室），为仿哥特式砖石建筑。

1945年底，时任美国陆海空三军总长、杜鲁门总统特使马歇尔将军来重庆调停国共关系，期间一直居住于此，故怡园常又被称为马歇尔公馆。1945年9月至10月，怡园多次作为国共谈判地点之一，1946年1月10日，在此签订了国共第一次"停止军事冲突协定"。新中国成立后至1960年代，宋子文官邸曾作为政府机关安排贵宾住宿使用，1970年代后作为上清寺派出所办公使用。1992年3月19日，重庆市人民政府将怡园列为"重庆市文物保护单位"。

②特园-鲜宅-鲜英旧居

鲜英，1921年起先后任川军总司令部行营参谋长兼重庆铜元局局长、国民革命军第二十一军第十师师长兼江（北）巴（县）卫戍总司令、重庆制造厂厂长、四川省第11行政督察区督察专员、南充县县长等职。抗日战争爆发后，协助民主主义革命家、民主同盟创建者张澜在南充创办"建华中学"，张澜任校长，鲜英任董事长。1939年鲜英谢绝仕途回到重庆，决心投身抗日民主运动，毅然提供他的私宅"特园"，为中共与各界人士共商国事的场所。

特园，又称"鲜宅"，是一处包含十余幢楼房的花园别墅群。1931年，鲜英买下原属江西会馆的一块坡地，在其上兴建了自家的花园别墅，并陆续在其周围修建了十多幢楼房，形成花园别墅群。因鲜英号"特生"，故称"特园"。特园主建筑包括达观楼、平庐和康庄三部分，其中达观楼为鲜宅主楼，"文化大革命"时毁于一场大火，现仅存书斋小院与偏房，即今"鲜英旧居"所在地；据历史考证，特园的客房和马房则为现状的鲜家院子所在地。

（2）更新要素

城市设计是社区空间环境整治更新的技术手段，其要素包括形式要素、功能要素和社会要素，其中社会要素是城市设计关注的精神层面范畴。城市设计需针对城市的社会问题、精神文化需求和人类活动，构建潜在的公共原则、社会意识和文化目标。针对嘉陵桥西村现状特征，本研究提出"空间""历史""文化"作为空间环境整治更新的三大要素。"空间"是"硬件"，是满足居民居住生活基本需求的形式和功能要素。"历史"和"文化"是"软件"，是给予空间以"精神"的社会要素，是满足社区居民生活和居住的"魂"。其中，"历史"是延续社区历史文脉、挖掘社区历史价值；"文化"是通过塑造社区邻里文化，提升社区归属感。

（3）更新整体框架

本研究采用凯文·林奇城市意象五要素（道路、边界、区域、节点、标志物）组织嘉陵桥西村的空间环境整治更新，提出以社区路径、社区边界、社区节点、社区标志等要素组成整体空间骨架。社区路径是社区居民依托街巷空间多年生活而形成的主要生活路线，包括1条文化旅游路线和4条生活路线。社区边界包括社区外部景观界面、主要路径两侧垂直界面等。社区节点是居民进行邻里交往和生活休闲的公共空间，包括社区主要出入口、怡园历史文化展示中心、社区公共活动中心（星光广场或"城市阳台"）、社区老年活动中心（鲜英旧居）、社区物业管理中心以及若干居住院落。社区标志主要包括社区入口形象标志、道路指示牌、抗战遗址及其标牌等。通过对现状进行梳理，空间环境整治整体上形成"一轴四环七节点多院落"的空间结构。

（4）更新策略

借鉴国外更新的有关理念和国内"小规模渐进式"更新理念，以居民为组织核心，以保护和利用社区历史建筑、延续社区肌理、整治绿化环境为主要内容，从社区主题文化划分、街巷空间环境整治、社区文化节点整治与展示等方面提出更新措施。

1）环境整治策略

"一轴四环"线形交通的绿化整治以改善居民生活环境和提高社区形象为目标。在保留原有较好乔木的前提下，结合休闲座椅设置花池、树池，通过不同季节植物、乔木与灌木高低错落搭配，使文化旅游线路与生活线路充满宜人的清新环境氛围。然而，绿化整治的后期养护仍然是一项重要的工作，很容易被忽略。笔者曾多次调研，得知居民对绿化整治的后期养护持有较大意见，居民对绿化功能的关注要远大于艺术功能的关注，而且宠物的放养也对绿化环境产生一定破坏。因此，建立起社区环境的维护机制显得十分重要（图3-7）。

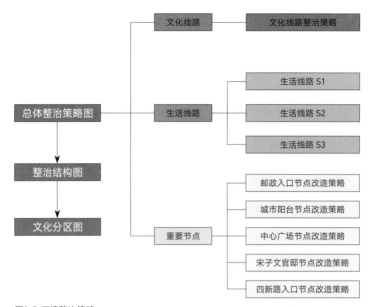

图3-7 环境整治策略
[资料来源：2010年，《重庆市渝中区老旧居住社区整治研究与方案设计（嘉陵桥西村社区）》项目文本]

整治思路：通过对社区内鲜英旧居和宋子文官邸两个文化点的梳理挖掘，确定从邮政入口节点到四新路入口节点的路径为社区文化线路，主要为社区历史文化的展示；同时确定三条生活线路，以此串联社区的生活空间。

整治导则：加强对文化线路文化元素的注入，文化线路在环境改造中建议凸显文化要素，营造文化氛围。生活线路重点是对环境卫生、生活服务、健康休闲设施的整治。五个节点主要从公共性、开放性、可达性、景观性、参与性等方面予整治引导。生活线路上典型空间重点从居民生活的需求入手进行整治引导。

2）总体空间结构

总体空间结构确定为"一条文化主线、三条生活环线、五大重要节点和五大典型空间"。

整治导则：一条文化主线，从北边邮政入口节点串接城市阳台节点、鲜英旧居节点、宋子文官邸节点和四新路南入口的社区主要交通性线路，整治中突出其文化要素的展示与联系；三条生活环线，通过对社区内主要生活线路的梳理，重点打造三条生活环线，以此来串接社区内典型的生活空间，达到对社区特色生活文化的展示；五大重要节点，重点对邮政入口节点、城市阳台节点、中心广场节点、宋子文官邸节点、四新路入口节点进行整治引导；五大典型空间：对社区内典型的生活性空间进行整治引导（基于生活线路）（图3-8、图3-9）。

3）文化线路整治策略

整治思路：此条线路为社区的文化展示线路，整治中总体定位三大文化展示区，首段从邮政入口处开始，为印象嘉西村文化展示区，主要对嘉西村历史进行介绍；中段为影像

图3-8 整治总平面图
[资料来源：2010年，《重庆市渝中区老旧居住社区整治研究与方案设计（嘉陵桥西村社区）》项目文本]

嘉西村文化展示区，主要为对鲜英及民主活动历史文化的展示；末段为影响嘉西村文化展示区，通过马歇尔来渝及国共谈判等历史事件突出嘉西村的历史地位。文化线路也是串接社区中主要开放空间的重要路径。

整治导则：文化线路在环境改造中重点是对铺地、路线的标识系统、栏杆、围墙进行整治。五大节点单独制定整治导则，并照此实施改造。重要空间制定相应的导则指引。

①地面铺装

对文化线路上的地面铺装进行整体改造，地面铺装主要采用青砖铺地，色彩和材质上与周边环境协调。现状文化线路的地面铺装主要为红黄相间地砖铺装和绿色地面铺砖，色彩和材质上与环境不协调，建议对地面铺装进行改造，采用青砖或条石进行铺装。现状文化线路上井盖较粗糙，建议改造中融入相应文化元素。

②导引系统（道路标识）

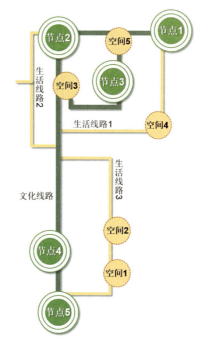

图3-9 整治路线结构图
[资料来源：2010年，《重庆市渝中区老旧居住社区整治研究与方案设计（嘉陵桥西村社区）》项目文本]

导引系统为社区的指引性系统，主要对社区人流进行引导，连接文化线路中的各点。整治中强化社区引导系统，重点加强社区转角处的指引导向。文化线路上在铺地改造中增设一条30厘米宽的指示线，用作社区各文化点之间的联系和指示标识。文化线路上在主要入口和主要转角处增设标识牌，其余次要转角处采用墙面铜牌嵌入指示标志。标识牌中绘制社区文化地图。

4）生活线路整治策略

生活路线整治应立足于居民出行方便、生活设施配套完善、满足居民的社区归属感与邻里交往需求的原则。考虑与文化线路整治的协调，结合主要公共空间及重要历史建筑物进行重点整治，通过以点带线、以线带面的方式达到社区生活线路整治全覆盖且重点突出的整治目标。应考虑环境的整洁、美观、健康的功能要求，同时与社区日常管理相结合，保持环境整洁、美观、健康的可持续性。

①视觉导引系统（标识及照明）

应在社区出入口、道路转折点及安全隐患处设置道路标识，重要历史建筑、主要生活设施（如公共厕所）及重要公共空间应挂标识牌，如宋子文官邸、鲜英旧居、城市阳台、邮政家属院入口等。应完善社区内部夜间照明系统，理顺室外架空电力线、电线杆，避免安全隐患，重点历史建筑及公共空间应加强景观照明。道路标识应注明各家属院、重要文物古迹、名人故居、重要生活设施等反映社区文化生活的地名。生活线路标识与文化线路标识应统一设计与布置。

②道路及附属物（铺装、台阶、栏杆）

铺装、台阶及栏杆的色彩及材质应统一，同时铺装材质及色彩的选择应与文化路线铺装相协调。现状水泥路面统一更换为青砖铺地，重要公共空间（如城市阳台）铺地可用艺术性图案装饰，同时加强图案的文化性功能。加强台阶通行的安全性，如台阶防滑处理，现状台阶两侧无护栏的应统一加建，破旧的台阶应统一更换为青石台阶。各居住院落及重要公共空间铺装宜与道路铺装有所区别，可通过适当变化色彩及材质以增强铺装的趣味性和识别性。

③绿化景观系统

绿化景观的布置应考虑遮阴功能及景观功能。植物的选择尽量考虑统一性与多样性，做到外来性与本土性相结合，尽量保持现有乔木、灌木数量及类别不减少的原则下，添加花池、盆花、立体绿化等。重要公共空间如城市阳台绿化种植不宜影响居民的户外活动，可考虑与座椅等组合设置形成休息空间。对于现状采光不好的阴角空间，可种植喜阴植物。鼓励居民自行种植盆花、盆树。对于现有存活力较低的盆花、盆树植物，应更换其类型及位置。加强现有围墙立体绿化种植，现有围墙立体绿化，应引导植物生长的方向，避免立体绿化影响居民的通行及其他生活性功能。

④建筑附属物

建筑附属物整治主要包括建筑入口雨棚、主生活道路上空雨棚，临街阳台窗户，以及居民自行搭建的其他各种构件。整治宜采取保留与改造相结合，并维护建筑附属物原有功能。建筑物入口前及主生活道路上空雨棚应统一更换为木构件半坡屋顶。临街一二层阳台外立面应统一材质、色彩。

⑤社区日常管理

应清除路旁杂物，规范路边摊位，统一室外晾衣设施布置。公共空间绿化及居民自行种植的各种盆花、盆树应定期浇灌，保持绿化的景观连续性。促成和培育社区公众参与的最佳模式和社区文化。

⑥景观整治目标

在整洁、安全、美观的基础上挖掘历史文化潜力，并加以利用和提升，促进社区与外界的交流，从而增加社区居民的自豪感，营造和谐的社区氛围。

其基本整治措施：换掉简陋的遮阳棚，添加和改造环卫设施，保持社区整洁。在不安全区域增加栏杆，并加强夜间安全照明。对排水设施进行梳理，确保不积水，排水顺畅。换掉部分地面铺装，保证人行的安全性和舒适性，增加休息座椅，体现人性关怀。利用边角空间增加绿化量，并大量采用垂直绿化的方式美化围墙和建筑，节省造价。绿化品种采用适合社区布局的植物，注意季相变化与观花观果效果。围墙石材用仿青砖铺贴，与社区的历史氛围相符合。

嘉陵桥西村空间环境整治更新的策略，是针对山城重庆传统社区特有的山地地形地貌、街巷院落空间、抗战历史遗存、市民生活文化等特征而提出的，也是小规模渐进式城市更新方法的一次有益探索（图3-10）。该实践案例表明，社区空间环境整治更新除关注物质空间外，应充分挖掘社区历史文化和地域文化，既要延续社历史记忆，又要彰显社区邻里文化与社区精神，从而体现社区的人文关怀。当然，社区空间环境的整治更新不是政府和规划师的主观行为，还必须建立良好的公众参与平台和互动机制，不断地对方案实施的绩效进行评估和反馈，这样才能促进形成社区居民的归属感、自豪感，延续社区凝聚力。

3.2.1.2 大井巷社区更新

大井巷社区位于渝中半岛中部，毗邻解放碑CBD，北临嘉陵江，地理位置十分优越（图3-11）。街区地形南高北低，高差约20米，是典型的山地地形条件。社区南临正在修建的超高层建筑——重庆宾馆，西面还有巷道通往若瑟堂天主教堂，东临魁星楼。作为一个老的山城社区，其中具有浓厚的重庆市井文化韵味，在"五个重庆"中的"宜居重庆"的大方针之下，大井巷社区将重点打造传统的山城宜居社区。社区街巷空间充满变化和情趣。2010年，渝中区政府开始着手旧城非拆迁式更新，将其作为试点地段。

社区地处解放碑繁华路段，交通便利，附近有3个公交站，一个轻轨站。其他生活设施也比较完备，基本能满足居民基本生活需要。现状建筑大多属于20世纪八九十年代建设的建筑，建筑类型以多层住宅为主，且多为混凝土结构。现存主要问题是社区较破旧，如居委会广场前的小商店与理发摊，均为简单地露天搭建，理发摊更是只有墙上的一面镜子加几把剪刀。这些既是老旧社区的环境问题，但同时也是老重庆居民生活的珍贵写照，体现了生活标本的价值。

图3-10 嘉陵桥西村整治总平面图
[资料来源：2010年，《重庆市渝中区老旧居住社区整治研究与方案设计（嘉陵桥西村社区）》项目文本]

图3-11 大井巷社区区位示意图

（1）目标与定位

本次改造重点挖掘并弘扬渝中区传统文化，在完善社区基本功能的基础上，丰富居民的日常活动，加强社区的文化建设，做到社区生活品质和文化品质的双提升。当社区的基础环境得到改善，管理上升到较高的水平，文化活动较为成熟后，社区中可以进行部分功能性置换，依托解放碑商圈的区位优势，引入一定的商业业态。建议打造成"城市驿站"，以特色旅馆与主题旅馆、民间文化体验、私房美食为主打，目标人群定位于工作繁忙、期望减压的都市年轻人。

（2）总体整治导则

建议尽量对基础设施进行保留，对破旧的基础设施进行修缮维护，例如破旧的康乐设施。并加建雨篷等基础设施，保障居民的基本生活，并保留下居民传统的生活气氛。

道路交通方面，社区出口较多，内部主要交通线路呈人字形分支，分支路径较多，多为尽端式到达住宅入口。社区中只有部分道路属车行段，主要到达市公安局幼儿园，与"齐齐火锅"店入口的人流有冲突，改造时应重点处理主要路径，并结合每段路径的人流及使用频率，进行有针对性的改造。

（3）空间整治策略

1）尊重自然地形，显现地域特色

重庆渝中区所处的自然地形条件，是孕育老旧居住社区街巷空间地域性特色的基石。大井巷社区中，街巷空间不单单是交通性的通道，更是社区居民感知空间特征的重要途径。社区中供居民步行的道路形态丰富多样，坡道、台阶、休息平台等元素依据地形进行了合理的安排与组合，同时根据地形变化合理安排街巷空间的转折和扭转，街巷空间充满着趣味性。因此，在整治中，应秉承适应性观念，切实贯彻在尊重自然条件的前提下合理利用与改造地形条件的设计原则，显现独特的地域性特征，加深居民对街巷空间特征的感知。

2）结合已有条件，营造丰富界面

大井巷社区街巷空间中，侧界面形态较为单一，建筑立面材质较为陈旧，建议对住宅进行系统性的立面改造。包括：功能性改造，即通过采用适当的建筑材料，于建筑立面外围构筑亲和性较强的附加物，如雨棚、空调、挂机罩、外廊；形式性改造，如山墙、线脚、饰面的改造，丰富侧界面层次。或是通过植物种植和景观小品等方式对老旧住宅下部单调、陈旧、无变化的建筑立面进行处理，增强空间侧界面的美观性，改善居民的空间感受与体验。同时，结合社区内的自然地形，将自然环境因素如堡坎、草坡、岩壁等，纳入界面的整治中，创造丰富的社区街巷空间侧界面。

街巷空间的底界面，即铺地，对居民的行为和心理的影响作用十分重要，具有明显的亲和力，同时又具有导向性的功能，组织和引导居民与游人转换方向，到达目的地。同时，铺地的纹理和质感也是提高人们行走趣味和安全性的要素。大井巷社区街巷空间的铺地通常采用青石板这种天然材料，尽显老旧居住社区的传统特色，具有亲和力，但较为破旧，风格也不够统一，建议可适当在铺地中镶嵌进社区Logo，营造社区归属感与认同感。

3）梳理生活线路，优化街巷结构

大井巷社区的街巷空间不仅仅具有交通功能，更承载着社区居民的生活。居民在街巷空间中交往、经商、休憩，形成了有活力的移动的生活性景观。但街巷空间及其中的节点并没有得到较好的组织和利用，未能充分发挥方便居民生活和促进居民交往的作用。大井巷街巷空间整治中，生活性空间主要分布在北部居住区，建议根据道路的使用人群和使用频率梳理社区内的生活线路，在原有的街巷空间格局中开辟若干节点空间，将其串联起来，建立合理的优化的街巷空间结构，从而为居民提供更好的休闲和交往空间，凸显社区祥和、充满情趣的生活氛围。

4）回归居民生活，寻求社区活力

老旧居住社区街巷空间是人们日常生活活动的重要空间，因此，设计需要回归城市生活，营造具有街巷空间文化内涵的地域社区文化，增强社区活力。首先，需要尊重居民日常生活习惯，满足居民的基本生活要求，使空间使用、空间特征、空间构成与人们的生活方式、生活需求保持一致。大井巷社区街巷空间整治中，通过街巷空间及其节点的人性化、细致入微的设计，充分反映重庆居民生活的地域性特征。其次，要体现居民心理、行为和审美特征，结合居民商业行为、交往行为、出行行为及休闲活动特征，形成与社区生活事件对应的街巷空间模式。最后，应满足居民精神、文化生活需求。在大井巷社区街巷空间整治中，建议开辟利于开展具有地方特色文化活动的空间，同时植入三类文化宣传设施：固定式文化宣传墙、可更换文化宣传墙（栏）、文化性景观小品，以实现社区文化的积极传播，激发社区活力。

对使用频率高、人气旺的广场进行重点打造，加建便民设施，方便居民生活，促进居民的自发性活动与社会性活动。社区中心广场中心的亭子形式单调，实用性差，建议对其进行拆除，加建景观花廊。

大井巷社区中有位老人精于蜀绣，是重庆工艺美术专家，常年在长谊宾馆广场一侧的大井巷13号入口处刺绣，建议搭建雨篷，围合出一个小的空间，并兼顾宣传作用，弘扬民间艺术（图3-12）。

（4）环境整治策略

在规划整治中，重点着眼于广场与入口两类空间节点。广场形成交往空间，引导居民更多地走到户外，增进邻里间的接触与沟通。入口重点处理好社区的标志性，强化社区特征与归属感。除去广场与入口的空间节点，就是联系这些节点的路径空间，针对不同的路径，制定相应的改造策略，打造不同的生活线路（图3-13）。

整治思路：大井巷社区主要空间节点为广场和入口两部分，社区中的广场主要集中在社区中央。整治从广场、入口、路径三面入手（图3-14）。

（5）文化宣传策略

为增进社区文化气息，丰富居民文化生活，在社区中策划植入三类文化宣传设施——

图3-12 回归居民生活

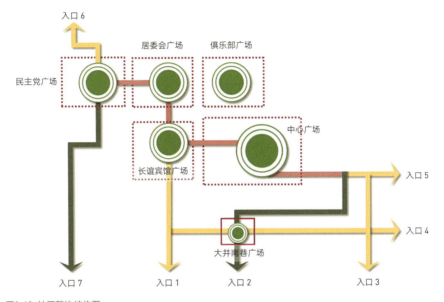

图3-13 社区整治结构图
[资料来源：2010年，《重庆市渝中区老旧居住社区整治研究与方案设计（大井巷社区）》项目文本]

①固定式文化宣传墙：宣传地区文化与社区文化。②可更换文化宣传墙/栏：可宣传社区最新政策、社区活动安排、读报栏等，或社区轶事与社区人物，例如蜀绣老人等；亦可宣传三字经、时事新闻等。③文化性景观小品：尽量体现市民生活，并兼顾文化性，起到雅俗共赏的效果。文化宣传是社区文化建设的重要一部分，应该提高重视程度。在临江路小学步道两侧，增加文化浮雕，在宣传内容上应契合小学文化素质教育，如可以雕刻典故及历史故事等题材。在居委会广场、长谊宾馆广场、社区中心广场增建固定式文化小品，如宣传蜀绣与剪纸艺术等民间文化的浮雕，或者反映传统重庆市民生活的情景雕塑等。

（6）景观整治策略

整治目标：在整洁、安全、美观的基础上，保证社区混合居住功能的延续，保持社区氛围和活力，通过特色文化产业的保护和植入，提高社区知名度，在确保社区邻里生活不受干扰的前提下，促成未来实现渝中区都市旅游的可能。

图3-14 主要整治节点
[资料来源：2010年，《重庆市渝中区老旧居住社区整治研究与方案设计（大井巷社区）》项目文本]

整治理念：采用确保社区整洁、安全、美观的基本手段。利用社区内现有的公共活动空间，完善社区功能配套设施。改造居民楼周边的庭院空间，增强人们对社区的认同感。整治社区内的商业环境，为下一步社区的商业品质提升打下基础。大力提升社区文化品质，通过特色文化产业的保护和植入提高人气，用宣传栏、壁雕、题刻墙等形式宣扬积极向上的社区文化氛围。

基本措施：换掉简陋的遮阳棚，添加和改造环卫设施，保持社区整洁。对排水设施进行梳理，确保不积水，排水顺畅。对车行道进行铺装整治，采用透水砖，保证人行的安全与舒适。对不合理的花台进行拆除，利用边角空间增加绿化量，利用垂直绿化美化围墙和建筑，鼓励居民加入绿化美化工作，提升居民参与社区建设的热情。围墙表面采用仿青砖铺贴。

（7）社区品质提升策略

利用社区内有限的公共空间，增加配套设施，如健身场、运动场等。利用标志性铭牌强化社区氛围。整治社区内的商业环境，通过调整铺装、雨篷以及广告的设计提高社区文化品质。改造现有的文化产业，提升社区文化品质，用宣传栏、壁雕、题刻墙等形式宣扬社区文化（图3-15）。

图3-15 大井巷社区整治总平面图
[资料来源:2010年,《重庆市渝中区老旧居住社区整治研究与方案设计(大井巷社区)》项目文本]

3.2.1.3 结语

老旧居住社区的街巷空间传承着重庆市民的文化习俗,承载着社区居民的日常生活,是城市中不可多得的有价值的特色空间,但随着时间的推移,老旧居住社区街巷空间面临着物质性功能衰退、景观性缺乏等问题,这在一定程度上限制了居民的日常生活和交往行为,居民的精神文化需求也未能得到重视。开展老旧居住社区街巷空间整治的目的,不仅仅是改善街巷空间中的物质环境,更重要的是让居民的生活品质得到提升,延续社区的人文精神,提高社区的凝聚力和内在活力。本文呼唤社区生活在街巷空间的回归,为重庆市民习俗文化的进一步传承提供相应的街巷空间场所,促使街巷空间塑造为居民习俗文化传承的"容器",将街巷空间的整治纳入社区更新这个系统中来,为重庆市渝中区老旧社区更新保持地域特色提供了一些借鉴方法。

3.2.2 社会公平与移动景观：渝中区流动摊点规划

近年来，重庆市委、市政府紧紧围绕经济发展和人民生活需要，在都市区范围内通过深入开展背街小巷和城市环境综合整治等活动，使城市面貌发生了积极变化，居民生产生活环境得到了明显改善。但部分地区仍存在着"脏、乱、差"的现象，特别是流动摊贩占道经营的现象更是整治的热点和难点。

当前渝中区临时占道摊群摊点经营无序，扰乱居民生活秩序，妨碍城市交通，影响市容市貌，给城市管理带来诸多不便。为了更好地完善城市功能，改善城市环境，重庆市渝中区市政管理局联合重庆大学建筑城规学院于2011年5月初至6月底开展了对渝中区支次干道及社区（背街小巷）示范街区临时占道摊群摊点的疏导安置与规划工作。此次优先选取渝中区11个街道所管辖的17条支次干道、32条背街小巷、1条特色夜市街区，共50条作为临时占道摊群摊点疏导安置示范区。在试点工作中总结经验和有效做法，旨在普遍推广到全区其他纳入疏导安置的支次干道和背街小巷、社区。

区政府针对这一普遍现象，优先选取部分支次干道和背街小巷、社区作为临时占道摊群摊点疏导安置示范区，对摊群摊点布点规划进行先行先试。

3.2.2.1 社区街巷流动摊点现状

社区街巷是居民日常生活最主要的实践地，"可能较诸任何其他城市设施和空间要素对城市空间、社会观念、市民生活产生更大的影响"。重庆城市老旧社区在它多元的传统中，有着丰富的街巷社会生态：起伏转折、收放分化的街巷形态，密集的街巷网络，以及现代社区街道无法比拟的开放性，包容并提供了多种社会活动空间，促进人与人、私密空间和公共空间之间的互动以及街巷微观经济的发展。然而，现代城市在一定程度上忽视了邻里街巷以及活跃其中的交往活动和商业设施，或者任其在经济全球化和消费主义浪潮的冲击下自生自灭，社区街道逐渐被蚕食，公共空间弱化，且日趋均质化和简单化。

摊点是重要的街巷空间组成元素和社区活力的空间媒介，人们穿行街巷，边浏览边选择所需商品，邻里间相互交流，方便且符合我国百姓日常生活习惯。伴随快速城镇化，我国进入了复杂或会漫长的"半城市化"状态，摊点成为一大部分人落脚城市的谋生工具，且数量急剧增加。同时，摊点与正规部门争夺优势区位，空间拉锯，其负外部性愈加凸显，包括卫生隐患、占道、环境污染等等。于是，城市管理者与居民同时提出了老城区市容环境整理、空间形象改善的诉求。

与此同时，居留在城市中的非正规就业人数上升趋势明显，有学者称我国非正规就业人数由1990年的2982万人上升为2009年的21090万人，摊贩就是其中的一大类。渝中区现有摊点解决了近万人的就业问题，同时据调研数据显示，摊点的消费者以基本月收入在1000~2000元左右的居多，说明摊点在一定程度上满足了低收入群体的需求，与民生保障息息相关。

综上可以看出，摊点经营一定程度上满足了市民的需求，缓解了就业压力，为一些弱势群体提供了生存方式。许多流动摊点是一个家庭的主要经济来源。大多流动摊点经营者文化程度低、无技术、无资本，经营摊点帮他们解决了生活上的困难。对市民来说流动摊点价格低，购买方便。流动摊点之所以屡禁不止，也主要因为对它有相应的需求，一般市民都有在流动摊点购买物品的经历。流动摊点在一定程度上减少了犯罪和社会压力，如果一味禁止流动摊贩，这些人将失去经济来源，会给社会带来更多的不安定因素。但摊贩在缓解了城市劳动力过剩的同时，其作用于空间形象上的负外部性和快速扩张，使得市民反对。曾经政府一度采取取缔的态度，引发了无休止的空间争夺战，但其核心问题并非城市管理者与摊贩的矛盾，而是如何协调城市空间管理与非正规需求之间的冲突。这便在于社会政策引导下的空间集约利用，政府应从矛盾体中剥离，寻求空间的疏导策略，尝试为摊贩提供稳定且有使用权的空间。

在目前城市发展转型的背景下，平衡这种矛盾，需要将目光转向城市的包容性发展，正视居民和摊贩的客观需求。基于这种情况，本书从政府干预和主体矛盾出发，以重庆渝中区背街小巷与社区摊点布点规划项目为切入点，结合山地城市丰富的社区街巷空间，探索地方化可持续的城市更新之路。尊重既有摊点存在形式和业态，减少空间分布和管理上的混乱，不仅是为了合理有效地利用城市空间，塑造良好的街巷社会生态和社区邻里氛围，更是转变发展思路，强调人的主体地位在城市存量管理中发挥作用。

3.2.2.2 城市流动摊群摊点存在的合理性

尽管流动摊群摊点的存在具有很多的不合理性，但总归有更多的理由让它顽强地生存下来，这也是近年来对流动摊贩屡禁屡败的原因，尤其是在重庆这座特殊的直辖城市。重庆直辖以来，城市经济和社会发展呈现惊人的速度，纵身一跃，跻身为西南片区的经济增长极。作为西部商业经济发展的龙头城市，重庆各类商业网点林立于大街小巷，众多流动摊点散布各个角落。流动摊点的存在是市场经济发展的需要，这是由于：

（1）流动摊点是我国经济发展的必然趋势

重庆被设为直辖市后，大量周边区县的农村人口拥向城市，流动摊点成为进城务工人员主要生存途径之一，目前重庆主城区从事城市流动摊点经营的人员主要是周边区县以及近郊的农民与城市下岗、失业人员。流动摊点入市门槛低、投资成本低，对解决一些低收入人群的生存，特别是进城务工人员的就业问题发挥了较大作用。

（2）流动摊点满足了市民的多样化需求

随着城市建设的不断发展，市民需求呈全方位、多层次、多样化发展，流动摊点以其商品价廉、经营方式灵活、购买方便等特点，弥补了固定门面的空缺与不足，可以满足大多数人们的生活所需，受到众多市民的欢迎。目前渝中区内流动摊点主要从事餐饮、食品、蔬菜、水果、服装、小五金、维修等服务行业。

城市的地域特征造就了重庆人直率不做作的性格特征，市民愿意光顾街边摊点，炎热的夏季光着膀子流着汗吃着大排档，这是一种城市文化，更是一种城市多样性与活力的体现。因此，取缔流动摊点和夜市在这样特殊的城市里是很难行得通的。除了重庆人的内在性格对流动摊点存在客观需求外，这些流动摊点也以其灵活性弥补了固定商业网点的一些空缺，更关键的是为社会提供了众多就业岗位，隐形地降低了社会冲突与矛盾。所以，对待流动摊点，我们不能一概而论，完全取缔。既要考虑到丰富城市生活的多样性，又要考虑到不影响和阻碍城市的正常运转以及市民的身心健康。我们应采用分类别对待的方法，该取缔的一律取缔，该保留的对其赋予合法的经营权，并对摊点进行统一改造。

3.2.2.3 背街小巷与社区摊点调研

（1）行为主体调查与分析

经营者以30~55岁的渝中区常住人口为主，其中包括48.3%的周边地市外来人口，学历普遍较低。据统计，86.2%的经营者之前并非摊贩，其在设摊经营前主要为：工人，下岗或退休后转为摊贩，以积累资金；入城务工人员（包括部分库区移民），摆摊成为主要的谋生手段，一般为家庭式经营，或受雇于本地摊主（图3-16）。

摊贩、市民以及城市管理者之间存在着供求和管理的矛盾，三者的行为各具特征，并相互影响。

1）摊贩（主体的行动）

渝中区现状摊点业态主要有三类：食品类（果蔬、副食、小吃等），日杂类（烟饮、小百货、报刊、服装等）和服务类（擦鞋、修配缝补等）。

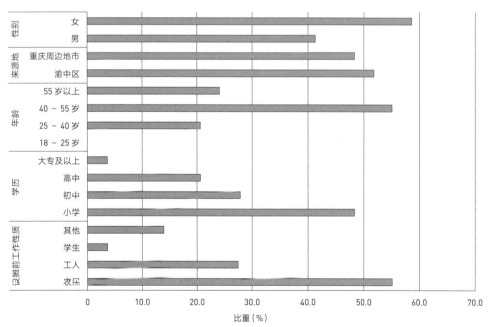

图3-16 渝中区摊贩社会构成
（资料来源：2011年，《重庆市渝中区背街小巷流动摊点布点规划》项目文本）

首先摊贩以捕捉商机和人流为特长。于是上班群体集中、人流量大的解放碑地区，催生了大量以早餐为主的食品类摊点；朝天门地区因为码头市场的存在，小商品混杂，日杂类摊点较多；而居住社区相对集中的区域，人口结构多样，需求广泛，三类摊点较为均衡。其中，一部分摊贩倾向于在自身居住的社区附近设摊，这类摊贩多选择固定摊位，每个摊位占地约2~5平方米；部分摊贩倾向于流动摊位，特别是装置轻捷、随季节或分时段售卖的摊贩，这类摊贩数量随着城市化增长较前者增加更为迅速，以极强的流动性和流动轨迹的"任意性"，不断踩界、打擦边球甚至博弈，改变城市空间和景观，唤起行人观看的自主性，并改变行人的轨迹，提供日常生活的多样化选择。

其次摊贩经营时间灵活多样。尽管政府从一开始的严格控制，到逐渐放松，再到不断跟进摊贩的经营时间，摊贩仍是自由实践者。随着人为影响时间（市民消费时间以及管理者的时间等）变化、气候变化、季节性商品供给等变更经营时间，有些夜市摊点会相应调整经营时长或更新经营类别，如以夜宵烧烤为代表的食物类摊点大多选择营业至深夜，以手工饰品为代表的饰物类摊点会根据气候与消费喜好更新贩卖的饰物类别等。烟摊比较特殊，存在两种不同的管理者，一是烟草公司，规定其工作和休假时间；二是城管，在管理市容的同时影响摊位经营时间，二者常有冲突。

另外，摊贩收入不稳定。摊贩与零售商相较优势在于低成本与可移动性，但其影响因素多样，有来自管理者的压力，如小吃摊点处于几方管理空白的"金三角"，在城市卫生大检查时会被要求暂停营业。另外，受到经营时间的限制，上下班高峰期各类摊点的收入相对较高。据统计，摊贩的月收入1000元以下的有44.8%；1000~2000元的占48.3%，且会在两者之间浮动，各行业各地段有差别。近年，新增摊贩数量上升，竞争基数变大，同时自发盲目地趋利竞争，出现雅各布斯所说的功能单一化，多数摊贩收入不仅不稳定且在逐渐降低，但摊点仍是弱势群体在城市落脚的依靠。

2）市民（日常的实践）

重庆市民大多都有在摊点消费的经历，而消费频率相对较高的市民收入多在1000元以下，说明摊点的存在一定程度上满足了低收入群体的消费和生存需求（图3-17）。

重庆市民在公共空间中的日常生活有：休憩聊天（聚伙吹牛）、打牌打麻将、洗菜做饭吃东西等等，市民在公共空间中进行的活动是室内活动的丰富延伸。据统计，居民普遍认为社区附近的摊点，以距家5~10分钟的步行距离为宜。摊贩多是社区的居民，人们在熟识的摊点上买东西、聊天、相互帮忙，建立起浓厚的邻里文化。多数人会因熟识的摊点未出现而觉得失落，摊贩设摊也会考虑多放座椅给市民休息，扩大装置伞的面积供市民遮阳、避雨等等。当然，摊点也在发挥着"街道眼"的功能。但是，人们的习惯也在悄然改变，不只年轻人，甚至采访到的嘉华社区的老人，也开始倾向于去附近的超市买菜，陡然增多的流动摊点，迈不开步的凌乱环境，短斤少两的缺陷，使得人们放弃一些便利，选择到超市购物。

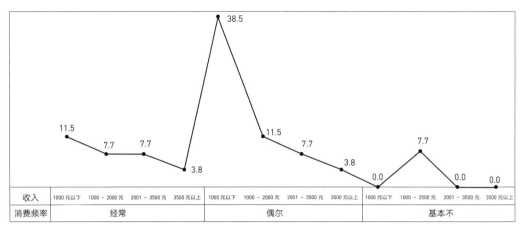

图3-17 渝中区市民消费频率特征
（资料来源：2011年，《重庆市渝中区背街小巷流动摊点布点规划》项目文本）

3）管理者（权利的运行）

渝中区综合行政执法局各执法大队是行使空间权力的代表，是摊点的直接管理者，各街道办事处协同进行管理，依据政府的市容管理文件和具有法律效应的市容管理条例控制摊贩的空间自主性，是权力"微血管"。城管除去有任务安排和上班时间，尽管有电子监控设备的配合，但仍存在监视的非连续性，正是基于这种情况，流动摊贩甘愿在其间隙中冒险，违背规训。当然，政府也在不断地改变策略，包括肯定摊贩、将摊点纳入疏导区等等，但仍是在强化其既定的权利结构和体制。因为规训的要求不仅来自政府规范城市空间、提升城市形象的目的，也来自市民对于高质量环境的要求。城管本身具有二重性，不仅是管理者，也是市民和消费者，调研过程中发现城管并不认可或执行所谓"暴力执法"，更多的城管采用规劝的形式。同时，当下的城管处在"权利可视性"的环境中——规训执行者处于公众视线的焦点，并受到多方制约。事实上，朝千路的城管与摊贩的关系并未对立，二者相互支持对方的工作，只是需要双方有良好的沟通意愿和配合。

（2）摊点空间分布特征

山城重庆以线性的街巷作为主要的公共空间，而街巷和堡坎、广场成为摊点的主要空间载体，据调研分析，摊点的空间分布具有以下特征：

1）分散与集中并存

摊点并非均质地分布在公共空间中，而是呈分散和节点式聚集状态，秦波等将摊点的聚集类型分为交通聚集型、商圈依附型、社区服务型（表3-2）。

摊点空间聚集类型 表3-2

类型	地点
交通聚集型	公交站、地铁站、天桥、公园入口、旅游景点入口
商圈依附型	大型商场、超市、商业街、市场周边
社区服务型	生活性道路、办公楼-政府机关单位、医院、学校、小区入口附近

资料来源：秦波，孟青. 我国城市中的街头商贩：政策思辨与规划管理[J].城市发展研究，2012, 19（02）:83-87+93。

当然，摊点的聚集是在追求更优的区位，因此总是会考虑人的活动规模、地点的合法性、是否接近市场入口和货源地、同行的竞争水平等等。相对来讲，摊点倾向于分布于居住社区或生活型道路。

而不论离散的摊点或聚集的摊群，大多都分布在街角广场或堡坎、道路交叉口与转折点、街市、门道等人流行进的关键点或瓶颈空间，以期吸引人流、捕捉商机，但同时这也会影响人们进行公共空间与半公共空间的互换和过渡。

2）流动性

我国历来就有以肩挑手提的方式，走街串巷沿街叫卖的流动摊贩。摊点有流动的传统，有着步行文化积淀的山地街巷更不例外。

一方面同一地段在不同的时间会有不同类别的空间分布形式，人为干预、季节更替气候变化等都会产生时间性的流动。

另一方面，成长期的摊点一般会有两种空间实践方式：一是周期性选择长期权利空白的场所（如社区内部），降低捕捉人流的期望值，保持稳定性，二是利用权力空隙向优势区位的摊群靠拢，机动地经营。这两种方式几乎是共存的，直到获得相对的稳定性。

3）地缘性

摊点具象地体现着空间的社会性，是当地化和人性化的公共空间。首先，摊贩多根据居住环境就近选择经营地点，方便管理和摊点移动。同时，基于熟悉的环境，其经营活动与周围市民的日常生活息息相关，常能引发当地公共空间的其他活动，促进当地的邻里文化和空间活力的形成。其次，摊点空间的构成、色彩、形象等与周围的社会经济条件、地理环境因素有内部的关联，因此摊点空间影响着当地城市公共空间的形象特征和多样性、安全性（街道眼）。再次，摊点是日常生活的促生点，其空间的产生来自摊贩长期摸索，符合其使用和经营需求，也符合同步进行的人与人的交流，因此空间的尺度更加人性化，对城市中不近人的界面能起到缓和作用，是富有人性魅力的文化景观。

（3）现状问题

1）摊点自身的负外部性

①卫生质量隐患。调研数据显示，65.1%的市民认为摊点最主要的问题是卫生质量没有保证，并认为亟待整改的摊点中，小吃摊点处于首位。

食品类摊点的卫生质量问题有三方面原因：一是货源，二是摊贩自身的健康和服务素质，三是摊点存在的环境。货源问题除了摊贩自身素质，根本上是选择低成本而忽略质量。摊贩自身问题则缺乏长期有效的监督机制和培训部门，各方管理部门交叉管理，存在管理的漏洞和空白，因此，市容卫生检查时，几乎全部的小吃摊点需要关门歇业。摊点的存在环境多样，但基本上都处于公共空间和人流积聚的场所，仅仅盲目地捕捉人流或受限于强权禁止，没有正确的空间引导，无法实现可持续的管理效果。不过有市民表示，虽然众人都担忧摊点的卫生隐患，但偶尔还是会选择"明知故犯"，因此更期待摊点卫生规范化。

②"吞噬"人行道。摊点对人行道的吞噬似乎经历检视、占领、扩散、吞噬到衰落的过程，而摊点是否最终吞噬街巷再走向衰落，与同一街段业态能否保持功能上的多样性与基础设施的进一步完善有关。但吞噬之前的占领和扩散，是时间最长的一个阶段，也是目前第二大负面影响。摊点数量的增加，不加检视的占领，和盲目追求密度与规模造成了大量的人行道拥堵事件，影响正常的交通秩序。

③影响环境。摊点容易成为市容和秩序的破坏者，一方面，市容的协调性和整体的景观从来不是摊贩考虑的重要点，随意地空间占领，或扩散，或随意乱扔废弃物、噪声、烟尘、垃圾等都给居住环境造成消极影响。另一方面，摊点相对临售商铺而言，有零租金、零税收的优势，甚至会随意占领优势地段，造成不公平竞争，影响商业秩序的稳定。

2）需求与管理困境

摊点的负外部性是管理困境的起因，而当下的管理方式也存在一定问题。

首先，城管通常采取中性的劝说方式，和硬性的取缔、罚款、没收工具等等，且认为这两种方式效果均一般和短暂。目前城管的管理方式有两种倾向，一是愿意与摊贩建立沟通机制，比如成立摊贩组织以会议的方式进行交流：韩国对摊贩的管理便是采取区域管理和行业协会相结合的办法，摊贩必须加入"小摊业主协会"方可出摊，政府则对经营区域、经营时间和经营范围进行限制管理。但调研发现，62%的摊贩认为这一方式不可行，这表明作为引导者的政府和被管理的摊贩均没有意识或分析摊贩自组织的优势。二是加大执法力度，增强执法配备，这一方式无疑会增加摊贩与管理者的对抗。其次，摊点的流动性增强了管理难度，摊贩选择以时间换空间的方式回避管理。另外，当下的管理者处在"权利可视性"的环境中，硬性执法方式容易受到多方的对抗。

事实上，摊点问题的存在离不开当下中国大的发展转型背景，快速城市化进程中农民失地转向大城市落脚，城市优势地段空间稀缺，引发各方的空间争夺战。同时，基础设施跟进缓慢，市民的多样化需求仍待满足，便是摊点屡禁不止的原因之一。社会的流动与变迁是中国快速城镇化发展阶段一个难以回避的重要问题，关注非正规群体和社区，能更全面地认识这一转型过程中的变化与影响。

3.2.2.4 更新原则

(1) 便民原则

分析现状摊群摊点空间分布特征，总结出摊群摊点市场需求规律，并通过对经营者的就地控制与疏导，满足城市居民使用需求。

(2) 适量原则

按照所设置摊点数量小于现有摊点数量的要求，在各街道办事处上报摊群摊点数量的基础上，分析拟定规划布局区域人行道对摊群摊点的容纳规模，最终确定摊群摊点规划数量，保证总量控制，灵活布局。

（3）属地管理原则

摊群摊点所在街道办事处确定本辖区内拟设置摊群摊点的具体选址，组织召开摊点经营人员准入听证会，确定经营人员候选与入选名额，保障本街道摊群摊点疏导安置工作的有序推进，并全面负责日常管理。

（4）控管结合原则

既要保证摊点经营人员按照核定的摊点数量有序进入规划区域经营，又要通过建立相关管理制度和自治制度强化监督管理，即坚持摊点自主经营与政府的科学引导、依法管理相协调，实现经营有序、城市美化的目标。

3.2.2.5 更新策略

布鲁格曼（Brugmann J）认为密度、规模、协同和扩展是城市发展的动力（Brugmann J，1997），但大量的集体经济和不断增加的城市人口，使得城市空间竞争加强、扩张延续，导致环境退化，滋生大量的健康问题并引发社会缺陷——城市空间组织、尺度和形态的变化正是上述因素影响的结果。一如摊点，显现其密度经济和规模优势，丰富和改变街道的用途、街景和活力，影响建成区建筑和空间质量、街区间的距离等等。布点规划是对这种变化加以引导，更新策略需尊重以下前提：

首先，确定目标。将摊点发展纳入城市包容性增长的目标范畴，尊重居民的日常生活实践和公共空间的社会作用，为各部门提供自由发展、多样并存的机会，最大限度地消除歧视和束缚。同时，削弱摊点的负外部性，整合街道空间和管理模式，更新人们日常生活所需的公共空间。

其次，转变思路。从单方面追求空间形象价值转向保护多样性，为同一区域的正规部门与非正规部门提供一视同仁的发展环境；从正规理性的思路转向重视空间的社会性在空间设计和城市发展中的作用。

另外，把握原则。以便民、适量、集中与分散并存，以及属地管理为原则，引导摊点更新。

（1）空间实施综合策略

1）梳理街道交通

街道是以流通性为主要特点的公共空间，承载着城市的人流、物流、车流，因此解决流线干扰，满足必要性活动，是街道活力形成和更新设计的基础。

①疏通步行廊道，修复步行空间。步行是人类原始且直接的行动方式，诸多的日常生活实践有赖于步行。修复步行空间首先从尺度出发，综合其空间感受和交往距离，以摊点为媒介，减少因摊点穿越冲突，建立慢行社区生活网络。

②禁止摊点向车行道蔓延。

③禁止占领消防疏散通道及关键安全出入口。

事实上，山地城市街道尺度依附于地形高低变化，其空间起伏和变化而带来的多层次、多角度街景变化也是山地城市独特尺度体验的重要内容。同时，亚洲城市街道有着高密度的社会生态，街道密度的变化反映着日常生活的节奏，也是影响街道尺度感的因素之一。但过高的密度容易带来拥挤等消极感受，山地街道要疏解高密度带来的"拥挤"，更要重视小环境的整治和环境质量的提升。

2）维护行人的安全与舒适。

摊点既是"街道眼"，也是街道家具，规划策略强调摊点的这两项功能。

①保留和增加具有防卫空间意义的摊位。

②选择性地保留摊主自发增设的桌椅、雨棚等，改进其基础功能，适当增加摊点范围的自由度。

③为不同活动能力的人群增加街道设施。

3）整合摊点空间布局与功能

首先，确定可使用摊位，分析各街段既有摊点的活力变化，包括居民日常消费频率和时间、出行距离等；标记各街道负外部性（包括卫生质量、环境、管理等方面的问题等）相对突出的摊点；保护既有的生活逻辑，挖掘各街段可利用的空间。

其次，综合业态分布，整理空间布局。在确定摊位的基础上，形成分散与集中并存的空间结构，规范摊位面积和聚集状态，允许摊群节点的存在，但需适量增减各节点所含摊点数目，以免街道完全成为延续的市场；梳理社区居民10分钟生活圈的摊群和离散摊点业态，保持3种类型业态的存在，以补充既有的正规部门业态为目的，在摊点业态选择上加以调整，保证街道的复合功能。

对既有临时结构进行整理，协调街道界面的连续性。另外，创造多层次空间积极对话的机会，恢复街道生机。肯定摊点对消极空间改善的贡献，适当引导流动摊点进入城市灰空间；加强街道空间的渗透，引导活力空间的过渡，提高街道柔性空间的利用。

重庆"山高路不平"，人们出行不便，日常生活中各种活动通常选择就地解决。"依街而住、沿街而行"是重庆人日常生活的写照。同样，街道的活力来自居住空间、生产空间、消费空间等在街道中高度叠合与互动下产生的生活共同体所呈现出的生活内容，对文化多样性的包容，以及邻里身份的认同。

4）塑造可移动的文化景观

摊点是活动的文化景观。除了满足功能性的需求，摊点需要协调城市的风格和整体性。

参考既有的摊点装置，以简易、便携、实用为原则为不同业态的摊点设计装置。考虑不同的地形、空间特征以及重庆多雨、高温等特点，固定摊位均配置晴雨两用伞，根据街道宽度控制装置尺度，约束装置占地面积（图3-18）。设计以渝中区城市形态为背景的摊点Logo，装置选择与城市色彩协调的大地色系。

（2）管理策略及建议

对流动摊点采取"疏堵结合"的方式，要求管理部门改变旧的管理观念，提高城市管理水平，对摊点进行合理规划，加强监管，探讨出一条符合重庆特色的现代大都市流动摊点管理思路,做到便民利市,营造和谐都市环境。

首先,应该遵照"科学指导、统筹规划,市政引导、街道主体;疏堵结合、因势利导,有进有退、联合治理;动态控制、部门协同,依法管理、注重服务;适度补贴、灵活收费,合理限制、稳定规模;食品安全、全民监督,公共参与、健全网络"的管理原则。

其次,建立市政部门、食品卫生安全部门、街道办事处、社区委员会和摊主"五位一体"共同参与的管理组织——联合治理委员会。

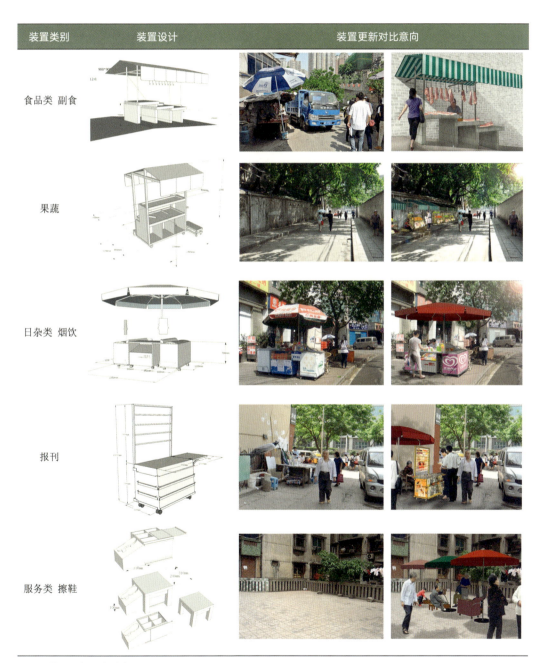

图3-18 装置设计与更新意向
(资料来源:2011年,《重庆市渝中区背街小巷流动摊点布点规划》项目文本)

再次，对流动摊贩采取分类、分级、分时、分段的管理模式。有区别的管理虽然在操作层面比较繁琐，但是由于不同的经营形态有各自的特点，灵活的管理方式能更好地服务市民，也能让摊贩在可控范围内经营并实现收益的最大化。

最后，各街道办事处、综管处为本辖区临时占道摊群摊点疏导安置和日常管理的责任主体，负责全面推进摊群摊点疏导安置、整治规范和日常管理工作。

1）弹性管理

管理的关键在于形成多样的社会生态：首先，确定管理主体。以联合治理委员会为基础，各街道办事处为本辖区摊点疏导安置和日常管理的责任主体，并让更多的市民参与其中，鼓励居民与摊贩之间自发协调，形成摊主自治、市民监督的良性模式。同时对摊贩进行环境保护教育上的引导，建立摊贩与环卫工人的沟通机制，让摊主有更多的话语权，进行多方参与的社会治理。

其次选择管理模式。以"分类、分级、分时、分段"的模式（表3-3），进行多样化管理。

分类、分级、分时分段的管理模式　　　　　　　　　　　　　　　　　　　　　　　　　　表3-3

模式	内容
分类	食品类/日杂类/服务类
分级	城市级（次干道与支路）/社区级
分时	白天/夜市/周末/节庆（具体时间控制见方案）
分段	社区街巷按10分钟居民生活圈分段

资料来源：2011年，《重庆市渝中区背街小巷流动摊点布点规划》项目文本。

其中，分级管理策略根据《重庆市市容环境卫生管理条例》进行整理（表3-4）。

分级管理　　　　　　　　　　　　　　　　　　　　　　　　　　　　　　　　　　　　　表3-4

级别	属性	内容
城市级Ⅰ	禁止增加区域	主干道以及距主干道50米范围内的次干道和背街小巷；窗口地区
城市级Ⅱ	控制增加路段	次干道与支路
社区级	规范疏导路段	小巷与社区内部道路

资料来源：《重庆市市容环境卫生管理条例》。

2）制度设计

积分制。6分为满分，对一个月连续2次违章，或经营期间违章扣至3分的摊贩出示黄牌警告，如果一个月内连续3次违章或因违章扣至0分的，暂时取消其经营资格。对擅自转租、转让摊点经营权的人员，取消其经营资格，并在3年内不得再行申请。

扣分规则。以每周一次的不定期检查为主进行扣分。

轮岗制。控制摊位数量，一摊一证，摊主离岗办理离岗手续，同时安排经过入岗培训的申请人员入岗。

（3）摊主与市民管理策略

除了管理部门执行科学有效的管理方式，对于流动摊贩也应有相应的约束。美国城市的大街小巷也一样遍布很多流动摊贩，不同的是，他们都接受着当地相关部门的监管，严格遵守着管理条例，经营不占道，认真维护城市环境，赚取合法劳动收入。合理的约束使他们的存在不仅没有影响城市形象，统一而不失特色的装置风格反而成为城市的一道亮丽风景线。可借鉴同样的方式，摊主们在获得经济利益的同时也应该有相应的付出，"严格遵守相关规定"应该被写入申请摊位的准许证中。只有摊贩和管理者之间建立相互制约的机制，市民的公众参与与监督机制共同发挥作用，彼此相互理解与尊重，才能保障开展的规范工作得到有效推动。

渝中区目前开展的城乡环境综合整治工作，确立了"外树形象、内求和谐"的总体要求，"外树形象"就是要通过整治改善城乡环境面貌，"内求和谐"要求必须着力解决城市建设管理累积的诸多深层次矛盾。围绕解决占道经营这一"顽疾"，按照"完善功能，疏堵结合，方便市民，规范管理"的要求，进一步推动城市环境的不断改善。

3.2.2.6 实施方案

示范街区包括11个街道所管辖的17条次干道与支路、32条小巷、1条特色夜市街区，共50条。

（1）朝千路二码头——既有疏导区

朝千路二码头规划区位于次干道交叉口，是既有疏导区，周边为老旧居住社区，是朝千路的有效街道眼和活力吸引点。摊位集中，装置统一且相互连接，每个摊位占地面积≤1平方米，预留1.5米宽的人行通廊，依托围墙设置有连续的雨篷，与周边树木结合应对天气变化。每个摊位月交付50元卫生管理费用，疏导区环境整洁，摊贩对其环境卫生很重视，也提供座椅供居民休息和停驻交流，有良好的交往氛围。

疏导区的问题有两方面：一是摊点业态单一，集中了大量的食品类。二是疏导区控制经营时间却回避自发形成的夜市，夜市不断复生，疏导区摊点顺延经营时间；这有利于增强疏导区作为街道眼的功能，方便和满足居民需求，且夜市因为处于拆迁待建区外围，对居民的负影响较小。但夜市缺乏卫生部门的监管，摊贩和市民相互监督也不够，容易引起疏导区卫生清洁问题。

布点规划从空间综合实施与管理两方面出发：

1）空间综合实施：补充和调整规划区业态，增设日杂（报刊）和服务类（擦鞋）摊点，报刊摊与烟饮摊结合节省用地，同时根据现状摊点的业态，引导部分摊点的功能置换；保留疏导区的既有摊点装置，增设摊点可选择现有装置，不单独配置伞，修复现有雨篷；控制夜市占地，目前限制摊点数目在10个以内，经营范围为车行道边缘、沿疏导区平行、宽度小于等于1.5米区域。

2）管理：将夜市纳入管理范围，月交付50元卫生整理费用，摊主有主动整理环境和配合管理的义务；控制夜市经营时间在20:00~0:00，同时调整疏导区食品类和日杂类（烟饮）摊点经营时间，可自由选择延长至0:00；引导摊点相互配合，定期进行卫生检查和调整，指导摊贩特别是夜市摊贩的用电安全（图3-19）。

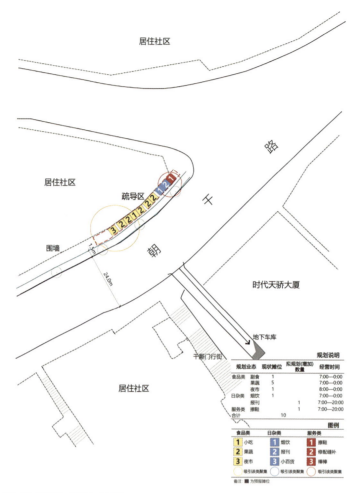

图3-19 朝千路二码头布点示意
（资料来源：2011年，《重庆市渝中区背街小巷流动摊点布点规划》项目文本）

（2）打铜街——综合区

打铜街属于典型且综合的摊点存在区。摊点依托整个社区居住环境，同时依附人流行进的关键点：步行阶梯入口、道路交叉口和街角堡坎、市场和医院、邮局、银行等公共建筑以及公交站点处存在摊群节点，摊点分布比较混乱，规划的主要任务是梳理摊点的空间结构。

另外，规划区较为突出的问题是市场与医院附近的摊点不断蔓延和吞噬街道，市场对面的停车场不断收缩，影响其服务对象——医院的正常使用。其次，街角花园和社区步行阶梯被果蔬摊点盲目占领，且摊点消费频率低。

布点规划主要从空间实施方面出发：

1）梳理空间结构，整理摊群节点。不同的聚集节点，在业态上分别有所侧重：依附医院和市场的摊群节点以售卖食品类为主，特别是菜市场附近，吸引流动摊点聚集，季节性的果蔬摊点丰富着居民的消费环境。而针对摊点的蔓延，一方面与市场沟通，整理市场空间，为流动摊点提供摊位，同时整理市场外部摊位，控制离散摊点数量。另一方面，整理医院前停车场，由街道负责进行环境整治（图3-20）。

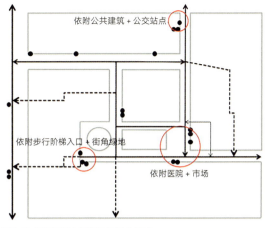

图3-20 打铜街摊点规划空间结构示意
（资料来源：2011年，《重庆市渝中区背街小巷流动摊点布点规划》项目文本）

2）依附步行阶梯出入口的摊群节点，现存修配缝补摊点居多，应整理摊位和装置，增设日杂类摊点；步行阶梯和街角小花园禁止设摊，果蔬类摊点转移到市场或步行阶梯出入口堡坎，以免影响步行通道和公共绿地的正常使用。

3）依附公交站点的摊群，日杂类和服务类（擦鞋、"棒棒"等）摊点较为集中，现有摊点能满足周围市民的正常使用，因此控制摊点数量，限制在现存基础上增设摊位，减小对公交站点空间的影响。

4）增强分散摊点的功能补充性和景观性。公共建筑出入口附近的角落布置需求量大的日杂类摊点（报刊、烟饮），不同摊点之间保证10米以上的距离。选择统一协调的装置，积极利用街道灰空间，更新街道景观（图3-21）。

（3）人民支路——社区

人民村开放性强且高差变化大，是较为典型的山地老旧居住社区，在布点规划之前经历了住宅立面改造和环境整治。现状摊点离散状分布于社区内部与社区外围人民支路一侧两个区域。人民支路一侧的摊点，主要分布在社区步行阶梯出入口，以及住宅出入口等人流行进的关键点，摊主多为社区居民，设摊时间均10年以上。摊主多增设座椅，供社区居民休息停驻、"摆龙门阵"，邻里氛围极好。

布点规划着力突出活力吸引点和"街道眼"两个功能。管理上，认可摊点存在的必要性和合法性，灵活控制摊点的经营时间。

梳理步行通道，人民支路一侧保证1.5米的人行通廊，步行阶梯在平台转角处设摊点，限制摊位面积；统一摊点装置，整理摊点周围环境，发展摊点的"移动景观"的作用；步行阶梯出入口设摊，允许延长设摊时间，以及在不影响通行的情况下自设座椅和相对灵活地调整摊位面积（2~5平方米）；社区餐厅周边摊点相互协调摊位，共同维持环境卫生（图3-22）。

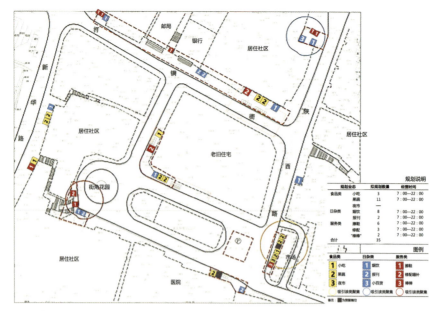

图3-21 打铜街布点规划
（资料来源：2011年，《重庆市渝中区背街小巷流动摊点布点规划》项目文本）

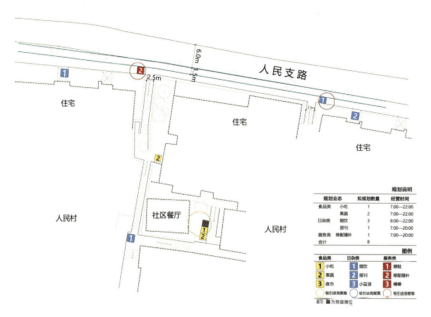

图3-22 人民支路布点规划
（资料来源：2011年，《重庆市渝中区背街小巷流动摊点布点规划》项目文本）

3.2.2.7 实施反馈

（1）摊主

摊主是布点规划的直接行为主体，肯定本次规划的积极效应：提供就业机会与经营场所从而使摊主获得安定感；改善经营环境，降低天气的负面影响和经营的脆弱性；有利于规模经济。但同时，摊贩也在规划的空间实施和管理上提出了规划并未考虑到的具体意见。

摊主对空间实施的意见集中在三方面：

一是集中疏导区。虽然自发的摊点集中可以带来规模优势，但规划的疏导区因区位、消费者的流向、相同业态的摊点数目等不同，会造成相应的竞争压力。例如，朝千路二码头疏导区对面存在不亚于疏导区的区位优势，疏导区摊主建议迁出一部分摊点在疏导区对面设置摊位。

二是装置存在问题。据调研，除擦鞋装置受到好评，69%的摊主认为更新后的装置在尺度、材料、做工、选择和分配上存在问题，美观但不实用，僵化统一忽视多样性。装置的晴雨伞是问题突出点：伞的尺度过小，在重庆多雨艳阳的气候条件下，有碍摊主和消费者的正常使用，而这其实来自限制摊位扩大的构想；另外，未选择适宜的遮雨材料，做工粗糙，实施后不到半年，伞出现不同程度破损；再有伞基过重，移动不便的同时也不便于装置的管理。另外，烟饮摊的箱柜尺寸小，且推拉门和锁使用不便。

三是装置的分配和选择上也是摊主提出意见较多的矛盾点。第一是管理者自上而下推进装置的更新，出现3种情况：摊主积极接受、摊主完全拒绝、摊主勉强接受。有时摊主不得不接受将自己长期摸索、设计改造的装置，完全替换成统一的装置，在推进更换装置的过程中忽视多样性、自主性和实用性。第二是在装置分配时收取押金，且押金标准未公示，各街道各类装置收费不同。另外非装置完好不能退押金，且装置损坏没有购买渠道，摊主建议政府可以将装置降低价格卖于摊主，或可以有统一的Logo，保留摊贩设计的自主性。

摊主对管理的建议有三方面：

一是摊点的准入机制。二是流动摊点的管理。这两方面有一定的关联，首先，流动摊贩难以管理的原因之一，是政府与摊贩间没有建立明确的准入制度，政府应该明确摊贩的申请条件、流动摊点到半固定摊点再到固定摊点的过渡条件和管理区别、政府的扶持政策等，使摊贩获得对称信息；同时，人流量大、摊贩不断增加的区域，可建议收取小额费用。三是执法建议，扣分制并未进行，执法和卫生检查的目的应该是约束摊贩并不是出现问题就禁止设摊。当然，市民在摊点消费时也要注意市容维护。

（2）市民

据调研，76%的市民肯定布点规划实施的空间效果，通过规范协调，为社区和街道更新提供物质基础，同时，社区摊点更方便市民使用，且市民本身更依赖和放心本社区的摊点，有更强的认同感。

管理上市民有两方面建议：

1）卫生质量隐患与摊贩服务教育。摊点的管理主体与准入制度存在漏洞和盲区：布点规划提出的"五位一体"管理主体中，食品安全部门的身份没有确定，食品类摊点仍存在多个管理主体——工商管理部门、卫生局卫生监督所、财政局、市政局等，并且摊点作为非正规部门是管理的盲区。另一方面，诸多已经成为市民日常生活不可缺少的小吃类摊点却仍属于市政管理的灰色群体，而如何获得合法的设摊权并没有明确的规定。同时食品卫生许可证的申请门槛高且并未针对非正规部门。其次，摊贩的服务素质参差不齐，缺乏有效的引导。

2）社区参与管理。社区居民作为中间的发言方，除了在自身的环境卫生和权利受到影响时寻找有效的管理方，也可以协调摊贩与管理者的矛盾。社区可参与摊点的管理，可以先由各社区居委会协同街道办事处，找出积极参与管理的社区居民代表，共同制定参与方案。

（3）管理者

布点规划实施的另一个重点在于管理方案的实施，经过调研访谈得知：首先，摊点治理经历了不同的阶段，且前期的治理结果对当前的布点规划实施造成一定的影响。与其他区一样，渝中区摊点管理经历了从严禁设摊到目前"疏堵结合"的过程。在2005年颁布新的重庆市市容管理条例之前与之后，渝中区陆陆续续在各街道试点进行摊点整改管理。为此次布点规划的实施带来较大的影响：不同的街道有不同的收入水平和具体情况。有整改基础的街道（如朝天门街道）和靠近区政府与城市窗口地段，摊贩就业选择多样的街道（如上清寺街道），布点规划实施相对容易。而原本是城乡接合部的街道（如大坪街道），加上前期治理力度小、市场较多等因素，成为被其他街道驱逐摊点的"收容所"——摊点数量多、种类繁杂，管理难度加大。同时，靠近火车站的菜园坝街道和位于商圈的解放碑街道，外来人口较多，流动摊点频出或者固定摊点逐利明显而摊位扩张，管理方案的实施存在困难。

其次，布点规划的空间实施确定了固定摊点的位置，"定点、定人"为管理的构想和方案的进一步实施建立了基础：

1）布点规划的空间方案初步确定了渝中区摊点分布的空间形态，管理者进一步确定摊贩数量，加以整合。原则上，具备其他就业能力或可以帮助转入铺面经营的摊贩不再设立摊位，摊贩的确定通过申报，考虑其设摊年限和收入水平等，优先考虑安置下岗、失业、残疾等弱势群体。

2）先治理餐饮类之外的其他摊点，再集中精力治理负外部性相对最强的餐饮类摊点。访谈得知，渝中区市政管理局准备下一阶段与重庆市商委协作，争取其他部门配合，以重庆市"白领午餐计划"为契机，为餐饮类摊点制定治理方案。

3）街道办事处与属地管理。目前摊点的管理仍由市政管理局主力引导，各街道相互配合进行属地管理。各街道办事处与社区居委会，主要负责对摊贩的教育宣传工作，以及卫生管理和协调摊点的积分记录工作。同时，市政管理局以积分制考核街道办事处与社区居委会的工作情况。

4）流动摊点的管理态度。目前的流动摊点管理在主次干道仍然采用严格禁止的方式，允许在背街小巷和社区进行流动经营。在这样一个城市化快速推进的阶段，数量剧增的摊点产生的负外部性对市容和市民日常生活的影响格外突出。因此，城管的疏通和管理在这一阶段是极有必要的，关键是选择人性化与合理的执法方式，目前的执法方式以劝说为主，如果处理得当，不失为刚性制度外的弹性管理方式，否则，过度的限制同样会引发诸多的社会问题。

5）装置的质疑。市政管理局拨款委托厂家生产各类摊点装置，且为各街道固定摊位在摊点上设置编号,以便数字城管。虽然市政管理局一直在努力推动摊点使用统一的装置,但摊贩对装置统一并没有足够的认识,自主统一可行性不高,在实行过程中,对于既有装置质量较好的,可以由摊贩选择配置相应的Logo。针对摊贩对装置的质疑,市政管理局认为,装置伞的大小旨在限定摊位面积,而摊贩事实上是零成本使用,租金的目的旨在促使摊贩保护装置,维护装置的正常使用。

6)分时管理的矛盾。首先,重庆目前的夜市管理在一定程度上仍是盲区,执法人员有限且无力违背市场规律,市政管理局认为,下一步将夜市管理与街道办事处属地相连,执法人员配合共同限制经营时间,以不影响市民的正常作息为准。其次,周末集市与节假日经营时间不设限目前仍缺乏可行性,流动摊点数量众多,设摊的城市空间有限,在人流量大的节假日对市民的日常出行影响更大。

经上述得知,布点规划在不同的街道存在不同的实施成效,管理者一定程度上仍然存在管理态度上的漏洞,管理理念仍待转变。然而,明确的是,布点规划为渝中区摊点的进一步治理建立了一定的基础。发展不是一蹴而就的,在这一阶段,是摊点管理模式逐渐成型的阶段,因此需要市民与摊贩的监督和包容。

3.2.2.8 空间体验

步行是原始且直接的行动方式,诸多的日常行为有赖于步行。人们在街道上行走、游荡、购物、聊天、等待,自发地构成"街道社会生态"。其中,"游荡"被认为是一种真本性的城市行走方式和文化活动,游荡者(flaneur)多半用来指19世纪在巴黎街头和拱廊商场中漫无目的闲逛的职业艺术家和无业游民,他们既身处于芸芸大众之间,又能以抽离的姿态旁观世事(Gluck M,2003)。游荡者的这种特质被经常用来探讨城市体验、城市空间和现代性的问题。调研过程中,我们以游荡者的身份体验布点规划之后的渝中半岛老旧社区,构建自身的体验地图(图3-23)。

行人拥有各自的体验地图——法国社会学家米歇尔·德赛图(Michel de Certeau)提出人们在城市中行走,虽然无法改变城市的版图,但可以通过主动选择、捉摸不定的移动来自主表现空间、创造私密性(选择过程是隐秘的)、把握触觉和动觉,有各自通过体验空间而产生的、不断更新的记忆轨迹(De Certeau M, Randall S, 1984)。

空间体验使游荡者置身于街道空间和日常生活,"社会即景"——这个意义上不仅将城市变成视觉消费的阵地,还将非正规活动视为可消费的符号和识别标志:

首先,可进入与可识别。一般物质空间层面上的整治和视觉美化更受重视与青睐,但不同于"物质空间整治无效论",作为参与此次布点规划的游荡者,对比空间整治前后,整治后的街道使得游荡的意愿增强,原因除了视觉上的美化、可驻足点增加,规划后的摊点同时作为"街道眼"和识别标志和连接点,构建了游荡者的心理安全地图。

其次,日常生活渗透的微差别。布点规划并未重组日常生活的渗透和行为轨迹,规划带来的改变是细微的:某个停车场、街角公园的恢复正常使用,部分人行障碍的清除,某

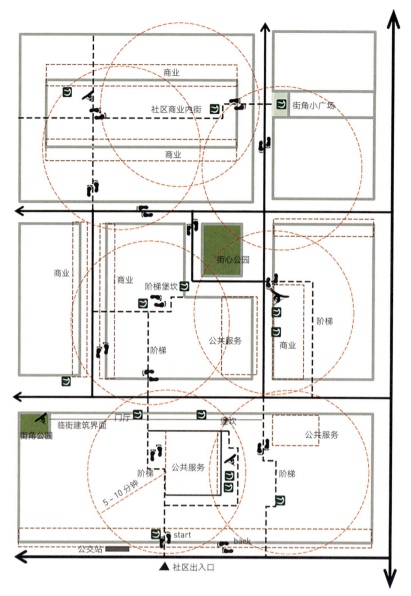

图3-23 体验地图
（资料来源：2011年，《重庆市渝中区背街小巷流动摊点布点规划》项目文本）

些必需品和服务的就近选择，一些黑空间的消失等，这些改变仅仅出现在少数街段，大部分的繁荣衰变，包括实施规划的街道，仍呈现自由生长的状态。城市化的激进，半城市化的存在，更有"看不见的手"引导着日常生活的实践。欣慰的是，摊点在城市成长过渡的时期发挥着微弱但有效的作用，规划过后，部分摊贩对自身权利和义务进行了重新审视，更有居民参与到实施反馈和与管理者的调节中，民间力量和差序格局的传统开始苏醒。

再次，时间密度变化的持续性。规划的任务之一是控制摊点经营时间，整合业态分布。而随着时间、气候变化与季节更替，摊贩之间、摊贩与居民之间存在对同一空间使用上的自协调性：同一空间，白天是停车场，晚上是夜市；不同季节属于不同摊主；

固定摊主不出摊时属于流动摊贩等等。同样，不同的时间，不同的气候，街道的人流密度也在有节奏地起伏。布点规划肯定亚洲城市街道高密度的特点，肯定丰富变化的生活空间是街道的生产力和活力源泉并鼓励这种变化的存在，体验的结果之一便是，规划后的一些街段呈现出相较规划前更大的吸引力，可见，灵活的约束可以引导摊贩自主性，其可选择性地进行时间或空间分隔，是一种半正规的管理模式，可以减少管理和经营成本，就像福柯所说：只有自由才能保证自由。

城市消费空间与生活空间的时空分离，导致地域化活动与当地化认知的逐渐消逝，要使城市获得真正意义上的新生，需要正视城市各类要素在城市更新中的作用，摊点可以提供这样一个视角：尽管随着摊点数目的增多，其负外部性逐渐突出，但与此同时摊点作为非正规经济的主体，体现出丰富的业态、灵活的经营时间，提供就业机会和居民需要且愿意支付的服务，降低生活支出并鼓励消费等积极特质。另外，它影响街景与城市空间，也在一定程度上将不同的社会群体、活动和生活、文化相融合，为城市带来活力。

布点规划的主要目的是肯定摊点在城市更新中的积极作用，削弱其负外部性对城市的影响——通过对主要行为主体和摊点本身的实态调查，制定实施策略，整合街道空间和功能，保护和塑造人文景观；结合弹性管理和制度设计，进行灵活的约束并鼓励其健康发展。

然而，自上而下的规划有其缺陷和限制：

一方面，居民、摊贩和规划师的话语权一定程度上受限制，对空间的社会性缺乏重视，规划的实施没有建立监督和评估机制——城市的发展是持续而非一蹴而就的。就布点规划的实施而言，试点性的规划应该选择有代表性的街道分期实施，以便及时发现问题加以改正，推进的过程应该是缓和且循序渐进的。但此次布点规划各街道大批量同时实施，布点规划的效果未完全体现。

另一方面，社会规划本身有极大的政策依赖性和复杂性，特别是目前我国尚未形成精细化管理机制，管理分工不明确，仅仅单方面依赖城管执行政策性管理，一定程度上是不科学和非可持续的。而这同时，快速城市化带来诸多变数，摊点在这个语境里的生长规律目前尚未明晰，布点规划想要将摊点纳入体制框架内，是不明智的。

关注社区，关注街道和微空间及其社会属性，关注非正规性在城市发展中的作用，已经不再是倡导的口号，而是可持续的城市更新必须完成、也要接受监督的任务。

3.2.2.9 摊点与资产为基的社区发展

资产为基的社区发展过程分为四步：从社区组织、构想、规划、实施与评估，最后再回到社区组织，形成一个环路。社区组织（community organizing）可以被看成是能分组调动社区居民来完成具体的社区发展任务的一种组织方式。构想（visioning）即社区发展的蓝图，须得目标清晰，是经过社区大范围的公众参与，以不同的形式得出具体的愿景，同时还需制定出切合实际的行动计划。规划（planning）是通过准确地了解社区的情况，分析社区问题和可利用资源，通过数据收集与分析、绘制资产地图和社区民意调查，进一步制定规划方案。实施与评估（implementation and evaluation），实施阶段人们可以看到实际改变，个人和集体会更乐于参与其中，分享对于社区资产和社区未来的理解，扩大社区发展策略的影响，进而走向具体行动，而这正是社区发展的主要目的所在。监督和评估是经常被忽略的部分，事实上，有效的监督和评估贯穿整个社区发展过程会更加利于社区构想的实现：监督允许发展过程中的调节和修正而不至于使问题与状态失控，评估是建立长效的指标体系，对社区发展过程中不同阶段的结果进行分析，从而更新社区发展的策略与方式。

　　资产为基的社区发展模式以积极的眼光投向社区成长，不会忽略社区的问题，但首先侧重社区本身的实力和成就。这一模式更为综合和主动，有利于激发社区与人的发展潜力。

　　有学者认为，城市物质更新的政策方法其实是一种"贫困的美学化"（aestheticism of poverty），得到发展的是空间、建成环境以及物质改善，而非居民的生活、收入、政治能力的提升（Roy A，2005）。

　　当然，布点规划也免不了这样的诟病和指责。然而，基础设施的提供和分配不仅仅是技术问题而应该是一种政治过程，居民的政治参与可以瓦解专家支配的范式，更加全面地进行日常生活实践，居民也可以在实践中学到知识。事实上，在布点规划的实施过程和结果反馈的调研中，就看到街道中存在类似于"半民事法庭"这一社区组织。

　　在茶亭南路社区调研过程中，有一位50多岁的大叔积极地组织摊贩参与调研，并帮助摊贩组织语言，有极大的号召力，最后还提出自己对于摊点管理的建议，此时的"城管大叔"仅仅是协调执法的一员。这位"主角"大叔是附近商铺的老板。这种现象似乎是临时的，但有所触动就会重新出现，笔者认为，这一现象所带来的效果更甚于空间规划的成效。茶亭南路大叔的"半民事法庭"得以成立，源于地方集体性差序格局的历史影响，更是社区居民重视本社区资产的体现。这一在地化的组织，自发地对社区关系网络加以粘结，与资产为基的社区发展一致：组织—构想—规划—实施与评估。虽不甚专业，却完全契合其社区发展的需要。"尽管国家权力是主宰社区街道命运的核心，地方邻里仍通过集体性的力量实践各种演绎，再造自我生存的街道空间；社区街道作为空间载体和粘结点强化了中国社会'差序格局'在地化的联系，集体性的生活反过来又赋予日常生活以无尽的活力"。

　　据调研，目前摊点管理的主体并非"五位一体"，而是以政府为主体，市政管理局—街道办事处—居委会从上至下的行政管理模式，且街道办事处与居委会属于权力下游，缺乏主导权和活力。然而，"历史上街道生活最为活跃的时期，往往体现出地方社会组织的高度发达和社会文化的多元发展，国家权力并非缺位而是进行有序引导"。

　　这就需要转变摊点的发展思路，政府应该以包容的态度引导社区与摊点的互动发展，应该从以协调和满足各方的"需求为本"，转向尊重既有资产的发展（图3-24）。而社区与摊点将对方视为各自的既有资产，有利于其自我更新能力的发挥，和可持续更新目标的实现。这一转变，需要政府与社区的共同努力。

　　首先，政府需要提供社区足够的自主空间，政府或可转向根据社区的管理反馈，完善

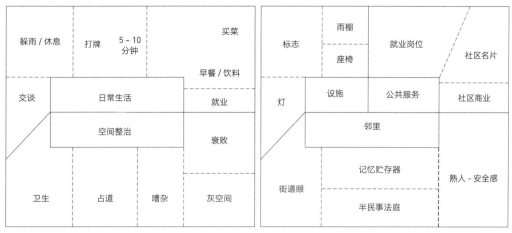

图3-24 社区摊点需求地图与资产地图
(资料来源：2011年，《重庆市渝中区背街小巷流动摊点布点规划》项目文本)

管理制度。其次，确定街道与社区主体地位之后，社区需要经过3个阶段的准备：调查社区摊点情况（包括可利用空间、摊贩的社会构成、摊点业态等），完备社区数据库；绘制社区摊点资产地图，明确社区和社区摊点的优势与问题所在；建立社区内部的宣传教育制度，接受市民与政府的监督与考核。当然，这其中，政府有必要结合各街道社区的统计数据，帮助社区总结出较为完备的数据库标准，与社区协调完善评估制度。再次，鼓励社区居民参与：居委会组织不定期活动，社区居民参与并对自己社区形成较为统一的构想蓝图，不断激发社区居民对本社区的认同感和归属感；发掘参与度高的社区居民，吸收到社区日常管理团队之中等。将目光投向既有资产，摊点便可以突出其在公共服务和邻里关系黏合中的积极作用——为居民生活提供便利，同时摊点更是社区组织和文化认同的生产场所，激发基层社会生命力与活力的空间媒介。当然，这还需要很长时间的努力。

摊点发展的可能性思考：

（1）成为城市文化资产

人类学的概念中，"文化"意指社会生活内部意义元素或元素的整体。这是一个包罗万象的概念，广义的城市文化由此衍生而来：是城市各个要素相互作用的总和，几乎涵盖整个城市人类的所有生产、生活方式，包括非物质与物质内容。而城市文化资产，当前没有完整的定义，多指城市文化中具有增值意义的文化资源。

布点规划从项目初始就关注到摊点的文化属性，试图通过装置设计塑造可移动的城市文化景观。当然，每一个新的设计进驻城市，都将会有新的融合过程。在布点规划实施结果的调查中发现，一方面摊贩对原有设计在装置本身上有抵触，另一方面仍在将统一化装置的不断推进当作布点规划实施的主要任务之一，这违背了布点规划的初衷。布点规划一直试图经过阶段性的尝试，不断反省和改进规划方案，鼓励摊贩的自主设计，但这一想法，难以匹配立竿见影的效果与秩序建立的雄心。

事实上，景观塑造并不仅仅在于表象，如同盖伊·德博（Guy Debord）所说，景观是资本，它的积累程度之深，以至于资本变成了形象（Debord G，2008）。摊点或可成为城市文化资产，这一想法是基于资产为基的发展理念和对城市文化的重新审视，强调摊点的特殊价值。摊点不仅是装置与物质景观，它可成为城市的标志和名片，与当地独特的气候、地理、人文等一道成为一类特殊的城市文化地图，成为城市或社区的独特记忆（游走在山城的"丁丁糖""糍粑"）等，它根植于日常生活，同样可以提升城市的形象价值，具备一定的增值意义。因此，正视摊点的实力，发展其优势，通过对摊点性质的重新界定，由摊点空间本身"继承并重组其原有的先前条件，超越原有的限制，增加新的要素产生"，实现空间的生产，以形成独特的文化资产。

摊点并不是落后的代名词，需要意识到摊点本身的价值，同时，摊点要成为城市的文化资产，也需要管理者具备前瞻性和人文关怀，有必要将摊点纳入系统性的发展框架。

（2）与空间社会协调发展

摊点与其他部门争夺空间的竞争如此激烈，几乎无时无刻不在与管理者的安排抗争：与一开始的强烈排斥抗争，与后来缓和性的规训——提供部分空间权利抗争。我们意识到排斥不能解决根本的社会问题，即使把眼中的"垃圾"清扫出视野之外它依然存在，因此选择将一部分清扫出去，为另外一部分提供"垃圾箱"。但实际上这并不是解决问题的办法。摊点争夺的不只是空间，更多争夺的是就业机会和生存权利。城市化的急速迈进和社会保障的不匹配，是使得竞争凸显的原因之一。可能的解决途径有以下两种：

一是在规划管理方法上，选择以社会价值为核心的综合社会规划。选取更为弹性的规划手段，为处于不同时期的摊点预留空白空间，认识到摊点发展的阶段性和其中的反复性。将摊点的负外部性问题纳入整个社会系统中，关注摊点背后的各类城市人口的变迁、就业，特别是社会保障制度的建立，正视摊点提供的就业机会与安全保障（街道眼）、维护城市多样性、塑造城市文化等蕴含在空间背后的正面效应。

二是发挥公众协调与公众参与的作用。值得一提的是澳门的街道商业共生：为维持街铺与临街摊点的关系，街铺可免费申请获得白格的占道商业，同时每个白格须相应提供一个黄格的临时商位，由政府免费分配给土著"走鬼"[①]或其他弱势群体经营，共同保持和提升街道活力。这是非正规部门与正规部门内部协调产生的积极效果。当然，公众参与的途径有多种，实效性较强的是以社区为单位的公众参与，它需要为与摊点相关的行为主体建立可沟通机制，使得各方主体都可以有所作为。而这背后的根本在于政府放权于公众，并建立共守的制度。

摊点产生于城市本身的需求，存在内生的供需关系，当前摊点负外部性凸显的种种问题亦有其时代背景和过渡色彩，调研与访谈发现，许多老摊点将随着摊贩行为能力的老化和竞争冲击而消失。那么，衰落的摊点和新生的摊点，以及成长中的摊点在快速城市化与

---

① "走"在古汉语里指"跑"，在粤语中保留了其古义。因当时在街上驱赶小贩的都是被称为"红毛鬼"的洋人，或印度人或葡萄牙人，小贩为及时通风报信会大喊"走鬼啊!"，后即用"走鬼"来指代沿街叫卖的流动小贩群体。

土地空间争夺战面前何去何从？

政府有选择地对摊点进行规训并试图将其完全控制，这个过程本身存在两面性：一方面，摊点日益凸显的负外部性不容忽视，需要进行引导和约束；另一方面，将摊点纳入组织的弊端在于，严格的约束会导致摊点丧失其灵活性，过重的控制会使得摊点丧失存在的本能。

其实，摊点的发展受到多方的影响，诱导也好需求也罢，抑或限制和约束，均可以看出摊点的发展仍然需要很长时间的努力。因为大量摊点的存在，离不开中国的发展背景。快速城市化的背后隐藏着极大的不确定性，诸多的人口仍处于寄居状态，并没有完全享受到城市居民的福利。寄居人口或者说落脚人口，以非正规的角色加入提供城市初等服务的行列，带来城市人口红利，追逐政策变化，实现自身发展和定居。这将伴随着城市化的过程长期存在。

另外，摊点的发展存在也需要存在一定的自主空间和政策选择，摊点也在以自己的方式抵抗过度管理，维护其"生存权"。

政府和规划师需要转变发展思路，也必须意识到空间背后的社会属性，以及空间规划之外社会规划的作为，意识到社区和地方组织的作为，意识到摊点本身的实力。借鉴以"资产为基"的发展理念，内向地综合考虑和解决社会问题。这削弱了将摊点纳入正式规训体制的弊端，内部协调却更能体现在地化组织的社会网络粘结。

当然，这依然寄托于城市与人、社会与人的发展理念转变，它依赖更为健全的社会制度的建立。摊点的发展必然是随着城市的发展而呈现出不同的阶段和类别：

1）城市缓慢消化大量摊贩，同时削弱其负外部性，直到可负担程度并尽可能用"以资产为基"的态度协助发挥摊点优势。

2）城市并非是一味扩张与生长的，尽管一些增长稀释了日渐衰老的城市本相，城市活动不断向外延伸扩展，但作为老城区的渝中区，其衰落和收缩是得以显见的。因此，需要尊重摊点的生长规律，在一定程度上更要鼓励新生摊点的存在，但要引导其循环更替过程。

快速城市化的推进使得城市空间不断趋同，与之息息相关的传统生活亦趋于简单化。街巷作为重要的城市公共空间和复合功能的联系纽带，需要引导它在城市更新中发挥能动作用，缝合碎片化的城市空间和社会文化。作为街巷的"粘合剂"之一，似乎繁多的摊点总是有一大部分扮演着不按常理出牌的角色，出其不意地打乱管理者的意图，冲击正规部门的商业秩序，蚕食城市空间，更用肆意的噪声、垃圾、污水等宣示自己的领地，但不容忽视的是，摊点也在低调地为创业者或竞争力弱的谋生者提供就业机会，为人们提供初等服务。同时，摊点又承载着城市记忆，展现独特的城市文化，是维护街道多样性和安全的"街道眼"。从这个角度看，摊点为维护社会安定，保护和激发城市与人的潜力，延续社会网络和城市文化作出了一定的贡献。

3.2.3 治理创新与集体行动：石油路街道社区发展规划

2007年，重庆市渝中区规划建设城市西部新核，位于渝中区西部的石油路街道迎来了历史发展的机遇，以两种不同的更新模式再造城市。更表面、更声势浩大的是万科、恒大、龙湖三大开发商对石油路街道三所高等院校（重庆石油高等专科学校、重庆河运学校、重庆后勤工程学院）进行的大拆大建。更内里、更不易察觉的则是由石油路街道主导，市民、学者多方参与的石油路街道社区营造。两种不同价值取向的城市更新在同一片空间同时开展着，最终在石油路街道形成了老旧社区、单位社区、门禁社区、开放式城市综合体并存的拼贴式城市。

石油路街道城市更新所暴露的问题是当代中国城市化过程中问题的集中缩影，通过对一个典型样本的深入挖掘可以一叶知秋。如何从本质上理解我国复杂且充满矛盾的城市更新过程，探讨适应当代社会发展需求的城市更新方法，未来应树立怎样的城市更新价值观，是研究主要面对的问题。

因此，本书以空间转向的理论视角审视当下中国的城市更新运动，摆脱了单纯地将城市更新视作物理空间的设计，将更多地关注社会人如何与空间进行互动。同时，将城市更新作为对象而非背景加以研究与关注，更能有助于理解当下中国城市空间重构的演化逻辑。

3.2.3.1 石油路街道概况及工作思路
（1）石油路街道概况

石油路街道地处重庆市渝中区最西端（图3-25），辖区占地规模2.52平方公里，总人口近10万人，辖区内所属6个社区（民乐村社区、煤建新村社区、石油路社区、茶亭村社区、金银湾社区、虎头岩社区），历史发展不同，人口构成各异，产业分工有别，形成各具特色、交相辉映的空间结构与人文内涵。同时，也存在社区间发展不平衡、相互联系性较弱导致协调发展欠佳等问题。时代的发展为该地区带来新的发展契机，龙湖、恒大、华宇等开发商引入大型开发项目，以强势姿态改变了此地区的空间结构、社会结构和经济结构。整个大石化片区构建"渝中西部都市新核"的战略发展目标逐渐形成。在此前提下，石油路街道面临历史发展机遇和挑战，面临转型。

之所以选择石油路街道作为研究对象基于以下两点原因：

第一，典型性与代表性。石油路街道所在的渝中区是重庆的母城，是重庆市最先城市化率达到100%的地区。在没有新的城市建设用地、现存城市核心商业区解放碑的发展已处于高饱和状态下，渝中区要发展升级保持对重庆其他新兴城区的竞争力，只能走存量发展、另辟新核的道路。石油路街道在建设渝西新核的过程中经历了激烈的城市更新，它所面临的"拆迁"与"重置"问题是中国多数大中城市在更新过程中面临的共性问题。

第二，影响性与突出性。石油路街道在更新过程中拆迁了三所高校，不完全统计拆迁占地面积达748亩，新建建筑面积380万平方米。这在整个重庆城市更新史是前所未有的，

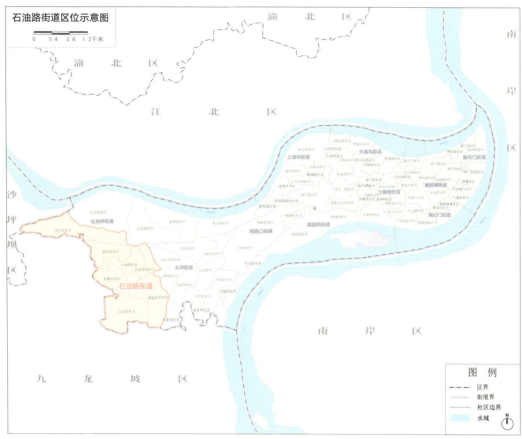

图3-25 石油路街道区位示意图

在全国范围内也算是规模庞大的，短时间内的城市巨变给城市经济、社会带来突出影响。

（2）工作思路

石油路社区发展规划是重庆市首个以社区建设为目标，自下而上、公众参与程度最高的社区规划实践。因为社区是一个物质空间与社会空间相融合的概念，所以"石油路社区发展规划"的内容包含"空间优化"与"社区治理"两部分主体。依据渝中发展战略，大石化片区成为"渝中西部新核"的发展定位，为建设可持续社区，拟定石油路街道社区发展规划两大目标如下：

目标一：从整体上进一步梳理和优化社区物质空间环境，以人为本、以民生为导向，创造可持续的宜居社区。

目标二：资产为基，积极探索和创新适合石油路街道发展的社区组织和社区管理模式，努力推进公众参与和社区自治。

同时更新遵循全局性与系统性、差异性与特色性、可行性与操作性等三大原则展开工作。

重点对6个社区的资产（包括物质资源、人力资源和社会资源）进行仔细盘点和清理，同时对社区管理运行进行评估，找出问题并分析潜能。主要内容包括现状基本概况、人口与社会状况、产业与经济状况、社区组织与管理、现状土地空间利用、规划意愿、特征与问题总结等方面。

在社区实地调研基础上,结合渝中区发展定位及大石化片区发展定位,制定石油路街道整体社区发展规划。针对6个社区整体平衡与差异化发展目标,从空间优化和社区管理、近期建设与远期发展、政府主导与社会参与等不同角度进行综合规划,重点以"四社一工"为落脚点,探索适合石油路街道的社区发展之路。

针对石油路街道社区存在的问题与对策,拟定实施行动计划,制定社区建设发展蓝图,同时根据石油路街道整体发展战略,拟定发展与建设时序,形成近期社区建设项目计划与近期建设项目库。强调政府部门协调配合,将项目实施主体分类归口到政府各部门,建立公众参与机制,真正实现以人为本的社区发展。

3.2.3.2 现状总结

通过对石油路街道6个社区进行全方位的调研和考察,总结归纳石油路街道主要面临如下问题(图3-26):

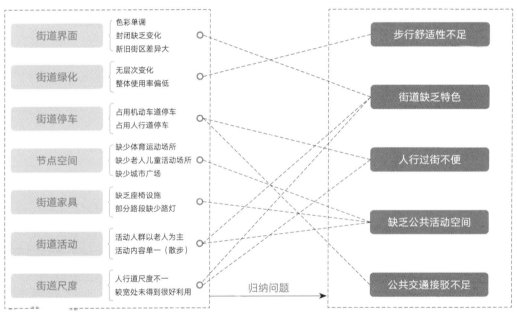

图3-26 调研总结
(资料来源:2013年,《重庆市渝中区石油路街道社区发展规划》项目文本)

(1)社区发展不平衡,6个社区发展阶段不一、面临问题各异、人口和社会结构分异明显,社区资源优、劣势各不相同。

(2)社区资源整合度差,资源分散化程度高,人力资产、社会资产没有得到有效的挖掘和整合。

(3)社区管理模式单一,社区自治基础条件较弱,社区居委会承担过量的行政任务,影响其作为社区自治组织发挥社区自治和服务的效能。

（4）社区组织的规模和数量不足，社区社会团体、志愿者组织参与社区建设与管理的潜能与积极性没有得到有效的发挥和挖掘，政府对社区组织的扶持和培养力度不够。

（5）社区公共空间分散，破碎化严重，联系性较弱，可识别性差。

（6）社区公园绿地缺失，公共设施、老年服务设施相对匮乏，配套不够完善。

（7）社区停车位严重不足，缺乏有效管理；社区安全性较差（图3-27）。

问题\路名	大石路	茶亭南路	茶亭北路	石油路	金银湾路	医学院路	图例	问题地图
步行舒适性不足	√	√	√	√		√	-- -	
街道缺乏特色	√	√	√			√	——	
人行过街不便	√						—	
缺乏公共活动空间	√	√	√	√		√	●	
公共交通接驳不足					√		······	

图3-27 问题地图
（资料来源：2013年，《重庆市渝中区石油路街道社区发展规划》项目文本）

3.2.3.3 规划建议

（1）街道层面

石油路街道社区资源分布相对分散，每个社区的特征和发展问题不同，需要从街道层面总体进行统筹，充分挖掘各个社区的特色，形成资源各异、优势互补、产业配套、管理创新、共同发展的整体格局，建议如下：

空间层面，需要整合现有的分散在社区内部的破碎化空间，强化空间的联系通道，形成良好的步行网络系统，实现公共空间的可达性与网络化；同时，在街道层面选择几个重要的公共空间节点进行打造，塑造成可识别性强、景观性好、可供休闲娱乐的大众活动场所。

公共服务设施层面，完善街道整体层面的公共服务设施网络，增加针对老年人的社区服务项目以及日常休憩设施，探索公益型与低营利型相结合的多元化社区服务模式。

交通层面，优化各个社区内外交通系统，加强步行系统的有效联系，实现社区居民出行的便捷，规范社区停管理。

管理与组织层面，进一步加强社区居委会的自治作用，培育社区自治基础，组建社区自治平台，加强社区组织力量；充分挖掘社区人力资源，重点培育打造若干个社区领袖，增强社区自治的基础，扩大公众参与；发挥街道的资源优势，与各个社区单位建立良好的互动关系，调动社区企业单位参与社区共建。

（2）社区层面

1）民乐村社区

民乐村社区拥有较好的社区资源和社区自治基础，人力资源、社会资源相对丰富，社区基础设施相对完备，但社区资源没有得到有效的整合与利用。建议如下：

①强化社区居民对社区发展规划的认识和认可，提高参与度。

②继续挖掘社区人力资源、整合社区组织、策划社区活动，调动社区居民参与社区建设。

2）煤建新村社区

煤建新村社区拥有较好的社区组织基础，在参与社区建设过程中业主委员会发挥着重要作用，社区活动也多以组织的形式参与其中；煤建新村的物质空间和环境管理相对较弱，极度缺乏社区公共空间和休闲设施，社区老龄化程度最高，但是对应匹配的老年人公共服务设施匮乏。建议如下：

①完善社区的老年人服务配套设施，增强社区公共服务功能。

②利用社区组织吸纳更多的社区成员参与社区建设和管理，调动居民自主参与社区公共卫生环境的监督和维护。

③加强社区与龙湖对话，探索企业参与共建的可行性。

④新居委会选址问题。

3）石油路社区

石油路社区拥相对完善的社区公共资源和良好的社区空间环境，同时社区社会组织基础较好，微小型企业多，社会资源较丰富。但社区公共空间相对独立，彼此之间缺乏联系，社区人力资源和社会资源也没有得到很好的利用。建议如下：

①在重要联系通道上选取空间节点进行重点规划设计。

②利用社区平台策划主题活动，整合分散在各个小区内部的社区组织，以实现社区内的融合。

③考虑石油路饮食街的打造对周边居民造成的环境、噪声等负面影响，提出行动对策。

④高九路对面汽车修理处建议取消，该地块景观特征明显，可以结合隧道上的公园打造成城市观景阳台。

4）茶亭村社区

茶亭村社区管辖的地域相对分散，面积不大且紧邻龙湖时代天街。社区组成成分相对单一，以居住为主体，每个组团均有相对独立的公共活动空间及康体设施；由于社区沿道路呈带形布局，内部公共空间层次丰富且多样。建议如下：

①对社区公共空间进行保留和改造，营造丰富且人性化的带状街巷，形成积极、开放

的交往空间。

②加强社区的联系通道，打通与龙湖时代天街的联系。

③将社区内医学支路现有的汽车美容产业进一步扩容升级，成为社区经济的新增长点。

5) 金银湾社区

金银湾社区老龄化程度较高，安置和还迁户多，农转非人员集中，教育程度偏低，社区公共交通不便，社区缺乏必要的公共活动场地和设施。社区内单位多，社会资源丰富。建议如下：

①加强社区对外联系，完善社区交通网络，增加必要的公共设施。

②整合社区公共空间，加强空间的联系。

③调动社区单位参与社区共建的积极性，加强与社区单位的互动。

④扩大社区现有组织规模，积极引导万科新进社会群体与老旧住区的互动。

6) 虎头岩社区

虎头岩社区地域面积广、劳动力资源丰富，但阶层分异明显、人员构成复杂、社会矛盾突出。渝中区总部经济区以及新型社区的进驻会给社区带来新的发展动力，但也会对原有的社会、人口结构造成冲击，对社区管理方式提出了新的要求。建议如下：

①以社区管理体制改革为基础，加强社区与社区单位的合作与对话，提高社区管理人员与新型企业沟通与协调的能力。

②加大社区组织培育力度，挖掘新型人力资产和社会资产；探索调动新型居住群体参与社区治理的路径。

3.2.3.4 治理深化建议

大力推进社区自治，深化基层民主建设。

(1) 坚持"三位一体"社区管理体制

党委领导，居委会自治，社区工作站提供公共服务，社区居民、社会单位（组织）共同参与的新型社区管理格局（图3-28）。

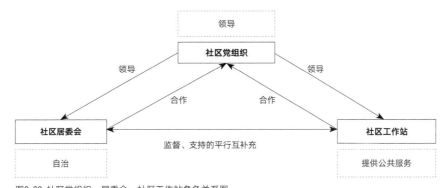

图3-28 社区党组织、居委会、社区工作站角色关系图
（资料来源：2013年，《重庆市渝中区石油路街道社区发展规划》项目文本）

（2）实现社区自治的途径

积极开展社区居民自治，即扩大直接选举范围，选举社区居委会成员候选人应以居民群众提名为主、选举委员会提名为辅。培养和增强社区成员的参与意识。

畅通社区居民参与自治的渠道，充分发挥居民代表会议在民主决策方面的作用，在法律中明确社区成员参与机制。

（3）大力发展社区服务，提高居民幸福指数

依托社区工作站，推进政府公共服务（专业社会组织发展，承担政府公共服务职能）。先由社区根据广大居民的需要（包括社区成员单位）列出服务项目，然后政府及政府部门按照社区服务项目管理的有关规定和程序审批项目，拨付资金，交给社区承办，或交给社区组织承办，并在项目实施中加强指导和监督。

建设社区养老服务站，应对老龄化。其中养老服务格局为"机构养老+居家养老+社区托老"。机构养老：给予服务机构上门照料特殊服务对象的费用以及开办日间照料老人等服务项目的补贴；鼓励、引导有条件的老人自愿、自费购买服务。社区养老：提供文化娱乐、体育锻炼、健康讲座等活动功能（部分设置老年人收养床位，为社区居民提供防暑降温和防寒保暖服务）。推进社区养老服务社会化：制定优惠政策，扶持社会力量参与社区养老。

发展便民利民服务（鼓励各类组织、企业、个体兴办与居民生活相关的社区服务业），完善便民利民服务项目。

倡导志愿互助服务（依托志愿者服务组织）。建立政府倡导、社区组织扶持、共产党员带头、专业社工引领、驻社区单位和居民广泛参与的社区志愿服务新格局。

完善社区服务设施，完善社区卫生、文化、体育、休闲、养老等服务设施。

推进社区服务信息化建设。编制社区便民利民服务手册，制作社区小报，开通社区网站、电视服务频道、电话服务热线等社区信息平台。

（4）社区工作者规范化管理，培养社区社会工作专业人才

推进社区工作者规范化管理，规范准入机制（明确社区工作者[①]范围）、培训机制、管理机制（采用小组工作方式，根据需要在一个岗位上配置若干社区工作者，并明确责任人，做到责任到人，"分工不分家"）、考评机制、薪酬待遇机制、退出机制。

培养社区社会工作专业人才，引进社区工作专业化人才；借政府之力推动社会工作者的专业化与职业化；引入督导制度，确保社工服务质量；开发社工岗位，提供专业服务，提高社区服务质量。

搭建社区社会工作专业人才服务平台，推进社区工作者试点，鼓励社区社会工作专业人才成立社会工作服务机构、个性化社会工作服务室以及进行社会工作个案研究等。

---

① 社区工作者指社区党委书记、专职副书记、兼任居民委员会委员的社区工作站工作人员，社区工作站专职工作人员、社会保障员、低保员等。

（5）大力培育发展社区社会组织，充分发挥社会组织作用

鼓励扶持社会组织发展，建立社区组织备案登记制度，明确社区组织服务内容范围。健全社区组织类型，重点培育和发展公益服务类、文化体育类、慈善救助类社会组织；政府扶持，多元运作，设立专项扶持资金；通过奖励、补贴等方式给予资助与扶持。

健全政府购买服务机制，制定政府购买社会组织服务项目目录（明确界定公共服务与私人服务），进行服务项目管理。根据所需服务项目，政府及政府部门按照社区服务项目管理的有关规定和程序审批项目，拨付资金，交给社区或社区组织承办，并在项目实施中加强指导和监督。

强化社会组织监督管理，完善社会组织监管体系，形成登记受理机关、业务主管单位和相关部门相互配合、协调运作的机制。

（6）大力加强社区志愿者（义工）队伍建设，倡导良好社会风尚

壮大志愿者队伍，基于各社区现有人力、社会资产，整合组建社区内部以及跨社区的多层次、多类型、有专长的志愿服务队伍。

加强规范管理，建立健全、高效的志愿者信息库（区志愿者库+各社区志愿者库）；建立志愿者教育培训制度。

建立激励机制，建立灵活多样的表彰形式；树立志愿者典型；有条件可建立专项表彰基金。

3.2.3.5 结论

2001年美国经济学家斯蒂格利茨曾经指出：中国的城市化和以美国为首的新技术革命是影响21世纪人类进程的两大关键性因素。城市数量的剧增、城市空间的重组与扩张是中国城市崛起的重要特征，快速的城市化助推着中国社会由传统到现代，甚至迈向后现代。而在这一宏大叙事之下，是剧烈的城市空间重构与社会空间变迁，其中，城市更新，作为一个典型的城市有机体的新陈代谢过程，集中展示了中国的城市转型与空间再造。本书尝试对这一轮城市更新所带来的城市空间变迁的问题与特征进行总结。

第一，"全球化"的城市更新是现阶段我国城市社会发展的主要推动力之一。从石油路街道的实证研究来看，客观而言，城市更新的确改变了该地区的面貌，居民的居住条件得到了很大改善，很多地块经拆迁告别了"棚户区"的生活。然而经由这一过程，石油路街道日渐成为商务商贸、高档居住、都市旅游功能区，吸引着具有一定经济实力的城市精英阶层在此聚集，而街道原有居民的生活空间则被置换至远郊新城，产生了"内城绅士化"的问题。大拆大建的更新解构了计划经济体制下形成的传统城市空间，实现了城市物质与社会空间结构的再造与重构，成为中国城市社会发展的驱动力。

第二，不同利益群体参与城市更新过程发挥着不同的空间实践力。在石油路街道更新中，政府力、市场力、社会力构成三种主要的利益群体，政府力与后两者分别结合形成了"自上而下"与"自下而上"的两种城市空间生产方式。但政府与开发商同构的中国"城市

增长联盟"在城市更新过程中处于主导地位，社会力现阶段还比较式微，未来还需要引导其参与城市更新过程，作出更多有益努力。

第三，"地方化"的社区规划保护策略成为这一轮城市更新的亮点。21世纪以来，地方文化导向的城市更新策略成为许多城市青睐的方式，上海"新天地"、南京"1912"的成功使得这一方式获得了地方政府和开发商的垂青。石油路街道社区规划更加本土化，以资产为基、就地保护的思路对社区既有物质空间环境的优化进行探索。社区规划是塑造高品质城市生活的一种有效方式，这是城市发展的历史经验，真正触动心灵的不仅仅是纪念性场所，更是城市的日常生活场所。因此，以地方保护为主旨的社区更新应当成为新一轮城市更新的重要组成部分。

第四，未来的城市更新应是"全球化"与"地方化"相结合，形成所谓的"全球化2.0"。"全球化"提供城市的直接竞争优势，"地方化"则不仅是城市更新的另一种机遇，重要的是它维护了城市公民的基本权利，为城市的竞争优势提供可持续力。空间正义是城市化进程中永恒的主题。

3.2.4 山地特色与场所营造：桂花园路街巷社区更新规划

渝中半岛作为重庆母城区域，经过3000多年的历史洗礼，留下了丰富多样的传统街巷空间，串联着渝中居民的主要日常生活。依据渝中区政府"十三五"规划，街巷更新成为新时期城市更新发展的重点之一。如何重新识别街巷的价值，进而采取合理的更新策略使街道真正实现复兴和可持续发展成为此轮城市更新的重点与难点。本部分将以渝中区桂花园路街巷更新规划设计为例，重点从时间维度切入，探讨地方化的城市街巷更新理念和方法。

如何活化这条具有悠久历史的城市老街，使其重现生机？如何提升街巷生活品质，使其成为重庆渝中半岛城市公共空间的特征性代表？其历史（时间）价值的重新识别与利用成为街巷更新规划与设计的原点。凯文·林奇（Kevin Lynch）指出"城市设计是与时间有关的艺术"，埃德蒙·培根（Edmund Bacon）强调"后继者原则"，提醒我们只有尊重城市的过去，才能更好地建设城市的现在与未来（Bacon E N，1974）。这也就意味着，只有科学认知城市建成环境随着历史积淀所呈现的现状价值，才能真正厘清街巷的更新途径。

3.2.4.1 桂花园路街巷更新规划设计过程
（1）现状背景

桂花园路位于渝中区上清寺街道与两路口街道交界处，是连接渝中区上半城与下半城主要的社区生活型街巷之一，全长约1000米，宽7.5米，路段高差约30米，整条街巷极具山城地域自然景观特色（图3-29）。桂花园路连接两路口街道的国际村、桂花园新村及上清寺街道的新都巷、桂花园共4个社区，总面积1.14平方千米，总人口46396人，其中常住人口

图3-29 桂花园路区位示意图

33345人，流动人口13051人，集自然景观与文化、体育、教育、餐饮等功能为一体。其东南部为渝中区大田湾体育场，西部有9处著名历史文化名人故居，同时路段经过多处文化教育单位以及重庆特色餐饮美食店。作为周边社区日常生活的联系纽带，桂花园路串联着7个大小不一的公共活动空间，也是连接李子坝与两路口的交通要道。

桂花园路连接下半城与上半城，是渝中区重要的交通道路，其过境性较强。地块公共交通发达，有多个公交站点，地铁二号线和三号线都在地块附近设有站点。社区东西向联系以垂直步行交通为主，多在社区内部，识别性较差（图3-30）。

片区内建筑功能以居住为主，部分住宅底层被改造为沿街商业。片区内建筑分为两类，年代较早的建筑以低层为主，1990年代后的建筑以高层住宅为主（图3-31）。

（2）主要问题

桂花园路为人车混行道路，步行系统极其不完整，路边停车占用人行道现象严重，沿街尚有违章建筑和凌乱的店招（图3-32、图3-33）。通过走访观察、与社区居民访谈交流发现，桂花园路主要存在安全性、步行连续性、街巷空间品质三方面问题。

其一，安全性低。桂花园路属于为日常生活服务的街巷，内部步行需求高，然而作为连接两路口与李子坝、嘉陵江与鹅岭峰的过境性道路，以及桂花园社区与新都巷社区唯一

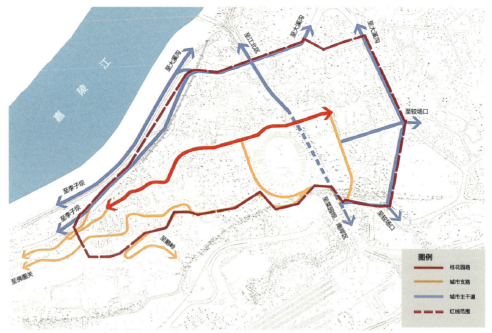

图3-30 桂花园路周边交通关系
[资料来源：2015年，《重庆市渝中区老旧居住社区整治研究与方案设计（桂花园路段）》项目文本]

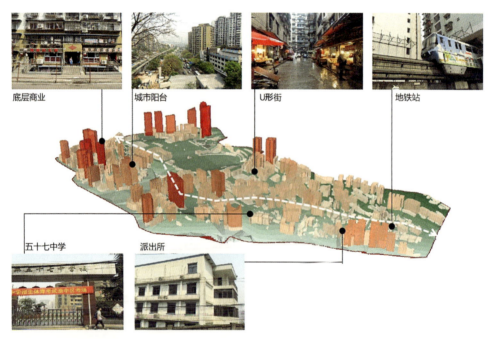

图3-31 桂花园路周边建筑情况
[资料来源：2015年，《重庆市渝中区老旧居住社区整治研究与方案设计（桂花园路段）》项目文本]

的车行出入口，车流量也较大，在"人"与"车"两者的冲突下，街巷空间显得尤为拥挤，行人步行安全无法得到保障。同时，街巷内市政设施年久失修，电信、电力线暴露在外，老旧建筑外立面瓷砖出现裂开迹象，给步行者带来极大的安全隐患（图3-34）。

图3-32 桂花园路违章建筑

图3-33 桂花园路人工景观环境

图3-34 桂花园路安全隐患
[资料来源：2015年，《重庆市渝中区老旧居住社区整治研究与方案设计（桂花园路段）》项目文本]

其二，步行连续性差。桂花园路车行道宽7.5米，人行道依据道路的曲折有宽有窄，最宽处7米，但多被作为停车场所，严重影响步行流线，最窄处无人行空间，行人只能在车行道上行走，多数路段人行道宽度仅为2米。为了保证双车道而严重破坏了人行道品质，步行流线不连续，这也是街巷安全存在问题的最大因素。

其三，街巷空间品质低。虽然桂花园路街巷空间尺度较好，人气活跃度较高，但由于其基础设施较差——部分步行道铺装破损、建筑立面老旧破损、公共空间内花坛树池破损、护栏扶手生锈破损、占道停车严重，导致街巷空间品质较差，居民渴望街巷生活品质的改善。

3.2.4.2 更新规划设计内容与方法

通过对街巷存量资产进行全面调查和评估，并在此基础上诊断街巷问题，结合规划目标理念对街巷功能进行定位分析，得出桂花园路更新规划设计的策略，并逐步形成规划成果（图3-35）。

（1）街巷资产调查与分布

物质资产方面，桂花园路位于大田湾体育场西北部，路段西北部有诸多著名历史文化名人故居，地段东北部与中部有重庆市五十七中、大田湾小学等中小学及幼儿教育学校，

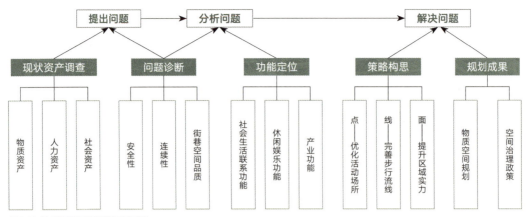

图3-35 桂花园路更新规划设计过程
[资料来源：2015年，《重庆市渝中区老旧居住社区整治研究与方案设计（桂花园路段）》项目文本]

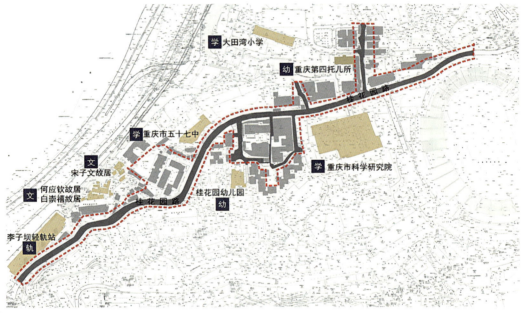

图3-36 物质资产示意
[资料来源：2015年，《重庆市渝中区老旧居住社区整治研究与方案设计（桂花园路段）》项目文本]

地段东南部为重庆市科学研究院。生活路段建筑界面连续性较强，多为带底商的多层住宅或独立的底层商业店铺，与茂盛的行道树一同形成尺度极好的街巷空间环境。街巷内相互连接的公共空间为社区居民提供休闲娱乐场所，丰富了居民日常生活，增添了街巷活力。同时街巷周边自然环境良好，内部城市阳台景色优美、视野开阔。路段交通较为便利，路段西南端是李子坝轻轨站，其他生活设施完备，居民生活便捷（图3-36）。

人力资产方面，位于街巷两侧的中、小学与教育研究院带来大量知识型人口，提升了老旧社区中街巷人群素质；周边社区中众多退休老人为街巷自治管理与传扬街巷历史文化提供了良好的人力资产。

社会资产方面，桂花园路拥有重庆典型的山地街巷空间，在长期的社区生活过程中形成了具有重庆特色的市井文化生活和良好的社区邻里关系，如人们在路边树荫下摆龙门阵、斟茶下棋、打望①、打麻将等；同时它以在地的多家美食餐饮吸引外来人口，并作为重点关注街巷备受渝中区政府重视与支持（图3-37）。

图3-37 丰富的市井文化

（2）街巷空间功能定位

依据桂花园路更新规划设计目标及问题诊断，结合居民意愿，将桂花园路定位为具有社区生活联系、休闲娱乐及饮食产业发展三大功能的示范性山城特色街巷。社区生活联系方面，依据街巷原有生活功能，进一步加强街巷与周边社区联系，为社区与街巷的活力提升建构空间联系网络。休闲娱乐功能方面，提供社区居民的休闲娱乐场所，优化周边空间环境，使周边居民愿意聚集于此休闲娱乐，提升街巷人气，带动街巷内的业态优化，促进街巷经济发展。饮食产业功能方面，依靠街巷内既有重庆美食的优势，吸引外来人口开店或就餐，产生连锁效应，促进区域饮食产业发展。

（3）街巷更新规划目标与原则

更新基于街巷功能定位，将街巷按照空间形态的点、线、面三要素进行划分，以保证设计策略的逐步实施。

点：优化公共空间，以公共空间环境品质提升为基础，吸引社区居民来此休闲娱乐，加强节点空间的聚集效应，提升街巷节点活力。

线：完善步行流线系统，建立完整、安全、舒适的步行体系，为加强社区生活联系服务，建立社区文化流线。吸引人流进入街道空间活动，为节点空间提供活力保障，并逐步优化街巷业态，促进街巷经济发展。

面：提升区域实力，以街巷逐渐发展为基础，带动周边社区发展，提升以街巷为中心的周边区域的经济、文化和社会影响力。

1）更新目标

环境干净卫生：将清洁环境作为城市管理的基础性工作，以保持城市主次干道、背街

---

① "打望"为重庆方言，字面意思即打量着观望，实际操作中则为"发乎情而止乎望"，即掂量着观望。

小巷、城市公厕等环境的干净整洁为目标，同时提升精细化管理水平，升级管理标准，维持常态化的宜业宜游宜居环境。

设施优质完善：着眼提升城市市政设施运转效率，保持完备、高效的运行。优化各类市政设施质量及分布结构，旨在为城市居民提供便捷、舒适、高效的都市生活环境。

街面秩序井然：将公共秩序作为衡量城市文明的标尺，创造良好的城市品质与形象、口碑与赞誉。保持街面清洁有序、设施设置规范的同时，通过集中整治，有效净化视觉空间。

市容清爽靓丽：精心雕琢城市景观设计，美化城市形象，提升城市品位。升级现有景观系统品质，打造城市慢行系统绿化体系。

2）更新依据

渝中区"1+3"模式：围绕增强全域都市功能核心区的综合配套功能，坚持"1+3"功能定位（即紧扣"都市功能核心区"总体定位，加快打造"现代服务业核心区、历史文化展示区、山水城市形象区"）和"1+3"工作定位（即立足巩固提升"首善之区"，着力实现"经济发展质量更优、综合服务功能更强、社会文明程度更高"），树立城市管理"归零"意识。

渝中区"五个全到位"要求：按照全域统筹到位、全部覆盖到位、全面整治到位、全时管理到位、全民参与到位的要求，开展重点部位、环境卫生、市政设施、街面秩序、城市景观5类整治、60个专项行动。

渝中区"五项综合举措"：落实规划引导、项目支撑、机制保障、责任落实、氛围营造五项综合举措，着力打造美丽山水城市形象，努力实现"美丽半岛，幸福渝中"的共建共管共享和宜业宜游宜居目标。

3）更新原则

①区级层面

坚持问题导向：主动对接居民群众与辖区企业的生产生活需要和对美好生活的向往，充分问询，着力破解难点问题，妥善处理热点问题，加紧解决盲点问题，切实保障综合整治和城市管理体现民意、改善民生。

坚持建管并重：注重规划、建设、管理协调合作，既提升城市环境综合整治的实效性，同时增强规划导向性及规范作用，彰显城市魅力、提升城市品质。

坚持固化机制：深化"四化五机制"[①]，强化各网格的责任落实，提升数字城管的绩效水平，升级现有标准与制定新的标准并举，实施精细化管理。

坚持全民参与：加强城市管理资源整合，拓宽居民群众、社会组织、企事业单位参与城市管理的渠道和方式，为城市环境综合整治营造良好氛围。

②项目层面

整体性原则：统一规划整治，注重社区社会、经济发展以及街道总体可持续发展。

---

① "四化五机制"，"四化"即国际化、绿色化、智能化、人文化现代都市目标，"五机制"即"马路办公"、快速反应、工作例会、督促落实、长效管理五大工作机制。

宜居性原则：满足当地居民生活、出行所需要的安全性、便捷性、舒适性需求。

特色性原则：重新发现桂花园路在渝中半岛中的历史与空间的地位，挖掘其居住、旅游、教育、运动、服务及文化展示的特色。

经济性原则：以先期示范区投入带动街巷整治更新与发展。

自主创新性原则：整治过程中，引导并组织各种方式的公众参与，培育当地社区居民和第三方组织的共同治理能力。

（4）街巷更新规划实施设计

根据整治依据与整治原则，本次整治实施设计将桂花园路段分为社区生活区Ⅰ段、社区生活区Ⅱ段、U街生活区、教师宿舍区和山水步行区5个示范区域。其设计内容包括对示范区内街巷空间的铺装、台阶、绿化、栏杆以及街道立面中的墙面、围墙和店面招牌等进行具体设计，并针对教师宿舍区进行空间改造设计（图3-38）。

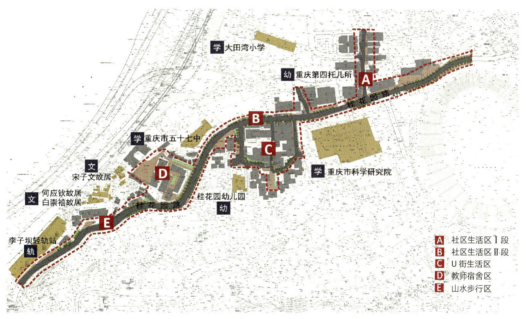

图3-38 实施设计示意
[资料来源：2015年，《重庆市渝中区老旧居住社区整治研究与方案设计（桂花园路段）》项目文本]

1）基本策略

①更换简陋的雨棚，添加和改造环卫设施，保持街道干净整洁。

②更新原有混凝土地面、广场铺装，根据环境用花岗石、透水砖、青砖、烧结砖等铺贴。

③对花台进行统一贴面，增加绿化。

④围墙采用统一的灰色文化砖或青砖或垂直绿化处理。

2）提升策略

①利用社区内的公共空间，增加配套设施，如健身场、运动场。

②整治商业环境，通过调整铺装、雨棚、广告牌等提高商业环境品质。

③对一些宣传栏、墙面可采用壁刻、题刻等宣扬社区文化。

3）更新规划设计成果

依据街巷更新设计策略，规划设计成果包括以下两部分：

①街巷空间优化设计

完善步行空间：在人行道宽度较窄之处，缩小车行道宽度满足人行空间，保证人行安全；改善步行铺地品质，修复破损路面。

美化建筑立面：重新设计雨篷、广告店招及建筑低层立面；对于近期拆除的违章建筑优化其立面，使之成为街巷内的景观；在各社区入口、文化机构入口墙面增设宣传栏，采用壁刻、题刻等宣传社区历史文化。

提升街巷空间品质：增加公共空间配套设施，修复空间内小品设施，增加绿化植被，规范停车管理。

②街巷空间治理政策

步行空间治理政策：考虑到街巷内停车空间不足，无法完全禁止人行道停车，因此采取时间管理机制，人流高峰期禁止停车或规定停放车辆大小以确保行人步行舒适；规定商铺门外摆放货品位置，确保步行线路通畅。

公共空间治理政策：倡导群众在日常生活中爱护街巷基础设施，惩罚破坏行为，为每一处设施配置群众负责人，培养社区居民自治维护与管理行为习惯。

商业空间治理政策：合理引导配置业态，为闲置门面寻找业主入驻，逐步优化街巷商业氛围，提升商业空间品质。

3.2.4.3 问题与讨论

（1）从街巷空间规划设计到街巷生活设计：时空一体化设计

随着时代变迁，城市街巷的物质空间形态也在不断变化，但其作为居民日常生活载体，留存居民日常生活记忆的特征从未改变。因此，在街巷更新规划设计过程中，改善街巷空间中的物质环境仅仅是手段，而如何适应新的社会背景下的生活需求，如何保留和传承居民的生活记忆，进而延续城市街巷的人文精神与历史文脉，提高街巷的凝聚力和内在活力，促进街巷的可持续发展，最终提升居民的生活品质才是真正目的。面对存量条件下大量的老旧社区街巷更新需求，应从关注居民日常街巷生活入手，从"街巷空间规划设计"上升到"街巷生活设计"层面来制定规划策略。注重居民日常生活空间的不同时间段需求，进行时空一体化设计，丰富和完善不同人群、不同时间在有限公共空间中的公共生活，从而实现城市街巷活力再生。

（2）存量条件下落地实施目标对更新设计的制约："非正规"与"正规"的协同

街巷存量更新过程中，"非正规"与"正规"的冲突非常明显，主要体现在一些长期存在的违章建筑和流动摊点，其大多正处于营业状态，业主以此为生，难以简单驱赶并拆除。作为"非正规"的违章建筑和流动摊点，常被认为与卫生、安全以及贫穷等一系列问题相关，应拆除违章建筑以落实规划、解决空间问题。然而，如果忽视其产生原因、形成过程与机制，规划实施过程中必然将产生社会矛盾，导致规划设计无法进展。所以，更新规划设计需要作出弹性应对，充分尊重历史（时间）过程，具体问题具体分析，作出具体评估和具体更新策略，谋求"非正规"与"正规"的协同。

（3）存量条件下街巷更新规划设计的内容创新：从空间设计到制度设计

存量更新规划设计与增量规划设计最大的差别在于"人"，存量规划面对的是街巷中生活的居民与其生活的建成环境。注重已存在的居民的生活状态是首要前提。而存量规划更新的是当地居民的生活场所，研究物质空间中的人文特色，创造有独特场所精神的公共空间供居民使用，以延续居民的生活方式，提高其生活品质是重中之重。同时，相对于以空间规划设计为主的增量规划设计，存量规划设计中街巷空间的维护与管理以及持续的良性发展尤为关键，因此制度设计与空间政策规划是街巷可持续发展的重要保障。此外，更新规划设计成果从以往效果图方式转向设计师现场实时设计，从而实现从"蓝图规划"向"行动规划"的转变。

（4）存量条件下街巷更新规划设计中的公共参与：全过程参与的重要性

存量条件下的街巷更新离不开生活于其中的居民的参与和认同，因此，更新规划设计必须与当地的居民和企业共同探讨，并让其成为实施主体。提倡和组织更新全过程的公共参与，本身也是培育城市社会资产（资本）的过程。通过参与街巷空间生产的过程，居民会欣喜地发掘自我营造美好环境的能力，体验共建美好家园的责任和幸福。

（5）存量条件下街巷更新规划中规划师的角色转型：社区规划师

从"街巷空间规划"到"街巷生活规划"，从"自上而下规划"到"协同规划"，存量条件下街巷更新中规划师的角色由单一的"技术角色"向开放的"公共知识分子"转变成为必然，并走向社区规划师角色。与传统规划师不同，社区规划师的角色和工作内涵不应仅仅局限于专业技术层面，而是更加调具备社会综合规划的素质与能力，善于协调与沟通，成为政府与民众及第三方之间的桥梁，参与和引导街巷生活的更新与发展。

3.2.4.4 结语

时间和空间是我们体验环境的基本框架，我们生活于时空之中。为了促进和鼓励对城市空间的利用，城市设计师需要理解时间的周期现象（昼夜交替、季节变化）以及人们相应的活动周期，即研究城市公共空间的社会人类学现象和启示。雅各布斯曾经说过："当想到一个城市时，心里有了什么？它的街道。如果一个城市的街道看上去很有趣，那么这个城市看上去就有趣；如果这些街道看上去很枯燥，那么这个城市看上去就很枯燥。"笔者认为，只有丰富多彩的街巷生活才是新时代下城市活力的来源。当下我国面临新一轮城市更新，需要高度关注居民的街巷生活，创造安全、舒适和愉悦的街巷生活场所，制定以人为本的街巷治理政策，使社区街巷生活成为城市居民的时代记忆、城市文化的时代呈现，以促进城市活力不断提升。

重庆市渝中区集丰富而具特色的山水城市自然、人文特色和典型街巷空间肌理，因此，其存量条件下街巷更新规划设计，应探索具有地方特色的更新理念与实现途径。作为规划师，应肩负扎根地方的持续研究与实践，协同地方政府与民众，共同推动城市街巷更新发展的不可推卸的责任和义务。

3.2.5 触媒焕新与城市链接：学田湾片区更新概念规划

伴随着城市化从快速增长进入稳定发展，中国城市逐渐从增量建设向存量发展转型，基于城市社区的更新规划将逐渐增多，加之创新社会治理国家战略的提出，社区不仅仅是与人们生活关系最密切的基本社会空间单元，也将是中国规划师的主要工作场所之一。国外社区更新起步较早，且已有相对成熟的探索：随着经济、社会发展，社区更新的主旨已从原先针对新兴不发达国家存在的大量落后社区，转化为普遍适用于各类国家和地区，更加重视社区的经济可持续、环境可持续和社会可持续，建立社区与市场的长效联系，以"人本规划"为指导理念，为社区居民构建有效的公众参与机制。国内对社区更新的研究聚焦于梳理国外相关理论和政策的内涵及演变、公众参与制度、社区特性、围绕参与方式等的实证研究。

渝中区是重庆市的政治、经济、文化与社会发展的中心，随着近年来城市建设强度不断加大，城市整体品质得到大幅提升的同时，也面临着人口老龄化、产业亟待升级、交通拥堵、服务设施陈旧、文化特色式微等大城市中心区发展困境。因此，充分识别和利用自身资源禀赋，科学合理定位，寻求地方可持续发展的城市更新路径显得尤为重要。作为重庆市唯一完全城市化的行政区，渝中区率先进入全面城市更新阶段，肩负着探索具有重庆地方特色的城市更新理念、方法和行动的责任。鉴于此，本部分结合渝中区"十三五"规划专项"渝中区社区更新总体思路研究"成果，充分认识城市更新背景下社区更新的重点及难点，以上清寺街道学田湾片区更新概念规划为实证，探索"区域联动+触媒营造"总体思路下城市社区更新的地方新途径。

3.2.5.1 社区更新背景与发展契机

渝中区都市核心功能价值已逐渐突显，都市文化保护与旅游开发正方兴未艾。按照渝中区"十三五"规划，提出对大礼堂文化旅游区提档升级，将其建设成为渝中区乃至重庆市旅游地标性的对外形象展示窗口。该区域以人民广场为中心，联动中山四路、嘉西村、张家花园山城步道等周边社区与街巷，带动马鞍山等片区更新改造，以开辟展示抗战文化、巴渝文化和体验市井生活的特色文化旅游专线。本书所研究的学田湾社区、春森路社区（以下简称学田湾片区）隶属于上清寺街道，作为大礼堂旅游区的核心区域，是城市总体更新体系下链接人民大礼堂传统风貌区与大田湾及人民文化宫传统风貌区的重要城市空间载体，同时在其丰厚的资源禀赋的推动下与全面发展文化产业目标的导向下，学田湾片区的社区更新规划对构建渝中区整体文化线路结构和完善文化旅游功能具有重要意义。

（1）"全域旅游战略＋周边资源禀赋"，促进区域联动发展

渝中区在"十三五"期间开启城市全域旅游营造计划。2014全年渝中区生产总值为868.7亿元，同比增长10.9%，第二、三产业比例为3.7∶96.3，第三产业已经成为全区支柱产业。其中，高速增长的旅游业是渝中旧城发展新的经济支点。学田湾片区旅游资源优势突出，也是联动周边发展的核心纽带，但在空间品质以及功能配套上缺乏整体规划，现状业态单一而陈旧，无法满足区域发展的需求。因此，学田湾片区更新亟须打通与周边旅游资源的关联，从更大区域层面整体考量发展思路。

（2）"文化遗存＋街巷生活"，成为社区特色化更新的重要基础

学田湾片区内原住民超过50%，具有丰富的山城老街巷空间与生活形态，加上著名的"一双绣花鞋""草药铺""红军院""留真照像馆"等文化遗存，形成了独具特色的山城社区文化。但大量地域文化资源随着社会、经济发展逐渐被忽略甚至遗忘，散布在略显衰退的社区空间里。这为新时期城市转型发展和城市文化复兴提供了非常重要的基础，社区的价值即是城市的价值，街巷生活亦是城市公共生活的重要组成部分，这也是学田湾片区更新中文化传承的灵魂所在。

3.2.5.2 更新理念与思路

（1）"资产为基"的社区更新理念及其应用

资产为基的社区更新发展过程主要分为四步，从社区组织、构想、规划到实施与评估，最后返回到社区组织以开展新的社区发展行动。社区组织是实现社区具体发展目标的重要组织机构，渝中区社区更新主要参与组织为社会组织和社区社团组织。构想即是为社区制定一个清晰的长远目标与蓝图，并且这个目标是经过社区大范围的公众参与，以不同形式得出的具体的愿景。在本次更新研究过程中，研究团队联合政府搭建的公众参与平台，引导社会公众、社区管理层、居民共同拟定更新目标。规划则是基于现状社区资产调查、数据收集、民意了解之后制定的总体规划思路：绘制资产地图是一个调查学习过程，可以厘清社区中可利用的资源；在社区规划初始阶段如何识别社区问题，以及当开始讨论社区发展目标和行动计划、提炼特别的理念和策略时，社区民意调查非常有效。实施与评估，是基于现状资产评估作出社区总体更新思路和重点试点更新社区判断，逐步推动试点社区更新，建立长期的动态反馈机制。同时，监督随社区更新过程同步开始，监督允许更新过程中的调节和修正。

（2）从单个社区更新走向区域联动的整体发展模式

传统社区更新方式中，由于各方限制往往容易陷入"就社区论社区"而忽略社区与社区、社区与区域之间相互影响的状况，更新内容常常更侧重于社区内部物质空间优化与基础设施改善。社区是城市中重要的社会单元，社区发展受制于所在区域的物质与社会条

件，同时社区与区域之间通过规划引导亦能形成良好的互动关系。基于城市思维，社区规划作为一种重要的城市更新手段，其更新思路应该跳出社区本身，全面统筹社区规划与片区更新规划，实现社区与区域联动发展。在学田湾片区更新概念规划中，片区以周边众多文化资源为依托，依托中部片区旅游资源，通过建设生活旅游绿色慢行系统激发片区活力；以建设渝中区特色市场为中心，带动片区经济发展，促进片区业态置换，最终将整个区域更新为渝中区重要的都市文化旅游枢纽与城市生活广场。

（3）从单一环境整治走向触媒营造的社区更新思路

空间环境整治是社区更新工作中的重要环节，良好的物质空间环境是营造社区氛围的重要基础。但在传统的社区更新视角下，空间环境整治被过分重视甚至被当作社区更新的核心内容，而忽略社区内部各类非物质性资产的隐形价值。

城市触媒是指能够促使城市发生变化，并能加快或改变城市发展建设速度的新元素。通过某一特定触媒元素的介入，引发某种"链式反应"，从而推动城市发展。社区是城市社会治理的基本单元，也是市民日常活动的主要空间，其丰富的文化资产为触媒效应的发生提供了基础。引发触媒效应需要的前期投资相对较少、建设量较小，不会给政府财政造成过大压力，更容易启动。学田湾片区以学田湾市场和学田湾正街为更新触媒，以文旅配套和市井生活体验为目标，引入特色产业与服务，逐步实现片区功能转型与品质提升。

3.2.5.3 学田湾片区

（1）片区概况

学田湾片区位于渝中区中部偏北，紧邻嘉陵江河畔，处于大礼堂文化旅游区的核心区域，是联通中山四路、嘉西村等重要都市人文景点的必经之路（图3-39）。重庆市政府坐落于此，辖区拥有广场宾馆、东方花苑酒店等各类大中型会务集聚区。学田湾片区周边公共交通资源丰富，轻轨1号线、2号线、3号线以及多个公交站点遍布周边区域。交通便利的同时周边文化资源密集，具有很好的区位优势和发展条件（图3-40）。通过周边资源良好的辐射作用可为片区提供众多游客资源，同时片区的打造也为周边提供了活力支持，提高了当地居民的生活水平。

（2）存量资产调查及价值识别

对片区各类现状资源进行摸底分析，评估片区内部及外部各项存量资产，以此作为更新片区的重要依据。

结合"渝中区社区更新总体思路研究"项目第一轮中对渝中区社区静态资产进行的实地调研与评估成果，我们构建了社区现状综合资产评估体系。以调研资料为基础，通过专家打分的方式，从物质空间（权重0.2）、治理（0.15）、文化（0.15）、设施与服务（0.2）、产业（0.15）、交通（0.15）6个不同权重维度，28个影响因子对春森路社区进行评分评价（表3-5）。其中，学田湾片区评估情况见表3-6。

图3-39 学田湾片区区位示意图

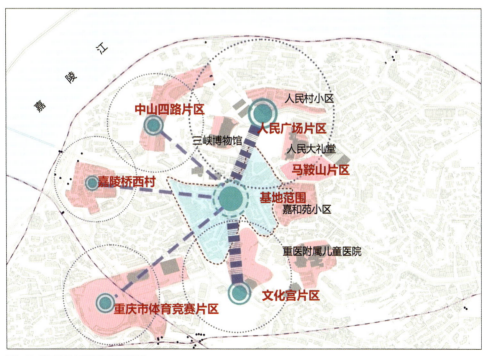

图3-40 学田湾片区周围区位示意图
（资料来源：2016年，《重庆市渝中区上清寺学田湾片区更新概念规划》项目文本）

社区现状综合资产评估表

表 3-5

名称	类别	物质空间						治理				文化				设施与服务					产业			交通					
	分类子项	环境品质	公共空间规模	空间可达性	空间活力度	空间安全性	建筑质量	三位一体机制	社区组织	社区治理	公共参与度	文化资源	保护与开发	品牌运营	发展潜力	基础设施	医疗服务	教育设施	养老设施	文娱设施	产业业态多样性	产业发展环境	配套设施	公共交通	公交换乘	步行系统完善度	步行系统舒适度	无障碍设施	停车设施完善度
上清寺街道春森路社区	准则	评价准则：根据描述内容进行指标评价，优质—3分，中等—1分，差—0分																											
	总分	18							12				12				15					9			18				
	得分	1	2	3	3	1	1	3	2	1	1	2	0	2	0	2	2	2	1	0	0	1	1	3	2	2	2	1	1
	小计	11						7				4				7					2			11				
	评价	优质(12-18)，中等(6-11)，差(0-5) 较好						优质(8-12)，中等(4-7)，差(0-3) 较好				优质(8-12)，中等(4-7)，差(0-3) 较好				优质(11-15)，中等(5-10)，差(0-4) 较好					优质(7-9)，中等(3-6)，差(0-2) 一般			优质(12-18)，中等(6-11)，差(0-5) 较好				
		优质(66-84)，中等(30-65)，差(0-29)																											
	特征	本社区设施与服务不够齐全，治理情况一般，空间和产业情况一般，文化资源缺乏，但交通较便捷																											

资料来源：2015年，《重庆市渝中区上清寺学田湾片区更新概念规划》项目文本。

学田湾片区资产评估表 表3-6

名称	物质空间评分	治理评分	文化评分	设施与服务评分	产业评分	交通评分	评价总分
学田湾社区	●	○	○	○		○	○
春森路社区	○	○	○		●	○	○
				图例/社区类型	优质 ●	较好 ○	一般 ●

资料来源：2016年，《重庆市渝中区上清寺学田湾片区更新概念规划》项目文本。

1）交通

①内部交通：学田湾片区由上清寺街道春森路社区部分地段与学田埨社区部分地段组成，周边被城市主干道人民路、中山三路和城市支次干道枣子岚垭正街三面围合，占地约11公顷，公共交通丰富便捷，交通可达性极佳。尽管距周边轻轨站步行时间均在10分钟以内，但却缺乏相对舒适且连贯的步行环境（图3-41）。

图3-41 学田湾片区周边交通分析图
(资料来源：2016年，《重庆市渝中区上清寺学田湾片区更新概念规划》项目文本)

②内部交通：街巷较窄，机动车占道停车严重影响步行空间品质及舒适度，停车设施严重缺乏。基地内均为双车道路段，但停车问题导致临时拥堵情况严重，随意停车时常堵塞消防通道，消防隐患严重。市民步行以生活类出行为主，部分路段人行道过窄，部分路

段停车占道及经营占道情况严重。学田湾公交站位于人民路与学田湾正街交界处,共8条公交线经过此站(图3-42)。

图3-42 学田湾片区内部交通
(资料来源:2016年,《重庆市渝中区上清寺学田湾片区更新概念规划》项目文本)

③停车场:片区内缺乏集中停车场;局部地段有路边停车位设置,但无法满足片区内停车需求,随意停车问题严重;学田湾菜市场缺乏临时停车卸货区,占道卸货影响交通情况时有发生。

2)公共空间

相对丰富,但休闲空间分散、碎片化,缺乏集中的公共活动空间。学田堼正街人气活跃度高,可达性强,空间尺度适宜;但停车占道现象严重,空间品质有待提升。春森路街巷空间尺度适于步行,并通过多个山地步行道连接中山三路;但人气活跃度较低,可达性一般,步行空间连续性较差,空间品质亟待提升。罗家堼街巷与学田堼正街相似,并通过山地步行道连接枣子岚桠正街。菜市场小街可达性较好,但人气活跃度一般,街巷界面不完整,空间品质有待提升。基地内部分公共空间节点人气活跃,设施完善,空间品质较好;而大多公共空间有待提升。

3)建筑

建筑类型多样、质量一般,部分建筑老化严重。基地范围内建筑权属复杂,主要为私人、单位用房,少量建筑属于单位、私人混合用房。除此之外,片区内还存在学校和菜市场建筑。

4)公共服务设施

设施齐全但品质较低,与周边大礼堂文化旅游服务配套不相匹配。日常生活服务以学田湾农贸市场为主,联动周边学校、商场等,形成学田湾路活力地带。

①日常医疗服务:重庆医科大学附属医院位于人民路上,可为周边老年居民提供可靠的医疗保障,同时私人诊所为居民的便捷就医提供了帮助。

②社区养老服务:设有养老服务站一所,目前仍在建,预采用门禁式管理。

③社区旅游服务:基于周边现有旅游资源与文化资源,内设酒店两处(东方花苑酒店、七天连锁酒店),服务于外来旅游人口。

④市政基础设施:外观有待提升,多数电力线杂乱无章暴露在外,影响街巷视觉景观。

5）产业业态

学田湾片区内的产业以批发类、生活类的低层次产业为主，缺乏文化创意品牌和与周边资源相匹配的特色旅游商业业态。学田湾正街以零售商业为主，同时有各类生活服务和餐饮门店为居民日常生活服务；街道两侧业态丰富、多样化，为日后街巷空间的提档升级提供了良好的活力保障（图3-43）。

图3-43 学田湾农贸市场

重要节点：菜市场作为学田湾片区重要的交往场所，硬件设施较好，但缺乏有序管理导致环境卫生较差。

6）文化留存

历史资源分散且保护利用不佳。基地范围内主要拥有"一双绣花鞋"[①]"草药铺""红军院""留真照像馆"4处历史人文遗产，而目前并未得以有效的推广宣传。红军院中所住居民多为红军后代，而唯一在世的老红军也已搬离此处（图3-44）。

学田湾片区内有重庆大礼堂、重庆市三峡博物馆、重庆市文化宫、马鞍山历史街区、中山四路、嘉陵桥西村、大田湾体育场等成熟的文化景点，拥有丰富的政治人文、历史、医疗、体育等资源。同时，学田湾片区周边被城市主干道人民路、中山三路和枣子岚垭正

---

① 源自20世纪六七十年代流传于重庆的手抄本惊悚悬疑小说《一双绣花鞋》，据传小说中描述的故事发生地即在春森路一居民大院内。

| (a) 一双绣花鞋 | (b) 草药铺 |
| (c) 红军院 | (d) 留真照像馆 |

图3-44 学田湾片区文化留存

街三面围合，距周边轻轨站步行时间均在10分钟以内，具有极佳的城市交通可达性，发达便捷的外部交通创造了片区与区域间良好的联系性与可达性。在文化资产方面，4处历史人文遗产以及学田湾正街和学田湾菜市场2处社区原生活力点，因其蕴含丰厚的市井生活展示价值与历史人文价值，为社区更新过程中地区历史文化内涵的挖掘与重塑提供重要支持。

3.2.5.4 学田湾片区更新规划

（1）更新定位与发展目标

依据学田湾片区现状及更新需求，将更新目标定位为："渝中区市井休闲体验特色街区＋大礼堂文化旅游综合配套服务区"。同时，根据现有条件制定近、远期更新分期策略：近期策略为渐进式微更新，以3~5年为期；远期策略为结构优化式更新，以5~10年为期。

（2）更新结构

近期营造"一横、两纵、一心"渐进式微更新结构（图3-45）。"一横"：以现有学田湾正街为基础，梳理街巷秩序，美化建筑界面，提档升级街巷空间品质，形成生活旅游型优

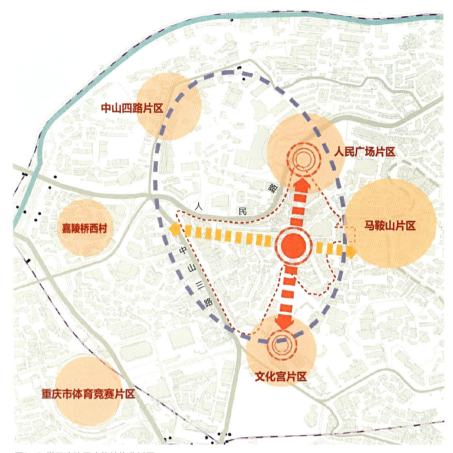

图3-45 学田湾片区功能结构分析图
（资料来源：2016年，《重庆市渝中区上清寺学田湾片区更新概念规划》项目文本）

质市井街巷。"两纵"：以春森路与下罗家湾为基础，优化街巷空间环境，确保人行流线品质，形成服务于学田湾正街的次级社区生活街巷。"一心"：改善市场环境及其品质，激发市场活力，形成吸引居民与游客的片区发展中心。以片区现有街巷为基础，逐步优化片区空间品质，完善片区生活服务功能，同时加强建设学田湾菜市场，使居民的生活更加便捷与舒适；依托周边文化资源带来的游客，提升市场旅游性，提档升级周边业态，带动片区经济发展和空间品质的转型和提升。

构建三大功能区，包括：市井生活区，贴近社区居民生活，提供生活日常服务，营造生活旅游公共交往空间；特色市场区，构建区域特色市场，方便城市居民生活，吸引外来游客前来参观；闲适栖居区，提高社区居民日常休息公共空间品质，打造优质的重庆生活氛围环境。

（3）更新时序

步骤一，打通区域步行廊道，着力打造片区特色市场触媒点，建设片区城市活力中心广场。

步骤二，梳理片区步行轴线，完善内部交通网络，为业态发展作准备。

步骤三，立足周边资源，通过文化资源辐射力与特色市场牵引力，引进品质化生活旅游服务产业，带动片区经济发展。

（4）产业激活策略（图3-46、图3-47）

创意产业培育：各类创意店铺，如画廊、摄影展以及各类咖啡吧、手工艺、非物质文化遗产、创意剪纸、沙画、手工陶艺等体现重庆特色的创意展示。

市井文化塑造：以学田湾菜市场为触媒，更新市场设施以及周边环境、交通，营造丰富的重庆市井生活氛围、创造积极的社区交往场所，激发地区活力。

抗战文化发扬：恢复留真照像馆、红军院、"一双绣花鞋"、沈钧儒故居等历史文化品牌，设计微型抗战文化体验路线。

巴渝文化体验：为周边政治活动、会议展览、文化旅游等提供商务接待、酒店住宿、特色餐饮等服务功能，同时展现巴渝文化。

（5）区域旅游策略

位于众多旅游景点中心的学田湾片区拥有极佳的区位优势，为周边都市文化旅游、景点提供旅游商贸配套服务，带动区域的经济发展。

1）旅游线路打造

①片区旅游线路

线路概况：人民广场片区—马鞍山片区—学田湾菜市场—学田湾正街—文化宫—中山三路—嘉陵西村—中山四路。

本线路是将巴渝文化、抗战文化、市井文化三种城市文化高度整合的一条文化体验型

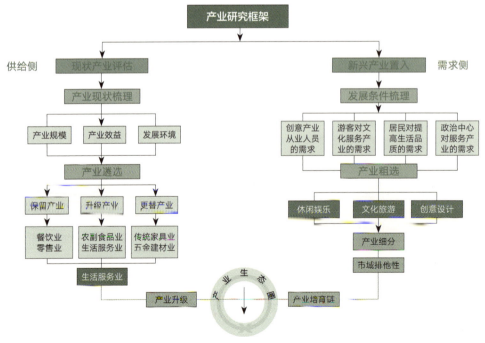

图3-46 学田湾片区产业激活策略研究框架
（资料来源：2016年，《重庆市渝中区上清寺学田湾片区更新概念规划》项目文本）

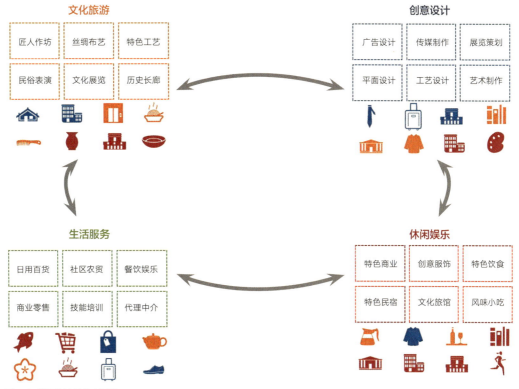

图3-47 学田湾片区业态指引
（资料来源：2016年，《重庆市渝中区上清寺学田湾片区更新概念规划》项目文本）

旅游线路，学田湾片区作为上清寺街道内旅游景点分布的中心区域，为周边提供完整的文化型旅游服务配套（图3-48）。

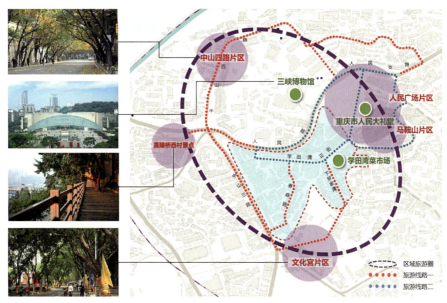

图3-48 区域旅游步行线路图
（资料来源：2016年，《重庆市渝中区上清寺学田湾片区更新概念规划》项目文本）

②学田湾片区内部旅游线路

线路概况：学田湾菜市场—学田湾正街（巴渝文化体验街）—"一双绣花鞋"—红军院—留真照像馆—创意手工艺

本线路是以"学田湾菜市场"为中心，作为片区重要的市井文化展示窗口，承接来自周边游客的旅游服务需求，通过文化的营造、产业的配置，形成"吃、穿、行、游、娱、购"一站式巴渝文化旅游服务配套体验区。

2）远期更新结构

远期营造"一纵、一横、一环"的优化式更新结构（图3-49）。"一纵"，以人民大礼堂广场与文化宫为触发点，建设连接人民大礼堂片区和文化宫片区的生活旅游步行轴线，形成中部片区独具魅力的城市步行廊道。"一横"，以学田湾正街与人民路的横向交通为基础，与纵向轴线共同形成区域十字步行休闲带。"一环"，通过中山三路、中山四路

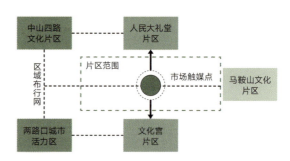

图3-49 片区远期更新结构
（资料来源：2016年，《重庆市渝中区上清寺学田湾片区更新概念规划》项目文本）

以及人民广场片区步行系统的连接，以周边文化资源为依托，形成中部片区城市文化旅游绿色步行环线。

3）触媒营造："一街一市场"

通过区域资产调查与评估，发现学田湾片区"一街一市场"可以成为此片区更新的触媒，即"学田湾正街和学田湾菜市场"。尝试通过对学田湾正街、学田湾菜市场的实体更新与功能更新，以期改善周边环境，提升现有价值，同时带动所在社区的发展，促进社区环境的优化、经济的可持续发展与居民的日常交往，延续城市文脉，进而影响一定范围内的城市发展与建设。

①触媒一：学田湾正街

学田湾正街不仅是连接周边旅游资源的重要慢行空间，同时也承载重庆传统的街巷生活，具有多处人文因子。建议引入文化创意产业，优化市井生活业态，为居民及游客提供更好的片区生活旅游品质，更新重点从产业引入与空间营造两个方面展开：

产业引入：引入巴渝文化、发扬抗战精神、传承重庆义化精髓；优化升级市井生活产业，提高片区生活服务质量；引入重庆特色创意产业，增强片区旅游活力；吸引旅游经济，提升片区经济实力。

空间优化：优化学田湾正街空间品质，运用街道家具营造良好的街区环境；优化步行系统空间与静态交通管理；同时改善街巷基础设施与公共服务设施。

②触媒二：学田湾菜市场

作为渝中区现存最大的老旧菜市场，学田湾菜市场拥有极佳的区位及良好的社区活

力。建议改造菜市场外立面和局部空间，改善停车设施与管理；改造门前广场，使其成为片区中心活力点；调整优化菜市场内部业态品质，在提升居民购物品质的同时，吸引游客消费；以菜市场为区域吸引点，带动周边的社会发展，提升片区经济活力。

学习北京三源里市场运营经验，注重市场运营机制管理（图3-50）。培育市场文化，在满足市民基本使用要求的同时，借助区位优势，展示地区人文特色。

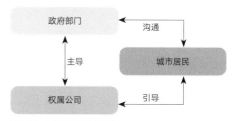

图3-50 市场运营机制管理
（资料来源：2016年，《重庆市渝中区上清寺学田湾片区更新概念规划》项目文本）

③触媒焕新策略

A．统筹片区发展规划，实现区域价值提升

对内以现有学田湾正街为基础，整理街巷秩序，美化建筑界面，提档升级街巷空间品质，形成生活旅游型优质市井街巷。以春森路与下罗家湾为基础，优化街巷空间环境，确保慢行空间品质，形成服务于学田湾正街的次级社区生活街巷。改善学田湾菜市场环境及其品质，激发市场活力，形成吸引居民与游客的片区发展中心。对外以人民大礼堂广场与文化宫为触发点，建设连接两处的生活旅游步行轴线，形成中部片区独具魅力的城市步行廊道。

B．深度挖掘文创产业，打造复合式旅游体验

引入文创产业，打造重庆文化创意特色产业街区。融合文化旅游、创意设计、生活服务、休闲娱乐等多元业态，集创意产业培育、市井文化塑造、抗战文化发扬、巴渝文化展示功能于一体。

学田湾片区应恢复留真像馆、红军院、"一双绣花鞋"等历史文化品牌，引进巴渝文化展示相关文化产业，设计微型抗战文化社区体验路线，同时营造丰富的重庆市井生活氛围，创造积极的社区交往场所，激发地区活力。

C．完善旅游配套，提升基础设施

整合现状业态，完善整体服务配套，提高片区旅游的综合接待能力和服务水平，为游客和居民提供舒适、安全和宜居宜游的休闲旅游环境。学田湾片区可考虑新增商务接待、酒店民宿、特色餐饮等服务功能，为大礼堂、中山四路等旅游景点提供有力支撑。

依据不同街巷尺度及其功能分别打造，创造安全连续、生活便捷的街巷空间，并进行创意性的路面设计和多样化的街巷绿化布置。对现有道路有效利用，实行时段性交通管制，保证道路通达质量最大化。整治现有消极空间，新增停车位，规范化管理社会公共停车位。

3.2.5.5 总结

城市社区的更新与发展，既应注重保护与传承地区自身的本土文化内涵，同时又应满足城市居民日益提升的生活品质需求。在渝中区学田湾片区更新概念规划中，尝试以"渝

中区社区更新总体思路研究"成果为基础，基于"区域联动+触媒营造"的总体更新思路，将社区发展纳入区域进行综合统筹规划，深入挖掘社区内在文化资源价值并将其作为更新触媒，带动社区发展，促进片区的功能结构优化、业态层次升级、空间品质提升。本次概念规划是在新视角下开展城市社区更新的一次有益探索，研究过程中所反馈的问题值得进一步思考。

（1）社区与片区协同更新发展

在"区域联动"更新理念引导下，通过"市场共享"与"资源共享"的运作模式，将全域内待更新土地统一储备、联动开发，建立完备的区域规划联动体系，进而增强区域整体的发展水平。而"社区更新"作为一种较小尺度的城市更新手段，关注重点偏向于各类人群的社会需求，在追求整体效益之外更加强调社会公平发展与人文关怀，近年来受到越来越多专家学者与规划实践工作者的关注。社区更新与区域发展相协同，既能在城市更新过程中有效提取及整合区域资源，又能充分体现"以人为本"的更新规划理念，形成"区域带动社区，社区反哺区域"的良性互动关系。

（2）触媒营造中社会资本与公共力量的合力介入

我国现阶段社区更新以政府主导型为主，公众参与程度普遍较低。"触媒营造"是一种小尺度、渐进式的更新模式，结合社区内生的文化资产（资本），活化"触媒"，更易激发广泛的社区公众参与，形成社区认同感。同时，所引发的触媒效应能吸引第三方社区组织与市场力量自行介入，带动片区的可持续发展，促进整个片区的再生。

（3）社区更新行动规划中的多元实施路径

行动规划的基本理念是以多方合作和社区参与为基础，强调"服务取向"和"问题解决取向"。社区更新行动规划强调多元的规划实施路径，以"资产为基"理念为基础，确定"社区公共空间导向的社区空间优化+生活导向的社区治理服务升级+文化导向的社区旅游线路与文化展示"的更新规划要点，具体内容包括梳理社区现状资产，建立公共空间更新标准、确定更新内容，确定区域文化线路以及社区文化、生活主线路，全面升级社区治理服务，促进社区居民公共生活。

（4）街道成为城市社区更新的实施主体

"大政府、小社会"的社区管理模式在我国较为普遍，街道承载过多的行政职能致使其服务功能减弱。随着社会的转型与城市更新的深入，街道办事处的职能也在发生着深刻的转变。特别是在地性极强的城市社区更新实践中，街道已逐渐成为更新实施的主体，承担着构建多方交流、协同更新工作平台的职责，发挥链接政府、市场、居民三方的重要作用。同时，街道能利用其行政职能对社区更新提供一定的政策支持，给予有力监督。

（5）规划师在城市社区更新中的角色转变与多重作用

参与社区更新，规划师的身份也在发生着转变。在社区更新过程中，规划师面临复杂的社会和经济问题，传统自上而下的规划方式难以应对各方需求。面对社区更新，规划不是以单纯经济效益为价值目标，而是应以社会各方满意度为核心价值。因此，规划师角色逐步由政府体制的维护者转向各个利益群体的协调者。规划师不仅应解决各种空间改善问题，更须面对各方诉求的博弈、公共事务矛盾化解等问题，主旨在于关注各方利益公平性，促进社区内各个利益群体的交流沟通。

学田湾片区更新概念规划，是基于社区本身的资产特色和价值提出"区域联动＋触媒营造"的更新策略。社区更新具有渐进性、常态性的特点。随着更新过程逐步展开，规划师应逐渐退出而让位于街道与居民，通过公众参与平台搭建互动机制，引导社区自发更新，不断对实施方案进行评估与修正，逐步落实分期更新行动计划，以此建立社区长效更新机制。重庆传统社区具有山地地形地貌、曲折街巷空间、抗战历史遗存、市井生活文化等独特而丰富的自然、人文特征。因此，存量条件下的社区更新规划与设计应具有尊重地方特色的更新理念与实施途径。作为社区规划师，应倡导各方重新认识和发掘社区资产价值及其内生动力，科学制定社区更新目标与规划决策，以促进社区可持续发展。对于我国多样化的城市社区而言，还需要更多的地方探索和经验总结。

3.2.6 历史保护与协同参与：草花街社区城市修补行动规划

通过社区资产调查与评估，挖掘片区文化与生活两大发展主题，以文化线路规划作为城市社区更新的思路和手段，营建具有地方特色的城市文化与市井生活体验街区；依托良好的社区历史和邻里基础，构建高品质社区服务体系，探索社区治理创新的协同参与地方途径。

3.2.6.1 项目背景

合川是著名的历史文化古城，被誉为"东方麦加城，上帝折鞭处"，千年前的鱼城烽烟曾因改变整个世界的格局，而让世人铭记。而作为巴文化的发源地的合川，文脉源远流长、生生不息。也曾有不少大哲鸿儒寻文于此，留下几多传闻趣事。奔腾的三江，环抱的群山，也曾为合川书写下一段水墨传奇。合川是历史之城、山水之城，更是文化之城。不同的文化皆在此汇聚，留下了许多印记。如今，以怎样的态度来对待文化印记，将决定城市发展的高度与方向。

本次规划研究区域位于合川老城三江交汇处，南眺文峰古塔，东望钓鱼古城，处于城市文化空间的核心通道，区域内部文化资源丰富。那么，立足现存文化资源，重视文化的挖掘、提取，通过文化点的梳理和文化线路的串联，激活区域的发展极核，联动城市社区生活，推动钓鱼城街道社区乃至合川城市文化复兴，以文为脉再现合川老城的繁华景象。通过社区治理服务体系构建，充分挖掘和利用社区人力资产和社会资产，提升社区培力[①]，探索社区治理创新的地方途径。

---

① 培力即能力建设和赋权增能。社区培力是一种社区能力培育的过程和结果，即通过培育社区及居民，最终使社区获得自我发展的能力。

3.2.6.2 价值梳理

文化复兴：党的十九大提出应推动文化事业发展，培育精神文化产品。提升社区生活文化品质尤为重要。

协作治理：住房和城乡建设部城市工作会议提出搭建城市协作平台，坚持共谋共建共享。多方参与的协作式社区规划成为创新社区治理的重要手段。

3.2.6.3 问题梳理

文化之困：社区文化资源零散隐匿，文化活动形式单一、参与度不高。

治理之困：社区管理自上而下，沟通与交往模式单一（图3-51）。

此类社区在当前我国老城中规模大、涉及人口多，无法沿用过去拆除重建式更新模式。

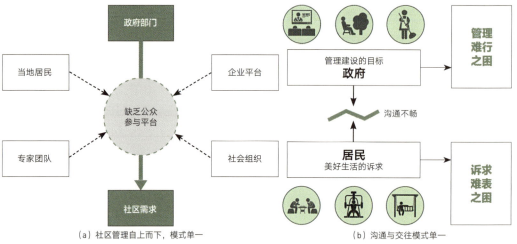

（a）社区管理自上而下，模式单一　　　　（b）沟通与交往模式单一

图3-51 草花街社区发展困境
（资料来源：2017年，《重庆市合川区草花街社区城市修补行动规划》项目文本）

3.2.6.4 资产调查

（1）钓鱼城历史沿革

钓鱼城所在的钓鱼山自古就是官民宴游胜地，为著名的"合川八景"之一——"鱼城烟雨"。南宋嘉熙四年（1240年），四川制置副使彭大雅为抗击蒙古军，命甘闰在钓鱼山上筑寨，作为合州军民避蒙古兵锋之地。1242年，兵部侍郎余玠受命主持四川事务，将重庆定为全川抗蒙大本营，复筑钓鱼城。此后，钓鱼城历经多次优化完善，日益坚固无摧。1259年，在退无可退的情况下，经历了靖康之变的南宋，与横扫欧亚的蒙古大军在钓鱼城进行了一场足以改变世界历史的战争。所向披靡的蒙哥铁骑一路东征西讨，却在钓鱼城下吃尽苦头迟迟不能跨越雷池。1259年7月，蒙哥被城上火炮中伤，逝于温泉寺，从而促使了蒙古汗国从亚欧战场的全面撤军。而长达35年的钓鱼城保卫战历经200余次战斗，成为中外战争史上罕见的以弱胜强战例，被欧洲人誉为"上帝折鞭处"，其影响在世界史上占有重要一页。

(2) 钓鱼城文化

军事文化,展示13世纪中叶中国在筑城防御史上的飞跃发展。建筑文化,具有集中展现古代建筑文化精髓的多种典型建筑。碑刻文化,拥有名家吟咏,保留了抗日战争时期的摩崖题记。宗教文化,自唐代开始钓鱼城即为有名的道场,该地佛教文化相当繁荣,佛教氛围较浓厚(图3-52)。

图3-52 合川文化示意
(资料来源:2017年,《重庆市合川区草花街社区城市修补行动规划》项目文本)

(3) 合川文化

合川山水壮美,风光无限,再加之三江纵横,素为通衢,骚人墨客驻足,名士豪杰往返。在合州众多的"八景"中,最著名的有《合阳八景》《鱼山八景》和《鹤鸣八景》。

(4) 合川概况及历史沿革

合川位于重庆主城区西北部,因涪江、渠江、嘉陵江在此三江交汇而得名"合川",是重庆主城周边的重要中等城市之一。其城市整体水资源丰富,滨江岸线形态多变,景色优美。合川古城则从巴蜀时期历经三次筑城,北宋修建钓鱼城,明代重修合州古城,该区域成为现代合川城的发源地。

(5) 草花街概况及历史文化资源

草花街社区位于嘉陵江畔合州古城边,钓鱼城街道内,总面积15公顷。草花街社区内文化资源众多,含合州古城墙段、卢作孚民生公司旧址等,文化底蕴深厚。社区内现存长150米的明代古城墙及民国戴家巷等历史遗迹(图3-53、图3-54)。社区是山地城市典型的老旧居住社区,占地3.3公顷,居住人口约1000人,320户,人口老龄化严重。

图3-53 草花街社区宏观区位示意图

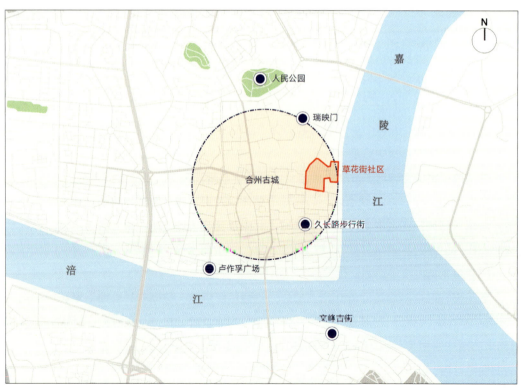

图3-54 草花街社区微观区位示意图

草花街社区内包含：①接龙老街文化线，接龙老街全长300米，宽约4米，南接瑞映巷，东临朱家街，散发老民居特有的魅力。②历史城墙文化线，古城墙建于明天顺年间，后经清、民国多次修缮。城墙全长约200米，至今保存完好，1990年被列为合川区重点文物保护单位。③滨江景观文化线，合川滨江公园全长近550米，是集观光、绿化、休闲为一体的综合公园，为居民休闲娱乐提供了宝贵的场所（图3-55）。

3.2.6.5 规划原则

本次规划运用"资产为基"的社区发展理念，从社区问题视角转向社区资产视角，系统梳理社区物质资产、人力资产和社会资产，通过挖潜与激活存量资产，打通社区发展与城市更新的关联。同时构建政府—居民—社会协作平台，探索全过程多元主体参与的治理创新机制（图3-56）。

图3-55 草花街社区文化线路
（资料来源：2017年，《重庆市合川区草花街社区城市修补行动规划》项目文本）

资产视角使我们看到了衰败老社区的发展潜力，包括特色街巷空间、明代古城墙、开敞公共空间等社区物质资产（图3-57）；社区领袖、和睦友善的老邻居等社区人力资产；以及提供社区服务与发展的机构、组织等社区社会资产（图3-58）。

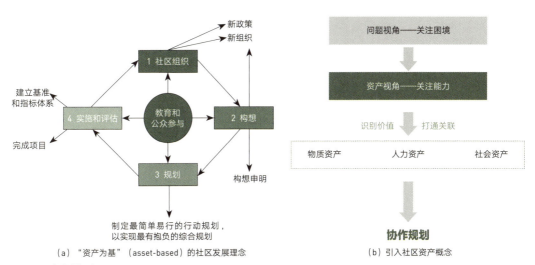

(a) "资产为基"（asset-based）的社区发展理念　　(b) 引入社区资产概念

图3-56 更新规划理念
（资料来源：2017年，《重庆市合川区草花街社区城市修补行动规划》项目文本）

（a）古城墙　　　　　　　　　（b）开敞公共空间　　　　　　　（c）街巷

图3-57 社区物质资产示意

（a）张阿姨文艺社教小朋友跳舞　　　（b）和谐的邻里关系　　　　（c）居民热心参与社区活动

图3-58 社会资产示意

通过梳理社区资产清单发现：草花街丰富但被忽视的存量资产，恰恰是社区更新、城市修补的重要基础。

社区内有行政单位与学校，教育资源较为丰富。社区与大学、图书馆建立合作关系，为社区居民提供相关服务。居委会牵头成立"满天星"志愿者组织，设立各类小分队协助管理社区事务（图3-59、图3-60）。

规划运用GIS数据平台，通过社区资产识别和评估，绘制社区资产地图，建立一套包括资产类别、特征、状态和潜力的社区资产动态信息库（图3-61）。

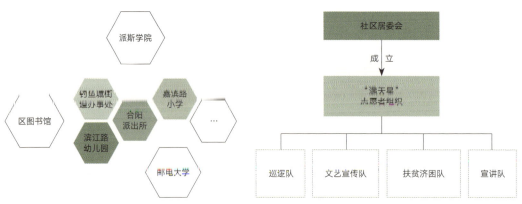

图3-59 内部社区单位＋外部社会联系　　　　图3-60 社区组织较丰富

（资料来源：图3-59、图3-60均引自：2017年，《重庆市合川区草花街社区城市修补行动规划》项目文本）

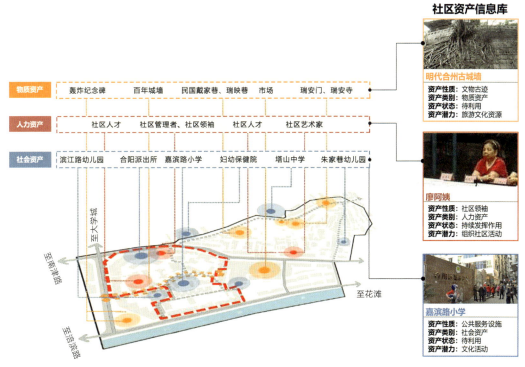

图3-61 社区资产地图
(资料来源：2017年，《重庆市合川区草花街社区城市修补行动规划》项目文本)

3.2.6.6 行动规划

本次协作规划历时半年，经历6个阶段完成了社区空间修补、社区文化修复和社区治理协作三部分工作（图3-62）。

（1）规划内容一

基于公共生活的"社区空间修补"。以居民日常生活活动为基础，结合城市空间文化结构思想，形成"一环五线多点"的社区公共空间网络，并对其中的线性空间与节点空间环境进行系统修补（图3-63）。

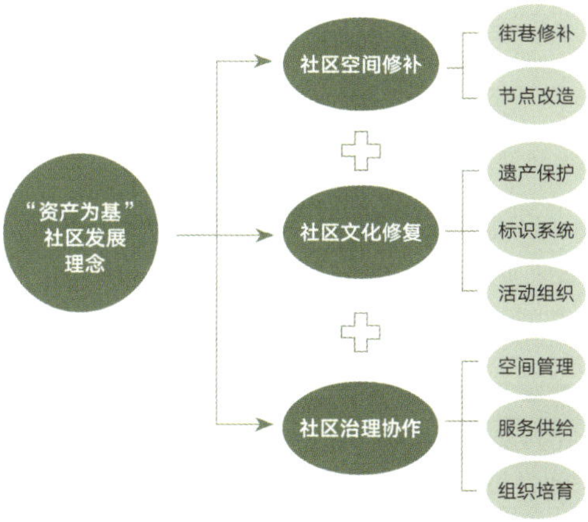

1）线性空间修补

铺装路面——规整青石铺地，修补坑洼路面，改善步行环境。

图3-62 工作内容
(资料来源：2017年，《重庆市合川区草花街社区城市修补行动规划》项目文本)

整治墙面——粉刷底层墙面，增加艺术画作，美化街巷立面。

增设设施——增设路灯标识，修补花台座凳，构建"社区之眼"。

完善绿化——清理废弃杂草，丰富植物种类，营造社区花园。

图3-63 社区公共空间网络
(资料来源：2017年，《重庆市合川区草花街社区城市修补行动规划》项目文本)

2）节点空间修补

草花街入口——设置古风牌匾，更换座椅绿植，再造巷口市井。

合州古城墙——拆除废弃建筑，展露城墙古树，再现历史风韵。

戴家巷入口——增设门头牌匾，辅以青砖装扮，强化入口标示（图3-64）。

（2）规划内容二

基于文化传承的"社区文化修复"。通过保护文化遗产、梳理文化线路与开展文化活动，实现社区文化复兴（图3-65）。

1）拆除废旧建筑，展露合州古城墙，打造城墙文化线路，延续社区文脉。挖掘文化资产，利用艺术人才，梳理社区文化线路，建立文化标识系统（图3-66）。

(a) 更新前　　　　　　　　　　　　　(b) 更新后

图3-64 节点空间修补示意
(资料来源：2017年，《重庆市合川区草花街社区城市修补行动规划》项目文本)

（a）保护文化遗产

（b）构建文化标识

（c）开展文化活动

图3-65 社区文化修复
（资料来源：2017年，《重庆市合川区草花街社区城市修补行动规划》项目文本）

2）完成了历史文化展示、党建文化展示、合川名人事迹展示、戴家巷市井文化展示、城墙文化展示。依托社区领袖，组织文化活动，增进邻里交往。

（3）规划内容三

基于多元参与的"社区治理协作"。依托多元主体，构建社区治理平台，形成由政府统筹、规划师引导、艺术方助力与社区居民共同参与的治理格局（图3-67），并形成空间管理、服务供给、组织培育三大板块的社区治理项目库（图3-68）。

①空间管理：通过空间划线与时间管控，应对社区停车问题。

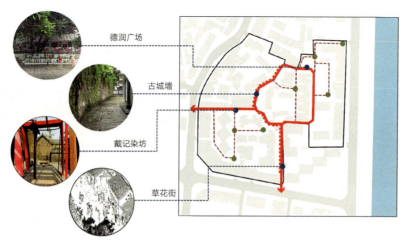

图3-66 社区文化线路梳理
(资料来源：2017年,《重庆市合川区草花街社区城市修补行动规划》项目文本)

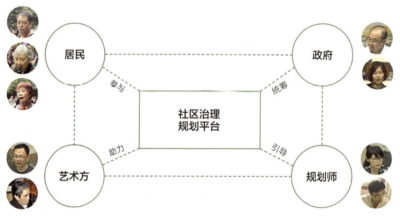

图3-67 多元参与社区治理
(资料来源：2017年,《重庆市合川区草花街社区城市修补行动规划》项目文本)

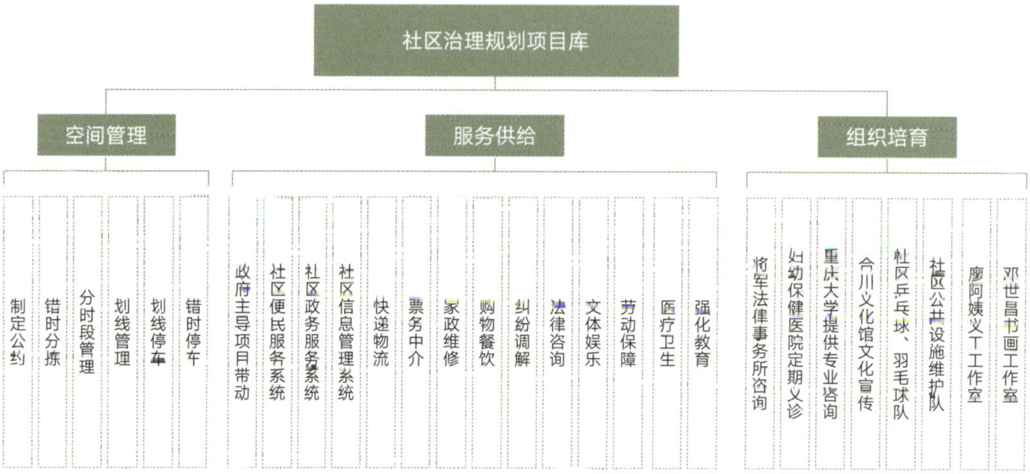

图3-68 社区治理项目库
(资料来源：2017年,《重庆市合川区草花街社区城市修补行动规划》项目文本)

②服务供给：基于居民需求，拟定社区服务清单，涵盖公共服务、信息化平台、便民服务和福利服务等方面内容（图3-69）。

③组织培育。确立"政府主导、项目带动、以社助社、协同治理"的总体思路，确定重点培育项目（图3-70）。

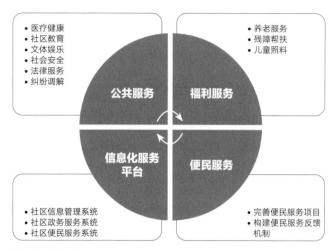

图3-69 服务供给
（资料来源：2017年，《重庆市合川区草花街社区城市修补行动规划》项目文本）

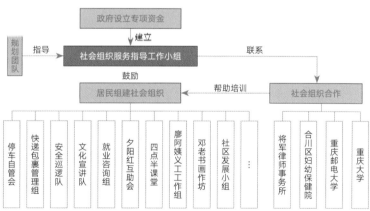

图3-70 社区组织培育框架
（资料来源：2017年，《重庆市合川区草花街社区城市修补行动规划》项目文本）

3.2.6.7 结论

（1）城市社区资产特色鲜明

通过社区资产调查与评估，认为文化和生活是合川钓鱼城街道片区发展的两大主题。区域内文化资源丰富，但相互联系较弱，整体价值未能体现出来，需要进一步挖掘、甄别、联系、展示和利用，并且与当下居民日常生活及城市旅游结合。片区内居民邻里关系融洽、社区感强，但服务设施配套及环境品质有待进一步提升。

（2）文化线路规划作为城市社区更新的思路和手段

根据区域特色和文化线路规划，以营造"最合川"片区为目标，以线串点，建立串联戴家巷、草花街、瑞映巷、朱家巷等重要文化点形成旅游路线，以线带点带面，推动整个区域文化品质升级和拓展。并通过此文化线路，联通城市重要文化空间，东接钓鱼城，南通文峰镇。瑞映巷、朱家巷一带城市老街巷，文化资源丰富、空间尺度宜人，可作为触媒点，引入特色项目，更新成为文化创意街区及城市街巷旅游线路，逐步推动社区和城市更新与产业转型。

（3）线路与空间营造成为行动规划的核心

"城墙文化线路+社区生活线路+重点节点空间"营造成为钓鱼城街道戴家巷草花街片区行动规划的核心内容。挖掘古城墙遗址文化资源，营建合川城墙文化旅游线路；依托城墙文化旅游线路，串联周边戴家巷、草花街等社区生活线路，共同形成具有合川地方特色的城市文化与市井生活体验街区。

（4）社区治理创新行动作为社区可持续发展的重要保障

依托良好的社区历史和邻里基础，进一步挖掘和培育社区人力资产，构建高品质社区服务体系，探索社区治理创新的地方途径。

3.2.7 区域统筹与差异发展：渝中区社区更新总体思路

本书通过对渝中区社区存量资产的挖掘与甄别、培育与利用，厘清社区需求与潜力，依据"扬长避短"更新思路，进行社区更新分类并拟定更新指引，同时改善社区规模在社区治理方面的矛盾。统筹思考渝中区社区更新与全区整体更新思路及片区更新定位，实现社区可持续发展与城市更新的关联。

3.2.7.1 背景

2014年，国家新型城镇化战略强调由过去片面注重追求城市规模扩大、空间扩张，改变为以提升城市的文化、公共服务等内涵为中心，真正使城镇成为具有较高品质的适宜人居之所。2015年，中央城市工作会议强调尊重城市发展规律。2016年，国家"十三五"规划纲要强调创新城市治理方式，改革城市管理和执法体制，推进城市精细化、全周期、合作性管理。新型城镇化阶段，尊重城市发展规律、尊重人本需求、尊重自然人文禀赋，共创共建共享高品质活力宜居且区，已成共识。

2016年联合国人居三大会《新城市议程》提出，"城市转型发展是可持续发展成功的关键"；党的十九大报告提出："打造共建共治共享的社会治理格局"；《中共中央 国务院关于加强和完善城乡社区治理的意见》提出："合理确定基层群众性自治组织的管辖范围和规模；《城乡社区服务体系建设规划（2016—2020年）》提出："扩大城乡社区服务有效供给"；渝中区"十三五"发展规划中提出要加强"城市精细化管理"；《渝中区多措并举推动改善服务民生工作》要求"创新社会治理"。处理好建成环境中"人—空间—服务"三者间的矛盾与关联，已是创新社会治理的核心命题。

社区作为城市社会的基本构成单元，通过拼贴形成城市肌理，是城市的活力之源；社区承载着老百姓的日常生活，是城市空间特色营造的重要场所，同时社区的治理升级是城市品质提升的一大基本保障。识别社区价值，以协作的方式进行社区更新，逐渐成为新时代城市更新的重要抓手。

3.2.7.2 渝中区概况

渝中区位于重庆主城核心，长江、嘉陵江在此交汇，承载重庆3000年母城记忆。自2005年起，渝中区成为全市唯一完全城镇化的行政区。全区陆地面积20.08平方公里，常住人口65万，日均流动人次30万。渝中区下辖11个街道办事处，共77个社区，其中74个涉及老旧社区更新（图3-71）。

渝中区当前面临产业升级、治理提升、文商旅融合发展和交通格局改变的新趋势，同时存在老旧社区弱势群体多、"人户分离"现象突出和社区分异现象明显等典型的中心区社区特征。各个社区所面临的实际管理服务需求和治理问题也存在明显差异。这些特征与社区规模问题交织在一起，使现状社区规模调整的影响因素更为复杂多元。通过对渝中区现

图3-71 渝中区社区范围示意图
（资料来源：2017年，《重庆市渝中区社区更新思路及项目策划》项目文本）

状社区资料的梳理、分析发现，现状社区规模存在人口、空间、服务、治理这四大方面问题：人口分布与服务强度差异悬殊；社区人口、空间规模均与规范不符；社区设施配置水平差异较大；社区治理水平差异较大。同时也反映出现实存量条件下规范适用性差，需要对现行规范进行精细化、地方化的适应性更新调整。

3.2.7.3 城市转型背景下社区发展面临的困境

（1）人口密度高、老龄化严重

渝中区街道和社区的人口分布（图3-72）存在地域分布不均的情况。且目前面临着较严重的老龄化问题，全区共有8个街道，老龄化率（60岁及以上人口占全部常住人口比重）在20%以上；因此，政府、社会、家庭背负着较大的养老"负担"，难以提供充足、优质的养老设施和养老服务，这导致渝中区城市综合竞争力提升较慢，人才吸引力下降，社会结构更新缓慢。

（2）空间破碎、联系不畅

一方面，大量小公共空间闲置在老旧社区的边角处，位置偏僻，开放度低，使用效率低；不少公共空间被遗弃或占据，环境破败凌乱，居民逐渐丧失公共交往、交流的空间；另一方面，大量公共空间分布不均，封闭、破碎，与街巷、公共设施联系性差，成为被遗忘的公共空间。

（3）设施陈旧、品质不齐

社区内停车设施少，无法满足居民的停车需求，停车难成为整个渝中区老旧社区普遍面临的问题；同时，大量设施老化严重，如管网破损、人行道残缺、健身设施陈旧，导致整体空间环境衰落；空间环境品质较低，缺乏人性化设计，缺少必要的景观绿化和小品设施。

（4）文化杂糅、零散隐匿

渝中区乃重庆"母城"，积淀了厚重的人文底蕴，随着历史变迁，作为重庆政治、经济、文化与社会发展的中心，渝中区在整体生活品质大幅提升的同时出现文化特色式微等大城市中心区发展困境，应充分识别和利用自身资源禀赋，对社区进行科学合理定位，寻求地方可持续发展的城市更新路径显得尤为重要。

（5）服务治理、供需不均

渝中区各社区治理水平参差不齐，街道和社区的网格平均服务量（图3-73、图3-74）存在地域分布不均的情况，人口分布和服务强度规模差距大，使得管理强度参差不齐，资源配比不合理。不同社区之间差异较大，而政府提供的服务内容与社区居民日益丰富的需求不匹配。

3.2.7.4 规划理念及方式

（1）规划理念：资产为基的社区发展理念

本研究以"资产为基"（asset-based）的社区发展与城市更新理念，根据渝中区社区规模问题诊断、资产禀赋和发展条件分析，针对渝中区旧城社区现状规模与管理矛盾，进行社区类型与社区规模划分，对现行规范进行适应性调整，构建社区规模分类调整原则与

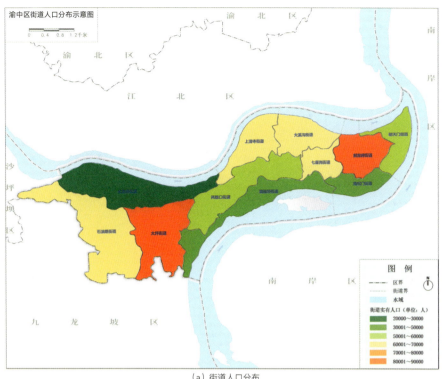

(a) 街道人口分布

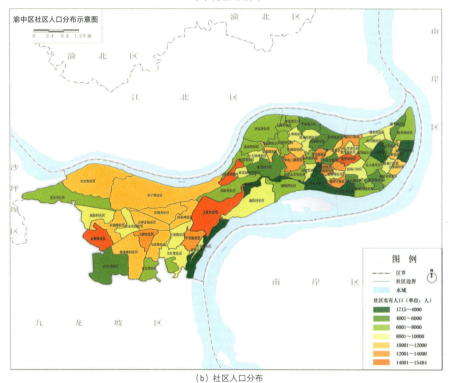

(b) 社区人口分布

图3-72 渝中区街道及社区人口分布示意图
(资料来源：2017年，《重庆市渝中区社区规模调整专题研究》项目文本)

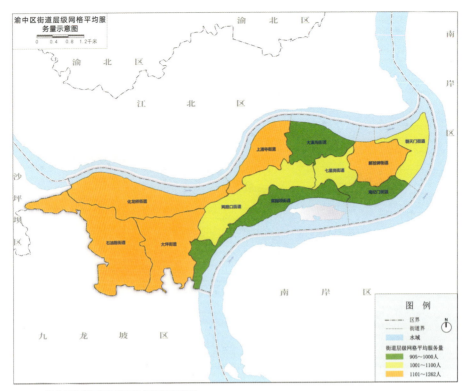

图3-73 渝中区街道层级网格平均服务量示意图
(资料来源：2017年,《重庆市渝中区社区规模调整专题研究》项目文本)

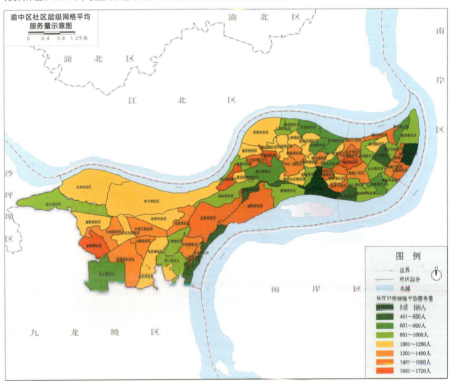

图3-74 渝中区社区层级网格平均服务量示意图
(资料来源：2017年,《重庆市渝中区社区规模调整专题研究》项目文本)

标准，同时提出相应的社区规模调整建议。

（2）规划方式：精准化写作更新平台

规划历时三年，先后经渝中区发改委、民政局、街道办三方委托，运用"资产为基"的社区发展理念，建立精准化协作更新平台（图3-75）。

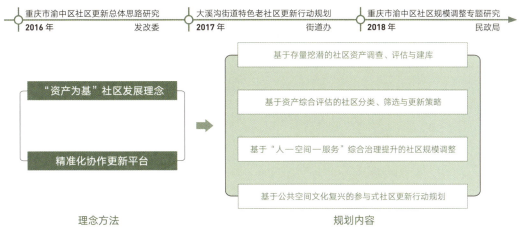

图3-75 理念方法与规划内容
（资料来源：2017年，《重庆市渝中区社区更新思路及项目策划》项目文本）

3.2.7.5 规划内容

（1）基于存量挖潜的社区资产调查、评估与建库

通过走访77个社区，结合重庆市已有地理信息数据，从物质资产、社会资产和人力资产三方面，分类分级全面梳理社区资产状态、特征与问题，建立社区资产GIS数据库。运用Mapping方法，绘制社区资产地图（图3-76）、需求地图和问题地图。

构建社区资产评估体系（图3-77），包含社区空间、文化、设施、产业、交通、治理6个维度、28个影响因子，分析社区潜力，绘制社区潜力地图。

（2）基于资产综合评估的社区分类、筛选与更新策略

根据渝中区文化、商业、旅游发展定位，通过社区内部资产静态评估与外部关联动态评估，历经四轮筛选，确立"抓特色与补底线并重"的社区更新总体策略，分别定制更新计划和项目清单（图3-78）。

1）"抓特色"：重点营造10个特色老社区，强调历史传承，强化特色差异。关联渝中区10个历史老街区、10个传统风貌区，共同构建渝中全域旅游网络（图3-79）。

2）"补底线"：重点针对11个亟须基础更新社区，制定基础更新标准与项目清单，强调基本公共服务与基础设施升级，整体提升社区生活品质。

（3）基于"人—空间—服务"综合治理提升的社区规模调整

针对社区人口分布、空间规模、服务供给三方面不均衡、不匹配的突出矛盾，以及对突发性公共事件的应急需求。构建定量与定性相结合的社区规模评估指标体系。关注弱势群体、流动人口等特定人群与社区商业、流动摊贩等专属事务带来的服务需求差异，创立

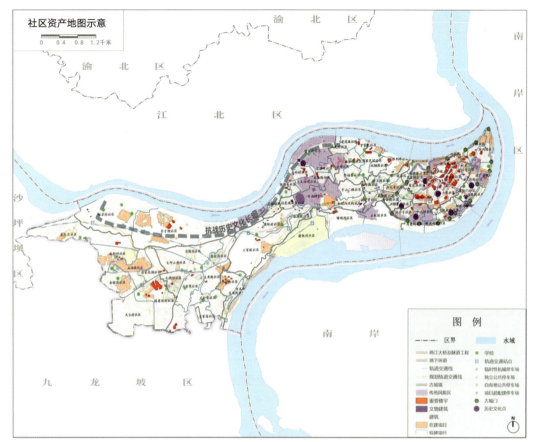

图3-76 社区资产地图示意
(资料来源：2017年，《重庆市渝中区社区更新思路及项目策划》项目文本)

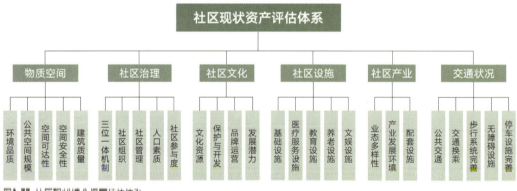

图3-77 社区现状综合资产评估体系
(资料来源：2017年，《重庆市渝中区社区更新思路及项目策划》项目文本)

"社区实际管理服务需求量"与"社区服务圈"概念（图3-80、图3-81）。

同时综合考量社区区位、山地复杂地形及文化生活方式等要素，结合社区生活圈理念，构建适合渝中的"人—空间—服务"社区综合治理提升框架。进而提出相适应的社区规模划分标准。提出社区规模调整原则及社区规模与人员配置调整建议（图3-82、图3-83），同时制定应急防控治理单元策略。

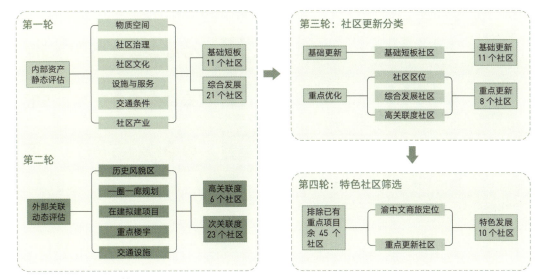

图3-78 更新计划与项目清单
(资料来源:2017年,《重庆市渝中区社区更新思路及项目策划》项目文本)

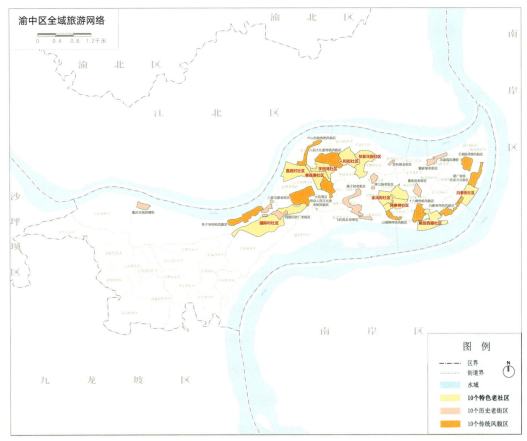

图3-79 渝中区全域旅游网络
(资料来源:2017年,《重庆市渝中区社区更新思路及项目策划》项目文本)

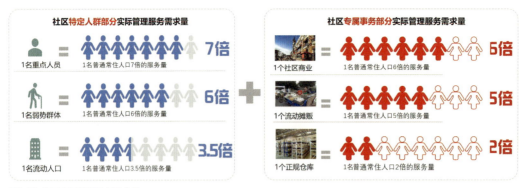

图3-80 社区实际管理服务需求量
（资料来源：2017年，《重庆市渝中区社区规模调整专题研究》项目文本）

（4）基于公共空间文化复兴的参与式社区更新行动规划

2017年，渝中区10个特色老社区更新行动陆续展开。以大溪沟街道张家花园、人和街社区为例，依托社区社会组织，引导居民参与更新行动，实现社区公共空间营造和社区文化修复，以及从社区空间网络修补到社区精神网络重塑。

依据城市空间文化结构思想，梳理社区文化资产，激活山地城市社区特有的生活空间原型，包括错落有致的山城步道等线性空间，历史建筑、小型活动场地等节点空间，边角、斜坡等闲置空间，通过社区空间文化规划和文化标识系统设计，营建具有识别性与可达性的社区生活线路和社区文化线路，串联社区公共生活（图3-84）。

运用场景规划与设计理念，保护既有的美好生活场景，精细化设计和营造富有山地地域特色的宜居社区（图3-85）。

3.2.7.6 总结与思考

坚持"资产为基"的社区发展理念，动态评估社区资产，识别社区未来价值，将社区更新纳入城市更新总体框架。坚持"底线与特色并重"，构建"人–空间–服务"三位一体的社区综合治理评价体系，探索社区更新的渝中途径。

运用GIS数据平台、Mapping分析，梳理山地城市社区公共生活空间原型，进一步优化完善山地城市社区更新规划方法，包括社区资产动态评估方法、社区服务需求与供给评价方法、社区公共空间场景营造方法、社区文化线路规划方法以及社区治理规划方法。

精准化搭建政府、高校、社区、企业、社会等跨部门、跨行业、跨学科、长时期的更新协作平台，将研究、教育、实践扎根社区，形成渝中社区更新的长效机制。

3.2.8 生态优先与精细治理：江津区几江半岛城市与社区更新

本项目通过全面评估几江半岛存量资产，从生态优先视角，系统梳理几江半岛空间结构，统筹兼顾城市与社区更新策略，创新规划管控与空间治理协同。

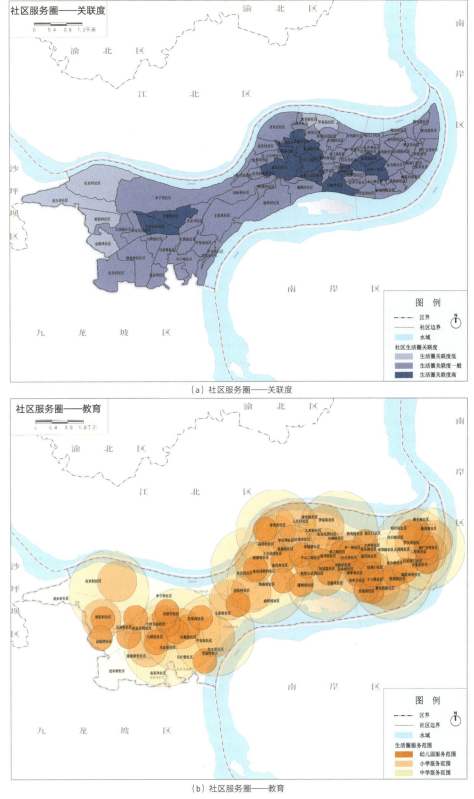

图3-81 社区服务圈
(资料来源:2017年,《重庆市渝中区社区规模调整专题研究》项目文本)

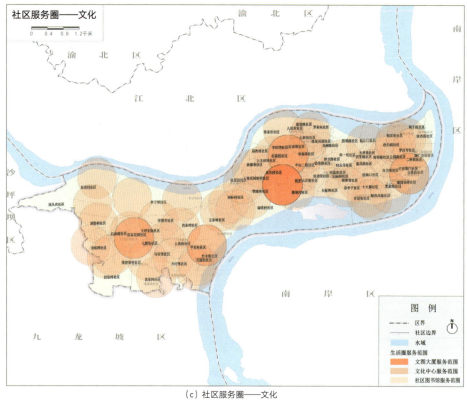

(c) 社区服务圈——文化

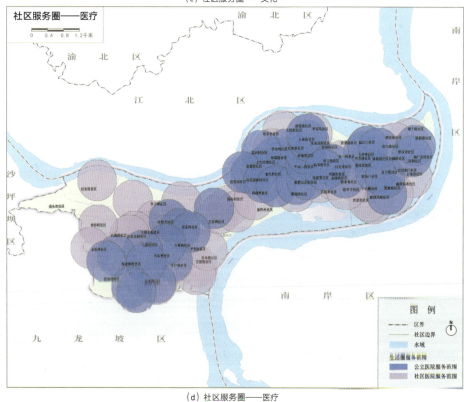

(d) 社区服务圈——医疗

图3-81 社区服务圈（续）
(资料来源：2017年,《重庆市渝中区社区规模调整专题研究》项目文本)

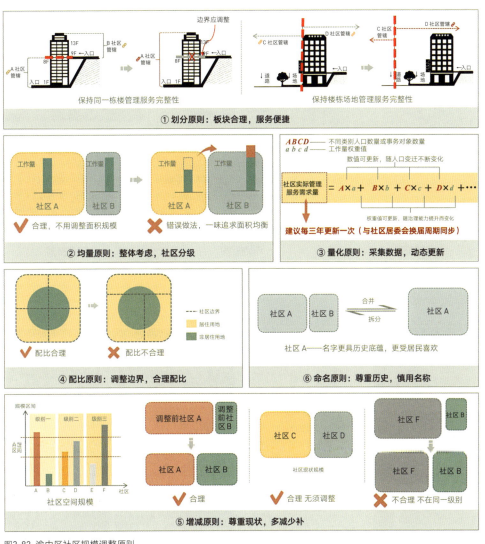

图3-82 渝中区社区规模调整原则
(资料来源：2017年，《重庆市渝中区社区规模调整专题研究》项目文本)

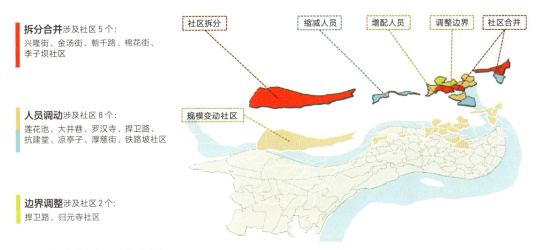

图3-83 社区规模与人员配置调整建议
(资料来源：2017年，《重庆市渝中区社区规模调整专题研究》项目文本)

图3-84 梳理山地城市社区生活空间原型
（资料来源：2017年，《重庆市渝中区大溪沟街道社区环境整治规划》项目文本）

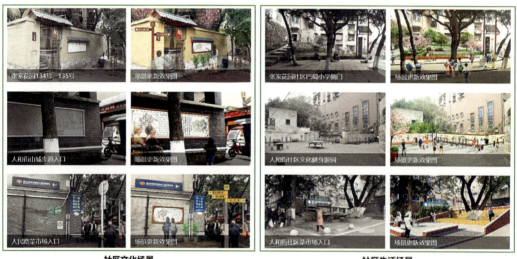

图3-85 社区文化场景与生活场景
（资料来源：2017年，《重庆市渝中区大溪沟街道社区环境整治规划》项目文本）

3.2.8.1 江津区几江半岛概况

江津区几江半岛位于长江流域，由于长江在此处蜿蜒呈"几"字形而得名。几江半岛三面临长江，南面紧邻艾坪山，在地理上形成相对独立的空间单元。几江半岛属于江津区中心城区，总面积约15平方公里，常住人口31万人。城市发展重在综合服务职能和城市形象的提升，提升城市品质，致力于成为江津区的"母城生活中心"。同时，伴随着原有工厂逐步迁至德感工业园区，使得生活诉求成为几江半岛未来发展的核心。另一方面，江津区成为重庆市主城都市区，以及几江半岛内两条轻轨线的建设，则进一步强化几江半岛在区域中的作用与地位，使得几江半岛的城市发展与更为宏观的区域发展紧密联系（图3-86）。

图3-86 几江半岛区位示意图
(资料来源：2019年,《重庆市江津区几江半岛城市与社区更新规划》项目文本)

　　几江半岛包括两个街道办事处共16个社区。其中几江街道所辖面积约4平方千米，辖区内常住人口21万人，下辖11个社区（分别为：大西门社区、城南社区、桥南社区、小西门社区、际华三五三九社区、得胜社区、通泰门社区、大什字社区、小什字社区、南门社区、四牌坊社区）（图3-87）。其中大什字、小什字、通泰门、得胜、四牌坊等属于典型的老城社区；际华三五三九社区属于典型的工厂单位转型后的社区；而通泰门、得胜、四牌坊等社区，历史可追溯到明清时期，其社区名也是根据原有城门名而命。鼎山街道所辖面积约9平方千米，常住人口约10万人，下辖5个社区（分别为：东门社区、长风社区、琅山社区、滨江社区、艾坪山社区），其中琅山社区与滨江社区为2010年以后新建的新城社区，长风社区也是典型的单位制转型后的社区；艾坪社区面积约为4平方千米，但由于其大部分辖区土地均为艾坪山体，并没有太多建设用地与人口，因此本次研究中不将其纳为研究对象。整体来看，几江半岛兼具老城社

图3-87 几江半岛社区示意图
(资料来源：2019年,《重庆市江津区几江半岛城市与社区更新规划》项目文本)

区与新城社区，社区治理与社区内空间差异较大，社区样本丰富。因此，基于几江半岛的特定尺度与环境，及其内部社区样本类型多样且丰富，能够比较好的验证并应用城市与社区更新规划。

3.2.8.2 现状调研评估

几江半岛的现状调查包括生态格局、土地利用、公共空间、道路交通、公共服务设施、建筑、人口、文化资源、社会组织等方面。

3.2.8.3 资产调查评估

本项目从文化资产、物质资产、人力资产、社会资产等方面对几江半岛展开调查评估，并通过GIS形成现状资产地图（图3-88）。

图3-88 几江半岛资产地图
（资料来源：2019年，《重庆市江津区几江半岛城市与社区更新规划》项目文本）

通过地图化汇总的方式，也能发现当前几江半岛各类资产特征。一方面，从几江半岛资产的总体分布来看，城市闲置资产、文化资产多集中于老城片区；大型公园、绿地广场等资产则多分布于新城片区，这些重要资产间联系较弱。另一方面，可以发现城市与社区资产呈碎片化分布状态，大量点状资产孤立存在，并隐匿于社区中。

3.2.8.4 居民满意度调查

本次研究中，居民满意度问卷一共发放并收回474份，其中有17份为无效问卷。问卷内容按照模糊评价与分级评价，对几江半岛15个社区从养老、儿童、文化、无障碍等设施以及社区治理情况进行打分，将得分3分以下记为对该项内容不满意。按照社区分类统计居民对各项内容的不满意程度，形成满意度评价结果（图3-89）。从居民问卷结果总体情况来看，当前几江半岛在养老服务设施、儿童活动设施、文化服务设施、医疗服务设施等方面满意度较低。从社区分类统计情况来看，小西门社区、东门社区、城南社区等社区居民满意度较低。总体而言，小西门社区、东门社区居民满意度较低，而通泰门社区、四牌坊社区居民满意度较高。

社区名称	小西门社区	东门社区	城南社区	际华3539社区	小什字社区	大什字社区	南门社区	长风社区	得胜社区	滨江社区	琅山社区	桥南社区	大西门社区	通泰门社区	四牌坊社区
养老服务设施	60.00%	14.29%	36.36%	22.22%	22.22%	40.00%	37.50%	0.00%	20.00%	18.18%	9.52%	0.00%	27.27%	16.67%	0.00%
儿童活动设施	40.00%	42.86%	27.27%	33.33%	22.22%	0.00%	37.50%	33.33%	20.00%	0.00%	19.05%	16.67%	9.09%	0.00%	0.00%
无障碍设施	60.00%	28.57%	36.36%	0.00%	22.22%	10.00%	0.00%	33.33%	10.00%	18.18%	19.05%	16.67%	9.09%	16.67%	0.00%
文化服务设施	20.00%	28.57%	45.45%	22.22%	33.33%	10.00%	12.50%	0.00%	10.00%	9.09%	9.52%	0.00%	0.00%	16.67%	0.00%
医疗服务设施	60.00%	28.57%	9.09%	11.11%	0.00%	0.00%	12.50%	33.33%	10.00%	9.09%	9.52%	0.00%	0.00%	0.00%	0.00%
公共厕所	20.00%	14.29%	18.18%	22.22%	22.22%	10.00%	12.50%	33.33%	10.00%	18.18%	9.52%	0.00%	13.64%	0.00%	0.00%
绿地广场	0.00%	42.86%	45.45%	11.11%	0.00%	50.00%	0.00%	0.00%	30.00%	0.00%	4.76%	0.00%	0.00%	0.00%	4.76%
幼儿园	0.00%	0.00%	33.33%	22.22%	22.22%	0.00%	25.00%	33.33%	20.00%	0.00%	4.76%	16.67%	9.09%	0.00%	4.76%
购物娱乐场所	20.00%	0.00%	0.00%	22.22%	0.00%	20.00%	0.00%	0.00%	0.00%	18.18%	9.52%	16.67%	4.55%	0.00%	0.00%
社区行政管理	0.00%	28.57%	27.27%	0.00%	22.22%	0.00%	0.00%	0.00%	0.00%	18.18%	9.52%	16.67%	4.55%	0.00%	0.00%
农贸市场	0.00%	14.29%	9.09%	22.22%	11.11%	20.00%	12.50%	0.00%	0.00%	9.09%	9.52%	0.00%	0.00%	0.00%	0.00%
中小学	0.00%	14.29%	0.00%	0.00%	0.00%	0.00%	0.00%	0.00%	0.00%	0.00%	4.76%	0.00%	4.55%	0.00%	0.00%
环卫设施	20.00%	14.29%	0.00%	11.11%	0.00%	0.00%	0.00%	0.00%	0.00%	0.00%	0.00%	0.00%	0.00%	0.00%	0.00%
供气	0.00%	14.29%	9.09%	11.11%	0.00%	0.00%	0.00%	0.00%	0.00%	9.09%	0.00%	0.00%	0.00%	0.00%	0.00%
供水	20.00%	14.29%	0.00%	11.11%	0.00%	0.00%	12.50%	0.00%	0.00%	0.00%	0.00%	0.00%	0.00%	0.00%	0.00%
供电	0.00%	14.29%	0.00%	0.00%	0.00%	0.00%	0.00%	0.00%	0.00%	0.00%	0.00%	0.00%	0.00%	0.00%	0.00%
不满意度占比	22.50%	19.64%	17.05%	15.28%	13.89%	11.25%	10.94%	10.42%	8.13%	7.95%	7.14%	6.25%	5.68%	3.13%	0.60%

图3-89 几江半岛居民满意度结果
（资料来源：2019年，《重庆市江津区几江半岛城市与社区更新规划》项目文本）

3.2.8.5 问题分析：几江半岛城市与社区更新面临的核心问题

几江半岛城市与社区更新面临的核心问题，在于"人—空间—服务"之间的矛盾（图3-90）。其中，人与空间的矛盾，是传统更新规划所关注的重点。但在关注空间的同时，也要考虑空间治理手段对空间的重要影响。而空间与服务的矛盾，人与服务的矛盾，则是传统更新规划中较为薄弱的地方，因此需要更多借鉴空间治理的相关方法。

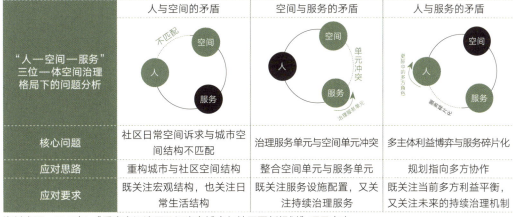

几江半岛城市与社区更新核心问题总结　　表3-7

"人—空间—服务"三位一体空间治理格局下的问题分析	人与空间的矛盾	空间与服务的矛盾	人与服务的矛盾
核心问题	社区日常空间诉求与城市空间结构不匹配	治理服务单元与空间单元冲突	多主体利益博弈与服务碎片化
应对思路	重构城市与社区空间结构	整合空间单元与服务单元	规划指向多方协作
应对要求	既关注宏观结构，也关注日常生活结构	既关注服务设施配置，又关注持续治理服务	既关注当前多方利益平衡，又关注未来的持续治理机制

资料来源：2019年，《重庆市江津区几江半岛城市与社区更新规划》项目文本。

3.2.8.6 规划内容

(1) 基于"结构-触媒"的城市与社区更新方案

1) 几江半岛城市与社区空间结构调整

几江半岛空间结构设计，主要基于资产调研与评估的结论，以结构性、系统性的策略，按照城市设计的方法重新梳理半岛的空间结构。通过对几江半岛生态格局、公共空间体系、交通系统与公共服务设施等生活服务体系，以及历史文化脉络的梳理与叠合，形成几江半岛空间结构的理想化图示（图3-90左）。理想化结构以艾坪山为绿心，以滨水步道为纽带，构建7条山水联系的生态廊。

基于现实条件，抽象空间结构，转化为具有可操作性的空间结构（图3-90右）。首先，以社区文化线路完善城市空间结构。通过挖掘社区内历史文化典故与文化遗址点，并串联既有社区公共空间，作为社区文化线路，使得社区文化线路作为城市宏观空间结构的补充。然后，由于老城片区权属复杂，选择大什字社区、小什字社区等产权复杂但治理水平较高的社区中的政府所属与工业功能的建筑作为空间结构中的小节点，将三五三九社区、长风社区等产权复杂度低且居民参与度较高的社区作为空间结构中的大节点。最后，通过这种梳理，权属相对单一且社区治理水平相对较高的空间，将抽象的空间结构转化为可落实的空间结构。

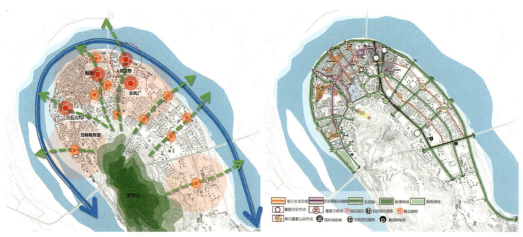

图3-90 从抽象化空间结构到具象化空间结构
（资料来源：2019年，《重庆市江津区几江半岛城市与社区更新规划》项目文本）

2) 几江半岛城市与社区更新触媒选择

几江半岛城市与社区更新触媒选择主要依据以下5点。

第一，公共空间导向，以公共空间更新为重点，强调更新规划中的公众利益。

第二，需求导向，以居民满意度调查为依据，保障更新项目能切实照顾居民需求，提升居民幸福感与获得感。

第三，资产导向，基于资产调研得到的城市现状资产情况，保障更新项目能在空间上落实。

第四,目标导向,基于结构更新所梳理的城市系统性更新策略,选择能在微观层面落实城市结构更新策略的项目,使得更新项目对城市未来发展有所帮助。

第五,空间治理导向,参照空间治理水平与空间治理复杂度评价,选择空间治理水平较高且沟通协商难度较低的社区作为优先更新的触媒。

在更新触媒确定过程中,除了选择魁星阁等城市层级的更新触媒以外,还挖掘许多功能、权属相对容易调整或现状已经闲置荒废的空间,作为社区更新触媒,打造一些服务于社区的日常生活型的公共空间。这些社区级的更新触媒,将不仅仅能够给社区居民提供活动空间,更重要的是,通过社区自身激活并管理这类社区触媒的过程,形成更新治理行动,既提升社区治理能力又能促进居民的凝聚力与归属感。而对于滨江社区、琅山社区、南门社区等物质空间条件较好的新城社区,则通过社区组织马拉松、音乐节等活动,形成治理型触媒。

3)几江半岛城市与社区更新时序

基于空间治理视角,制定几江半岛城市与社区更新时序。优先考虑用地性质和更易进行用地转化的触媒点,以及权属清晰、纠纷较少的地块进行更新改造。并参照空间治理评价结果,选择几江半岛中社区治理水平较高的社区,优先激活其中的社区触媒。因此,几江半岛更新将分3个阶段进行:

第一阶段,优先完成滨水生态休闲带、老公安局片区、魁星广场、际华三五三九厂等大型更新触媒项目,以及杨嗣桥老建委、百货巷、金钗井等棚户区改造项目。同时对于大什字、小什字、城南等治理水平高但产权复杂的社区,优先进行老旧小区改造,并激活其中社区触媒,以点带面优化人居环境。

第二阶段,对重要的山水通廊及相府路等线状公共空间进行更新改造,逐步完善城市与社区结构。并对长风、际华三五三九、桥南等治理水平高但产权相对单一的社区,进行整体性更新设计,使之成为未来城市发展的动力源。

第三阶段,通过结构-触媒更新,形成城市与社区互联互通的完整的空间结构。培育社区自治能力,形成社区更新治理的长效机制。使得未来资源投入逐步减少后,更新规划效果还能可持续(图3-91)。

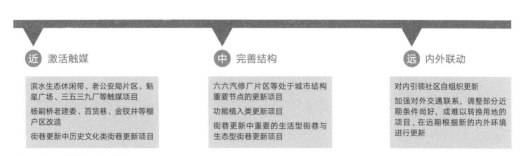

图3-91 几江半岛更新时序思路
(资料来源:2019年,《重庆市江津区几江半岛城市与社区更新规划》项目文本)

值得注意的是，更新改造时序主要是政府在资源有限时，作为确定资源倾斜对象的参考依据，并非必须前一个改造完成才能进行后一个改造的关系。特殊条件与特殊机遇下，应当根据实际情况调节更新时序。

（2）基于"区划治理"的城市与社区更新治理单元

1）更新单元边界判定

基于"区划治理"的思维，在几江半岛更新规划中，提出以更新治理单元的模式推动更新规划的落实。几江半岛更新治理单元，通过将更新单元与既有治理主体相绑定，将城市与社区更新纳入空间治理过程中，使得城市更新意图能够缓步推进。同时，通过分层级的更新治理单元划分，使得城市层级的更新项目更具备整体性，而社区层面的更新项目则保证居民的参与、自治。

在本次更新规划中，由于几江半岛的山水自然条件划分，使得半岛自身便形成了独立的城市单元。而当前既有的社区单元，则是空间治理的基本单元。在这二者之间，则通过更新治理单元的构建进行上下衔接。本次更新提出更新治理单元的主要原因，在于解决城市与社区协同发展的问题，并在治理视角下统筹治理单元与规划单元。

主要思路为：以几江半岛社区区划为边界，以15分钟生活圈范围为规模，形成几江半岛更新治理单元，并且通过更新治理单元与街道办事处对接，使得更新意图可以通过治理手段予以实施。

2）单元划分结果

最终将几江半岛划分为5个更新治理单元。基于资产调查评估结果，按照更新治理单元的资产特征，分别确定其更新规划定位：宜居生活（包括大西门社区与桥南社区）、产业转型（包括三五三九社区、小西门社区、城南社区）、文化生活（包括大什字社区、小什字社区、四牌坊社区、通泰门社区、得胜社区）、轻轨门户（包括东门社区、南门社区、琅山社区）、东部新城（包括滨江社区重新调整后的两个社区）。通过制定各个更新治理单元的更新导则，将城市"结构–触媒"以及各个专项内容（如城市交通、各项公共服务设施等），在治理单元中进行综合（图3-92）。并且由于更新治理单元与街道、社区治理主体绑定，使得城市与社区的更新内容得以纳入空间治理过程。

3）几江半岛更新治理单元发展指引

以文化生活单元为例，具体展开几江半岛更新治理单元的发展指引。

文化生活单元包括大什字社区、小什字社区、四牌坊社区、通泰门社区和得胜社区。本单元定位为彰显文化底蕴的几江古城生活区。

该单元注重保护和延续几江古城的格局；以公园、广场等形式恢复古城仅剩的城址轮廓，保护老城路网格局及各个历史文化点。通过整合闲置空间等手段提升老城环境品质。

以相府路串联老城区江津中学旧址、江公享堂、佛学社、奎星阁、金钗井、城墙遗址等历史文化点，形成几江老城历史文化轴线。通过对历史文化点周围公共空间边界及建筑风貌的控制，积极引导历史文化线路沿街立面的协调性。

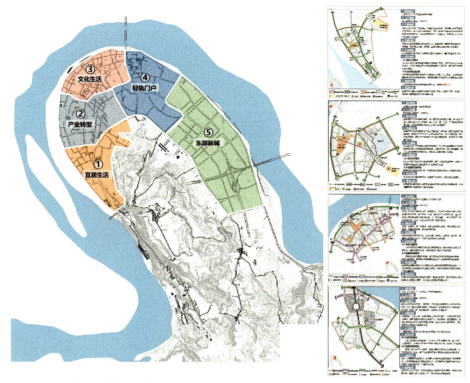

图3-92 几江半岛更新治理单元及其更新导则
（资料来源：2019年，《重庆市江津区几江半岛城市与社区更新规划》项目文本）

在功能上，以老城"天香街"与"大同路"两侧为主要商业用地，规划商业休闲轴线，布置餐饮服务、娱乐休闲等功能。在交通方面，通过挖掘周边停车资源及停车划线管理等方式，解决老城机动车占道停车问；疏通老城断头路，提升老城车行与步行的通畅度。在社区级设施系统方面，以小什字社区街角绿地为核心，形成集社区绿地、文化活动、养老服务为一体的社区综合服务中心。

最后，在该单元内古城墙片区，按照本次更新规划思路，对既有控规提出调规建议，形成刚性约束条件（图3-93）。

（3）基于"清单制"的城市与社区更新治理协作方式

在几江半岛中，由于更新相关利益主体多元化，且更新的综合性要求政府跨部门合作，带来了利益博弈与服务碎片化的问题。为应对此问题，本书引入"清单制"的方法，将之作为更新规划落实的重要手段。

1）几江半岛更新治理协作机制

城市更新规划涉及多方参与，协调难度大、范围广，为避免各自为政和职能重叠，应搭建有利于沟通和协调的工作平台，加强各部门间的沟通与协作，建立信息报送制度，提高更新工作的效率。同时，在城市更新中，应合理协调城市各阶层群体的利益，让各参与主体都能享受到城市更新带来的红利。

几江半岛城市社区更新规划中，主要通过更新治理平台与更新治理协作体系的搭建，保障更新规划的多方协商与公众参与。其中更新治理体系参照"区划治理"相关内容与"清单制"方法，以不同层级的更新治理单元对应不同的治理责任主体和更新内容，形成明确的更新治理权责清单（图3-94）。

图3-93 几江半岛文化生活更新治理单元导则示意
（资料来源：2019年，《重庆市江津区几江半岛城市与社区更新规划》项目文本）

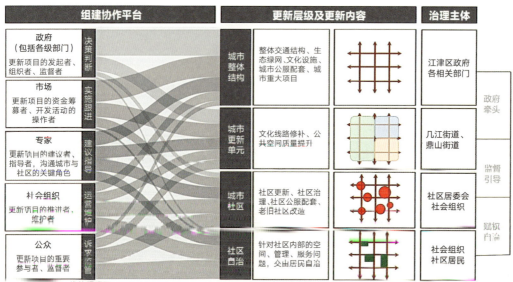

图3-94 几江半岛更新治理协作机制
（资料来源：2019年，《重庆市江津区几江半岛城市与社区更新规划》项目文本）

2）几江半岛城市更新项目清单

城市更新项目清单是通过清单制的形式保障更新规划的落地实施，因此，首先需要对更新规划的管控有一定的认知。一个涵盖所有内容，对所有要素作出约束的规划，也往往失去了规划的弹性，难以适应城市的动态发展过程，使其大部分内容变得无用。在几江半岛更新中，由于这是一个前置的更新规划，更强调其战略性与指引性，因此在规划管控手段上，对于更新触媒的管控更多采用底线思维进行，即对基本公共服务供给、城市空间塑造、城市建设强度、城市空间风貌等方面进行约束。

空间治理的特点是由政府、市场资本主导转向社会资本主导，因此治理视角下的规划，也不应仅仅是给政府、开发商作出贯彻其意图的规划方案，而是要合理考虑既有资产价值，提出对城市发展的建议。同时，要预留更新规划可协商、可自治的部分。值得注意的是，这些更新项目必须在考虑城市整体性的基础上进行。因此，在城市与社区规划层面，应当做好两件事：第一是针对整体城市发展以及社区发展的弹性指引；第二是保障城市基本服务供给的刚性约束。

因此，通过城市与社区更新项目库，将弹性指引与刚性约束内容整合，并协调各个部门与各项其他规划，以清单制的形式进行规划管控。在几江半岛的更新项目清单中，按照更新模式的不同，划分为4类：①针对工业遗产、棚户区改造等涉及建筑拆建，或针对三五三九社区、长风社区这类权属相对单一但公众参与度较高的社区，采用整体更新模式。②对于魁星阁、重百步行街等既有城市公共空间，采取环境整治与空间治理的改善更新方法。③对于许多空旷、荒废或在使用上受限制的用地，或社区内部的微小空间等，采取功能植入的更新模式，并且交由社区进行后期的维护运营管理。④对于历史文化点，则以保护修缮作为更新方式（图3-95）。

在清单内容上，除了对于更新项目更新内容的引导与指标控制以外，还将提出更新规划与其他相关规划的衔接，以及相关治理主体与政府部门的衔接。更新项目库清单不仅仅是简单的管控空间建设的工具，也是需要由多主体协商配合的空间治理工具（表3-8）。

几江半岛城市与社区更新项目清单示意　　　　　　　　　　　　　　　　　　　　　　　　　　　　表3-8

编号	名称	更新内容要求	指标	调规	相关规划	相关更新主体	时序
A	三五三九厂	（1）打通东西向山水通廊。 （2）保留现状厂区肌理及有一定历史文化价值的工业建筑。 （3）保证建筑量的30%作为文化类功能。 （4）新增社区公共服务用房	容积率≤1.3 绿地率≥45% 建筑密度≤45% 建筑限高：27米	涉及用地性质调整、建设指标调整、控规道路调整	棚户区规划	江津区及重庆市规划和自然资源局、几江街道办事处、际华三五三九社区、江津区及重庆市住房和城乡建设委员会、江津区民政局、江津区文化旅游委员会	近

续表

编号	名称	更新内容要求	指标	调规	相关规划	相关更新主体	时序
B	六六汽修厂片区	（1）新增不低于150个车位的公共停车场。（2）新增绿地，绿地大小按照控规要求	容积率≤3 绿地率≥30 建筑限高：27米	不涉及调规	—	江津区及重庆市规划和自然资源局、几江街道办事处、城南社区、江津区及重庆市住房和城乡建设委员会	中
C	长风厂片区	（1）新增社区综合服务点，包括设置老年活动中心、社区文化活动室等内容。（2）新建建筑在一定程度上需尊重并延续原有厂区空间格局	容积率≤2.5 建筑限高：27米	涉及建设指标调整	棚户区规划、轻轨线路	江津区及重庆市规划和自然资源局、鼎山街道办事处、长风社区、江津区民政局、江津区及重庆市住房和城乡建设委员会	中
D	老公安局片区	（1）北固门城墙保护，形成北固门城墙公园。（2）强化南北联系，保证其与魁星广场及滨水的联系。（3）扩建四牌坊社区综合服务中心，包括设置老年活动中心、社区文化活动室等内容	容积率≤1.5 建筑密度≤45% 建筑限高：27米	涉及用地性质调整、建设指标调整	棚户区规划、文态规划、几江城市设计	江津区及重庆市规划和自然资源局、几江街道办事处、四牌坊社区、江津区文化旅游委员会、江津区民政局、江津区及重庆市住房和城乡建设委员会	近

资料来源：2019年，《重庆市江津区几江半岛城市与社区更新规划》项目文本。

图3-95 几江半岛四类更新模式
（资料来源：2019年，《重庆市江津区几江半岛城市与社区更新规划》项目文本）

3）几江半岛社区更新治理行动清单

社区治理行动清单则作为治理型更新触媒，针对社区内部基础设施、社区体制与社区组织培育、社区服务需求以及社区公共空间管理这4个方面，形成几江半岛社区行动治理的计划建议（表3-9）。

社区更新治理行动清单示意 表3-9

治理类型	治理内容	治理策略
基础设施更新	（1）管网整改	雨污分流，管道清洁/管线整理
	（2）建筑修缮	结构加固/外立面改造/阳台改造/建筑节能
	（3）门楣店招	对店面橱窗、标牌、色彩的多样性进行美化
	（4）加装电梯	业主征求意见/出资额度协定/制定电梯使用协议
	（5）公共空间改造	建立社区内部人才库进行管理维护/通过与其他组织进行合作联动/多方协作进行资金筹措
社区多元共治	（1）升级治理体制	建立多系统、多层次新型社区治理体制/加强社区法治建设/明确界定居民委员会的发展/加快民间社会组织发展
	（2）社区组织培育	构建志愿服务模式，激励居民自愿加入居委会职能简化，设置专项服务窗口
社区服务需求	（1）公共服务	政府购买服务/搭建服务平台/多元服务供给 养老服务、社区关系建设、医疗健康、文化体育、社区教育、就业帮扶、社会安全、法律服务、流动人口服务
	（2）便民服务	完善服务项/与商业服务机构建立联系/建立便民服务需求反馈机制
	（3）信息化平台服务	提供线上线下信息服务/组建社区公共综合服务信息平台运营工作组
公共空间管理	（1）停车管理	错时停车/制订公约/人工管理
	（2）垃圾站管理	错时分拣/制订公约/强化教育
	（3）活动场地管理	采取"大集中，小分散"的布置模式，统筹管理/划线明确公共、半私有、私有活动空间
	（4）社区花园	鼓励多方参与社区花园活动/鼓励对社区闲置用地进行居民参与式营造
	（5）开放步行	分时段步行开放/制订公约/人工管理

资料来源：2019年，《重庆市江津区几江半岛城市与社区更新规划》项目文本。

对于社区而言，更新治理行动清单主要是对社区发展的指引，应基于社区差异，具体的更新治理将有所侧重。从治理水平来看，小什字社区、得胜社区、城南社区等治理水平较高的社区，应当优先实行更新治理行动，形成触媒效应。从人群构成来看，大什字、际华三五三九等老年人口较多的社区，优先供给适老化公共服务；而长风、通泰门等残障人士较多的社区，则优先完善无障碍设施。

3.2.9 系统提升与节点干预：七星岗街道更新规划

为提升城市品质，改善居住环境，彰显城市魅力，2016年重庆市规划局渝中区分局和渝中区七星岗街道办事处共同委托重庆市规划设计研究院，开展七星岗街道更新专项规划编制工作。该规划也作为"重庆市主城区城市更新专项规划"的更新试点项目之一，旨在以系统提升和节点干预为思路,探索适应重庆山地城市有机更新的"系统化""微改造"路径,为后续规划编制和相关政策创新积累实践经验。

3.2.9.1 七星岗街道概况

七星岗街道位于重庆母城——渝中半岛的几何中心,与解放碑城市中心区一箭之遥。街道面积约70公顷,下辖8个社区,常住人口规模约8.8万人(图3-96)。七星岗街道辖区大多建成于20世纪90年代前,存在人口密集、公共服务设施短缺、建筑老旧、出行不畅、活力不足等问题。同时,该片区也是富有山地魅力的老城区,地形高差上百米,传统梯道、街巷肌理保存较好,古城墙、打枪坝水塔等历史资源富集,是展示重庆"山水之城、美丽之地"独特魅力的重要地段。

3.2.9.2 规划目标定位、总体思路和主要内容

(1)目标定位

该规划为旧居住区更新类型,重点任务是改善居住环境、重塑城市空间,实现"完善功能,提升品质,彰显特色,激发活力"的目标。规划突出问题导向,针对人居环境中

图3-96 七星岗街道区位示意图

的突出问题，提出对应的空间措施，增强群众获得感、幸福感、安全感；规划突出目标导向，将七星岗街道作为重庆母城的战略性地区，彰显山水颜值、人文气质，实现城市功能、形象的全面提升；规划突出实施导向，强化空间管控单元与社会治理单元的融合互动，探索提升社会治理水平的路径。

（2）总体思路

规划将七星岗街道全域作为更新规划单元，既有利于明确行政主体，持续跟踪评估、管理实施，也有利于在较大的范围内对公共设施、公共空间、道路交通等进行综合平衡、统筹布局。以现状评估为基础，以改善空间品质为重点，将规划作为多方参与、协商协作的平台，辅以信息化手段，建设更有温度、更富活力、更有魅力的居住社区。首先系统梳理评估社区存在的问题，充分挖掘社区自然人文资源禀赋，采用街道层面的系统提升和关键节点的"针灸式"微更新双轨并行的方式，通过对公共服务设施的填平补齐、公共空间的整治再造、公用设施的织补完善，强化借助公共领域所带来的触媒作用，以更好地凝聚政府、市场、市民力量参与城市更新和社区共建。

街道层面，规划以古城墙、老街巷等公共空间为主线，以老水塔、旧厂房和众多文保单位为激发城市活力的"触媒"，系统提出功能活化、设施完善、交通改善、公共空间提质及建筑本体完善5个方面、14个子项的系列更新策略和措施，并细化空间单元，明确管控要求。社区层面，形成8个社区的项目实施工作手册，对金汤街、领事巷两个重点社区，编制详细城市设计，形成法定图则，指导规划管理和项目实施（图3-97）。

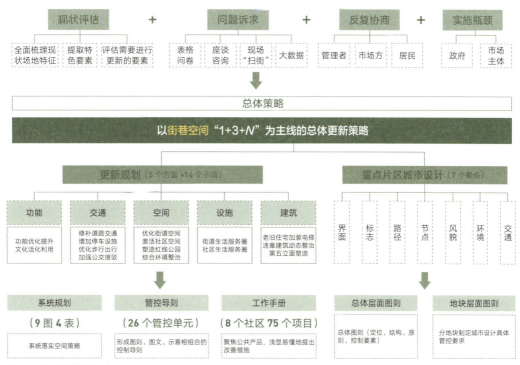

图3-97 更新规划总体思路
（资料来源：重庆市规划设计研究院，2016年，《重庆市渝中区七星岗街道更新专项规划》项目文本）

图3-98 七星岗街道更新总图
（资料来源：重庆市规划设计研究院，2016年，《重庆市渝中区七星岗街道更新专项规划》项目文本）

（3）主要内容

基于评估查找出的问题系统梳理、综合平衡更新需求，以梳理、织补、串联为抓手，塑造极具山地特色的街巷空间，强化"可开可合"的小街区开放格局，带动片区功能、设施、交通、空间、建筑等方面的系统更新（图3-98）。

1）功能

一是整合梳理区内及毗邻区域巴蜀中学、巴蜀小学和妇幼保健院等优质教育、医疗资源，腾挪存量空间用于发展相关配套产业，带动旧城功能提升。

二是结合自然、人文特色要素，打造三大功能板块，包括：以印制一厂文创园、强电影园、自然博物馆为核心载体的时尚创意功能板块；以山城巷、城墙公园为核心载体的山城文化功能板块；以及以韩国临时政府旧址为核心载体的抗战记忆功能板块。

三是通过"连起来、露出来、用起来"，对片区内的郭沫若故居、中苏文化协会旧址、民盟旧址等13处文物建筑结合其所处不同的功能板块进行活化利用。

2）设施

以街道、社区为单元，按照"填平补齐、提档升级、引导集中、便捷易达"的原则，通过建筑底层功能置换、零星建筑改建拆建、消极空间及边角地利用、闲置楼宇回购等"微改造"方式进行增补。无法通过"微改造"解决的，按照大集中、小分散的原则，结合挑花刺绣厂、水市巷危旧改等周边储备用地增加配建，完善20分钟街道公共服务圈和10分钟社区生活服务圈设施配套。通过拆违拓宽打通消防通道、局部增设消防水池等措施，因地制宜提升老旧社区消防安全水平。

交通方面，通过增加连通、优化线型、精细化交通组织等方式，改善金汤街、捍卫路、业成花园路、华一路等常年堵点的通行能力；通过新增公交站点及穿梭巴士、打通断头步行线路、增设过街天桥及共享电梯等，强化"公交+步行"一体化出行；通过新增划线停车、地下停车、机械停车、楼宇改造停车以及立体空间停车、分时停车等措施，增加停车供给、提升停车效率。

3）空间

通过"复兴活力街巷、优化小微空间、增设公园入口"等方式，提供各具特色的山地公共空间。形成1条城墙文化项链（城墙栈道—崖壁公园—通远门）+3条城市魅力游廊（张家花园—金刚塔—燕子崖—飞机码头，捍卫路—中苏文化广场—石板坡—山城巷，归元寺—韩临时政府旧址—水市巷—凉亭子—十八梯）+N条邻里活力走廊（临华路、华一坡、马蹄街等）的街巷空间体系，带动枇杷山公园等4处城市级公共空间和领事巷院坝等11处社区级公共空间的品质提升。

4）建筑

按照"保护、保留、整治、改建、拆除"五种类型提出分类改造利用方式。对历史文化建筑进行保护修缮；对建筑屋顶根据不同区域风貌要求差别化开展绿化、美化、净化；对老旧建筑加装电梯，部分住宅增加厨房、卫生间并提出实施建议；对特色板块、魅力街巷等重要区域的建筑功能，提出改建、整治以及功能活化方案，拟定"拆违、拆危"实施计划。

（4）重要地段节点干预

在渝中半岛城市提升总体框架下，结合自然人文资源禀赋和现实更新需求，选择重点特色社区开展城市设计，营造富有魅力的街巷空间，整体提升片区风貌（图3-99）。

1）打造城墙文化项链

重点打造起于通远门城墙遗址公园，止于山城巷金汤广场，长约830米的城墙文化项链。一是"露城墙"，通过清理城墙附着物、杂乱绿化等展露城墙本体，让优秀历史文化活在当下、服务当代，为社区带来新的活力、增加文化认同；二是"连周边"，通过打通城墙外部栈道到通远门的步行线，增加5条横向步道，加强城墙步道与城市内部社区街巷的空间联系；三是"优景观"，通过优化四季植物配置、策划日夜景观主题，强化城墙沿线景观展示功能。

2）塑造打枪坝水塔景观地标

打枪坝水塔是区域制高点，规划将其塑造为俯瞰长江、饱览山城江城壮

图3-99 重点社区城市设计总图
（资料来源：重庆市规划设计研究院，2016年，《重庆市渝中区七星岗街道更新专项规划》项目文本）

丽景色的"城市阳台"。通过"烘托水塔本体+连通城墙及轨道站点+控制内外视野+活化周边空间"等措施，强化水塔及所在平台的展示、观光、休闲功能，形成于城墙之上观江看城两相宜的特色景观眺望点。

3) 优化街巷和小微公共空间

规划通过打通步行断点、营造步道主题、增加特色街巷底层公共功能、提升视平层立面品质等措施，形成层次分明的山城文化巷、邻里生活巷、步行联络巷。改造石板坡城市广场、唐式遵文创园、物资局邻里院落、鼓楼巷邻里院落和至圣宫邻里院落5处特色小微公共空间，通过"小院改大院""旧房改民宿""尽端改回路"等方式，形成各具风格的魅力场所。

4) 营建片区特色风貌

以金汤街为界，形成传统风貌协调区和现代风貌优化区，对区域内的建筑风格、建筑高度、屋顶形式、空间肌理提出整治要求。传统风貌协调区强化抗战陪都主题风貌的整体氛围，现代风貌优化区着重对现有建筑外立面按照简洁、时尚的原则进行翻新整治。对城墙沿线、特色街巷和院落空间制定绿化种植、硬质铺装、标识系统、城市家具、景观照明等方面的改善策略。

结合上述工作，规划按照片区和地块两个层级制定了城市设计导则，总体层面确定规划范围、项目定位、整体空间结构、总体控制要求；地块层面按照空间、建筑、交通、景观进行分类管控（图3-100、图3-101）。

3.2.9.3 规划创新

（1）科学做调查

规划综合运用多种调研方式，既注重人的直接感受和体验，又集成应用空间数据和大数据手段，定性定量系统梳理更新需求。一是表格调研，通过系统设计的13个现状调研表格，对街道（社区）的人口、设施、交通、文化、问题楼宇等信息进行客观记录；二是问卷调研，通过现场发放与网络问卷相结合的方式，发放回收问卷480份，重点调查居民对出行、居住、配套等35个问题的主观感受；三是空间体验，通过8个小组为期1月的现场"扫街"活动，对人行、界面、节点、标识等6个方面132个问题点，按照"空间信息+影像记录+文字描述"三种形式进行客观记录（图3-102）。四是大数据应用，借助高德地图、百度慧眼、手机信令等平台，抓取人口、经济、交通、设施等数据，对区域吸引力、经济水平、拥堵情况、设施服务、人口活力等进行科学分析，为针对性提出更新措施提供支撑。

（2）开门编规划

依托街道、社区两级机构，通过市民调查、网络问卷、公众课堂、现场评议等形式，广泛吸纳各方意见（图3-103）。先后开展十余次座谈会及意见咨询会，"面对面"了解市民、基层组织及管理部门的诉求，传播社区共建理念，协商更新改善策略。对于老旧小区改造提升，根据小区缺什么、补什么、怎么改，充分尊重居民意愿，按照"菜单式"方式

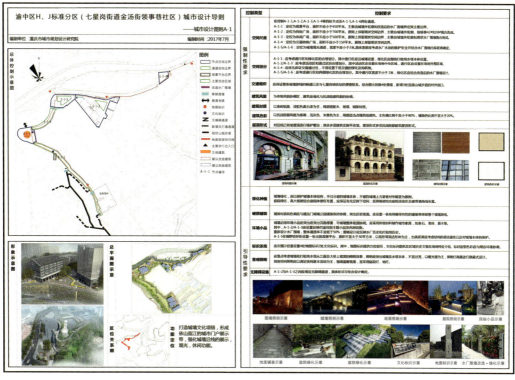

图3-100 城市设计导则总体层面图则
(资料来源:重庆市规划设计研究院,2016年,《重庆市渝中区七星岗街道更新专项规划》项目文本)

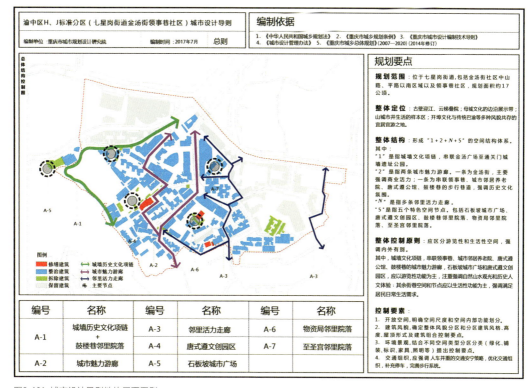

图3-101 城市设计导则地块层面图则
(资料来源:重庆市规划设计研究院,2016年,《重庆市渝中区七星岗街道更新专项规划》项目文本)

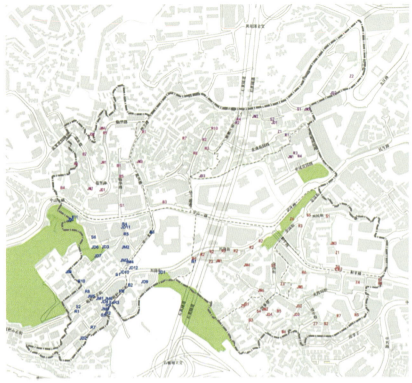

图3-102 空间环境问题总体分类分布图
（资料来源：重庆市规划设计研究院，2016年，《重庆市渝中区七星岗街道更新专项规划》项目文本）

由居民自主选择改造提升内容；重要公共区域的改善利用方案，要进行现场公示、讲解与意见征询，探索共商共建共管共享新模式。

（3）上下强联动

现有更新活动多为零星、自发行为，以完善自身需求为目的，缺乏规划统筹，既难有效保障公共利益，也难带动城市功能整体优化和城市品质整体提升。规划在街道层面注重系统提升城市功能，从发展诉求、功能定位、设施保障、交通完善等方面提供综合的解决方案；在社区层面注重逐步改善便民服务，从社区配套、便捷出行、居住环境、社区人文内涵、住宅时代风貌、建筑功能等方面落实百姓更新诉求。而两个层面的联结融合，则主要依托公共领域，如公共服务、公共空间、公用设施的改造提升，向上对标城市发展战略，向下聚焦群众身边的民生实事，不断提升城市功能、生活品质（图3-104）。

同时，城市更新需要面向不同的使用对象。面向规划管理，规划划分26个更新管控单元编制控制导则，从设施、交通、空间、环境等方面提出具体要求，管控和指导城市更新建设活动（图3-105）。

面向街道社区，结合近期建设，对8个社区75项重点项目，建立更新涉及的公共项目清单，并编制了社区工作手册；以工作手册的形式，生动形象又浅显易懂地提出改善措施，便于基层管理部门迅速掌握，高效高质开展工作（图3-106）。

图3-103 规划进社区征求居民意见
(资料来源：重庆市规划设计研究院，2016年，《重庆市渝中区七星岗街道更新专项规划》项目文本)

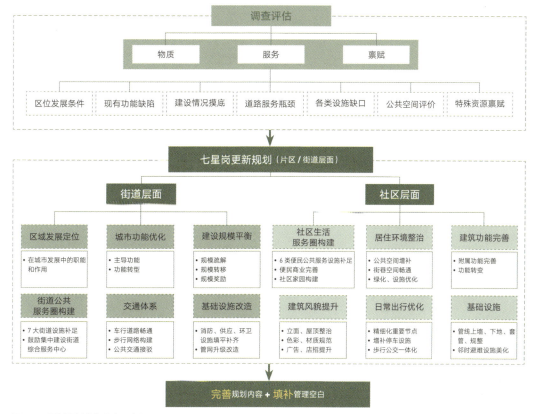

图3-104 更新规划总体内容示意图
(资料来源：重庆市规划设计研究院，2016年，《重庆市渝中区七星岗街道更新专项规划》项目文本)

（4）集成用数据

规划探索为智慧化街道社区社会治理提供必要的空间数据技术支撑。运用GIS技术，整合规划、民政、建委、街道等多部门数据资源，集成社区信息、建筑特征、空间问题、项目管理等多维综合属性信息数据，搭建数据信息平台。同时预留接口，便于职能部门及基层组织对相关数据进行查询、修改、发布，为后期建成街道智慧管理治理平台奠定基础（图3-107）。

图3-105 社区更新管控总图及更新单元图
（资料来源：重庆市规划设计研究院，2016年，《重庆市渝中区七星岗街道更新专项规划》项目文本）

临华路社区更新重点：
临华路沿线环境综合整治，改善出行，增补停车、公共空间与公共设施。

更新项目分布图

更新项目一览表

序号	项目名称	主要内容	产权主体
1	临华路秀成停车场空地综合利用	■ 利用现状空坝建设3层建筑，底层架空，设置菜场及10个停车位。 ■ 2层配置室内社会公共机械停车位60个，由临华路一侧辅道进入。 ■ 3层配置社区卫生服务站、日间照料中心及屋顶社区多功能运动场；屋顶与秀城停车楼入口齐平。 ■ 建筑西侧空地改造为社区公共活动空间，提供休闲运动及儿童活动场地。	益盛商务有限公司
2	中山路至临华路通道联席	■ 改造现状梯道串联中山路、临华路、居委会北侧平台以及临华路39#40#院落。 ■ 协商开放水晶石国际公寓电梯一部，方便居民上下临华路和中山路，并联系新建建筑。	化学工业总公司
3	水晶石国际公寓西侧空坝环境改造及机械停车	■ 规范水晶石国际公寓西侧空坝停车，建议在不突破现行间距规范的前提下设置3层机械停车位。提供约24个车位。 ■ 通过绿化、铺装、抬高明确超市银行室外空间边界，加装分隔桩防止乱停车，提供休息座椅解决超市、银行人流室外停留需求。	水晶石国际公寓
4	临华路27#路边机械停车及活动空间改造	■ 于临华路27#西北侧山墙处设置一处垂直电梯，解决上下平台步行联系问题。 ■ 在临华路27#28#之间设置公共活动空间，作为路边休憩平台。	——
5	临华路27#后方院坝增加活动设施	■ 对现状空间KJ-2实施功能改造。增设体育活动器材，风雨廊亭，休憩座椅，儿童活动器材及沙坑，衣物晾晒区等。	——
6	临新路临华路台地空间环境改造、上下高差联系及建筑再利用	■ 结合现状临新路路下建筑向西加建建筑，提供社区活动空间和儿童活动用房。 ■ 加建建筑与现状3层室内梯道进行一体化设计并增设公共电梯联席上下平台。 ■ 建筑屋顶提供8个路边停车位。 ■ 改造标高为264米的现状平台，提供晾晒区、运动器械区、休憩停留区。	捍卫仪表厂
7	临华路46#西北侧绿地改造为机械停车位	■ 结合现状绿地设置双层机械停车位，提供7个车位。	——
8	临华路36#37#屋顶空间利用	■ 改造现有梯道联系屋顶平台。 ■ 改造屋顶平台，提供休闲设施，晾晒设施。	旧城改造建设开发公司
9	临华路环境景观整治	■ 对临华路沿线两侧的环境景观进行综合整治，包括建筑立面改造。	——
10	中山路沿线环境改造	■ 设置绿化分隔带，区分通行区和建筑前区。 ■ 绿化带宜结合现状主要单位入口广场设置开口，开口大小以不能通过小轿车为宜。 ■ 结合绿化分隔带提供摩托车非机动车停车位。	——
11	临华路15#等住宅加建电梯	■ 临华路15#~35#,39#~41#等住宅外部增加电梯。	--
12	第五立面	■ 结合图示范围整治。	--

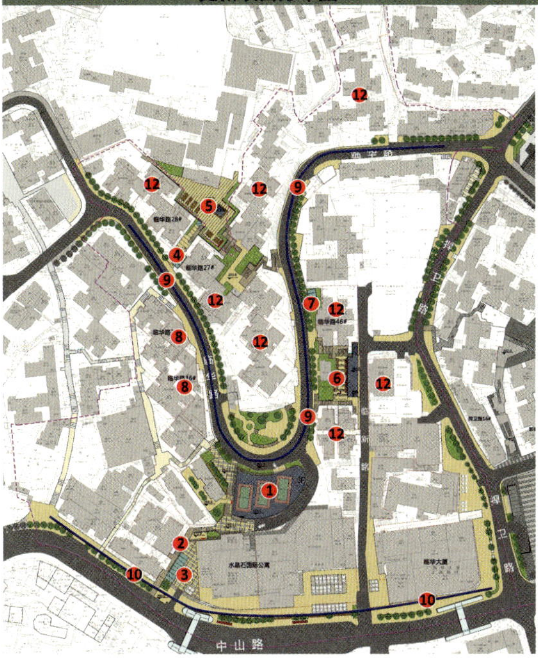

图3-106 社区工作手册
（资料来源：重庆市规划设计研究院，2016年，《重庆市渝中区七星岗街道更新专项规划》项目文本）

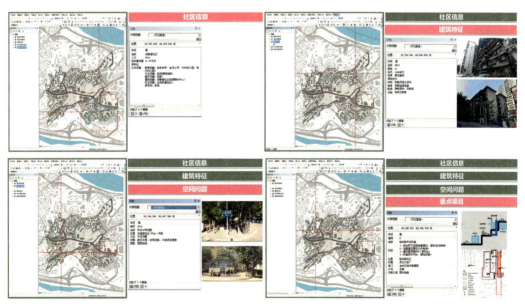

图3-107 GIS空间数据信息平台示意图
（资料来源：重庆市规划设计研究院，2016年，《重庆市渝中区七星岗街道更新专项规划》项目文本）

（5）创新促政策

现有规划、建设管理技术标准对于旧城更新需求考虑不足，实施中暴露出不少政策障碍。规划系统整理调研中发现的政策瓶颈，提出与"微改造"相适应的政策创新建议，主要包括：建筑功能复合与改变、用地边界调整、零星用地利用、建筑间距与退让距离、道路宽度与坡度、消防标准，以及权利主体自主更新改造、市场主体参与更新改造等，为从制度层面保障城市更新可操作、可持续进行了技术储备。

3.2.9.4 规划思考

城市更新具有综合性、复杂性和多样性的特征，既直接涉及群众的切身利益又与城市长远战略目标息息相关；既是公共政策又需要遵循价值规律；既有"城市让生活更美好"的共同目标，又有目标下不同群体的多样化需求、不同部门的多样化关切。我们力图从街道层面的系统提升和社区层面的节点干预两方面入手，做群众有感、管理好用的规划；力图立足片区自身的自然人文资源禀赋，从公共领域切入，以一条街、一块地、一栋楼的更新改造为"支点"，带动周边资产增值，激活带动更多的市场力量、社会力量参与到社区微更新中来；力图发挥规划的协商平台作用，使市民、市场主体、基层组织、管理部门等全过程共同参与，努力实现"人民城市人民建"。

3.2.10 文化引领与场景营造：七星岗街道人文品质提升规划

2019年，渝中区政府提出"深耕精耕母城渝中"，要求全面提升城区经济品质、人文品质、生态品质和生活品质。七星岗街道人文品质提升规划是响应"四个品质"战略目标下的一次示范性探索，是重庆市首个由街道委托编制的空间文化规划，规划重点在于系统性梳理社区空间文化要素，激活空间文化场景和修复社区空间文化结构。

3.2.10.1 七星岗街道历史沿革

"八百年重庆府，三千年江州城"，七星岗作为重庆母城的重要组成，得名于清代通远门外形如北斗星的七口储水石缸。七星岗文化底蕴丰厚，是重庆城市发展的重要见证。

七星岗街道文化单位众多，包括国家级文保建筑3处，市级文保建筑5处，区级文保建筑2处，普通文保建筑2处，历史风貌建筑2处。600年城墙体系和多元历史文化根植于居民生活和记忆中，这些历史记忆是居民的精神归属。

片区自南宋彭大雅筑重庆城时已成雏形，延绵发展至今，留存有丰富的历史文化底蕴。明清时期，七星岗是古重庆城的重要部分。1927年新市区开发以七星岗片区作为起点，为应对城市人口不断增加和商业的发展需求，政府将城市范围突破老城墙至通远门外的七星岗到两路口、上清寺、菜园坝一带，七星岗附近的迁坟工程涉及了十万荒冢，后平整场地，作为城市建设用地。七星岗的交通建设推动了经济发展，三条交通干线（中区干道、南区干道、北区干道）联系上、下半城，解决城市交通需求。而七星岗片区也成为连接母城内外的重要节点。

3.2.10.2 现状问题

七星岗街道总体面临的核心问题是空间文化整体价值被低估。从区域尺度看，七星岗街道文化资源丰富，但空间文化价值被低估；从街道尺度看，社区空间文化浓度存在差异，其中领事巷社区最高，中山一路以南社区文化密度较高。现状主要问题如下：

（1）空间文化结构式微

1）宏观结构：七星岗街道体现出城市级空间文化节点不足。

2）中观结构：尽管历史文化遗产底蕴丰厚，但七星岗街道在渝中区全域旅游布局中的文化显示度相对较低，呈区域旅游洼地的态势（图3-108），这反映出七星岗空间文化结构式微，节点能级较低等问题。

3）内部结构：

空间文化结构：内在空间文化结构不显。七星岗街道在有限的空间中保有了大量丰富的文化要素，且各自层级鲜明、类型多样。文化要素的空间集聚一定程度上弱化了七星岗街道的空间文化结构特征，梳理后表现为多代叠加的棋盘状一级文化结构，补充鱼骨状的当代次级文化结构和星座状的近代文化结构。

公共空间系统：广场分布不均，且功能较为单一。广场分布和周边业态相关，广场一般分布在城市商业或社区商业活力集聚的区域。其他区域居民活动性广场不足。

图3-108 七星岗街道中观层级空间文化结构示意图
（资料来源：2020年，《重庆市渝中区七星岗人文街道品质整体提升研究》项目文本）

绿地系统：公园可达性低下。枇杷山公园和社区之间联系薄弱，标识系统不清晰，内部社区被包围，出入口亲人性差。石板坡公园和社区之间视线断裂，联系薄弱。

步行体系：步行网络较为发达，但局部路网不通畅，规划区域内交通网络中车行和人行系统均较完善，街巷系统发达，通达性较好。

交通网络：公共交通站点较多，但南北两侧站点分布不均。规划区域内公共交通较便利，城市主干道中山一路从片区中部东西向穿过，公交站点较集中；地铁1号线七星岗站在基地兴隆街社区内部，地铁10号线在建中，七星岗站为换乘站。但南北两侧公交站点分布不均。

（2）人居环境品质低下

公共空间品质主要问题体现在安全舒适性较差，设施缺乏；街巷空间整体欠缺舒适性和趣味性，生活型和文化型街巷步行空间局促；社区出入口安全性低，舒适性差，缺少系统管理，私密性差，没有系统的安保管理设施；步行空间受限，基地内由于地形和车行道设置等因素，局部路段人行通道过窄，出现人车混行、停车占道严重等现象，影响步行体验。

社区建筑整体老旧，质量参差不齐，领事巷社区和原刺绣厂一带传统风貌建筑多，但质量差。

（3）社区人文活力欠缺

社区治理：事务繁重，事多人少。在七星岗街道中，各社区（常住）人口规模差异较大，人口结构不同，而居委会配置标准相近，社区专职工作人员较少，社区事务繁重，治理工作量大，社区间治理成效存在差异。

业态：主要沿中山一路分布，商业较为聚集的13条街巷中业态均以餐饮服务为主；存在餐饮、杂货、休闲和教育培训等特色商业但品质不高。

3.2.10.3 提升规划策略

（1）结构优化

1）外部资源链接

将七星岗作为整合区域人文资源的活力中枢，融入渝中区整体空间文化结构，与山城步道体系中的5条横向，4条纵向步道进行链接，在7处接口空间进行重点塑造。

2）内部结构优化

从七星岗优越的区位条件来看，其不仅承担着母城文化复兴的重任，在提供高品质社区生活的同时，须焕发更多的经济活力。因此，七星港街道空间文化结构不仅服务社区居民，还服务于渝中全域旅游。因此，从某种意义上来说，组成社区空间文化结构的这些街巷不仅是社区文化和社区活力的展示路段，更是未来重要的经济发展轴。

梳理七星岗街道各发展阶段可以发现，古城墙和中山一路成为串联七星岗时空间发展的重要脉络。城墙是重庆古城遗迹的重要组成，而中山一路的横向拓展则见证了重庆的新市区建设历程。对社区空间文化场景进行适度价值计量，结合七星岗历史发展脉络，串联价值量较高的空间文化场景单元，得到社区空间文化结构。

基于此，结合空间现状，规划提出"2脉4片N线"的空间文化结构。"2脉"是指作为文化主线的中山一路和古城墙一脉。中山一路是七星岗内横贯东西的主干道，步行空间充足，在规划中将沿中山一路植入小型景观设施，通过历史照片和语音讲解装置展示中山一路的历史景观，并自东向西展示其逐步现代化的过程，凸显时间发展脉络。古城墙脉络由于城墙遗址仅留存局部遗迹，因此主要通过地面路线标识及文化展示牌进行展示。"4片"则是根据七星岗街道的历史发展脉络和文化气质进行的主题区划分，包括古城文化区、开埠文化区、近现代文化区和山城生活区。"N线"主要包括2条主要步行环线，6条次级步行线路和N条邻里走廊，在主体骨架基础上构建一个开放的步行系统（图3-109）。

3）优化片区空间文化结构

在构建"2+4+N"空间文化结构基础上，进行相应的公共空间文化结构优化，提出两条优化策略。

①策略1：空间增补，活化利用

在"深耕渝中"上位规划中核实增补规划公园绿地的可行性，使各社区绿地空间均衡。规划区域内公园绿地新增6处，约1.3公顷，增补多围绕步行网络的主要环线及次要线路空间。同时将社区现存公共空间及闲置空间分为三类，对其分类打造，活化利用。

②策略2：强化与社区联系，增强可达性

根据"深耕渝中"上位规划，选取枇杷山公园及规划的石板坡公园为景观眺望点，

图3-109 七星岗街道空间文化结构规划图
（资料来源：2020年，《重庆市渝中区七星岗人文街道品质整体提升研究》项目文本）

打造景观视廊。增加公共空间与社区出入口的联系，疏通道路网，增强社区至公共空间的可达性，打开社区界面。如对枇杷山公园增加出口，明确标识系统，使公共空间便捷可达。

（2）空间提质

1）文化线路打造

临街居民楼入口激活：楼栋入口是居民重要的日常交往空间，针对主要线路上的楼栋入口空间进行品质提升。架空平台入户时，考虑上下空间的连通性，提升空间利用效果，设置入户交流平台和楼栋门禁，加强内部开放性和对外私密性。楼梯入户时，根据实际情况增加导向标志，增加无障碍设施和入户雨棚。

围合社区入口设计：现状围合社区良莠不齐，包括门禁，社区服务等配套设施参差不齐。针对封禁社区，除了强化安保工作外，建议提供社区快递、检疫、外卖台等针对性服务举措。针对无门禁社区，建议强化楼栋门禁，设置保险型快递柜，对于不便居住的首层建议改造为社区活动中心配套底层商业。

街角广场：衔接道路和建筑，强调引导性和标志性。建议提供视线引导和入口的活动空间，放置景观设施、照明、临街商业等。

节点广场：衔接不同方向的道路，或和周边建筑功能耦合（如商场、文化馆）起到转折、承接作用。建议强化标识系统、遮阴空间和绿化空间。

主题广场：依附于大型标志建筑（如通远门城墙），起到文化凸显和功能适配的需求。建议强调特异性设施，如交互设施、网红景点、文化雕塑等标志物。

步行空间界面控制：包括改造重点建筑底层界面，植入特色雕塑与景观小品装置，设置文化标识系统。

2）划分空间文化单元

从建成环境、人和活动三方面出发，系统梳理七星岗街道要素谱系（表3-10）。七星岗街道辖区内为典型的山地地形，相对高差达135m。七星岗在古代位于重庆城"坎"卦位置，同时是重庆母城内、外的交界处，其天然上风上水的地理环境成就了其古代重要陆路通道的地位，也因此造就了七星岗立体多维的景观。

七星岗街道社区空间文化要素　　　　　　　　　　　　　　　　　　　　　　　　　　表3-10

要素类别	要素谱系	具体内容
建成环境	山地地形	第三山城步道、枇杷山
	建筑	国家级/市级/区级/普通文物保护建筑、居住建筑、商业建筑
	线性道路	历史街巷、道路
	公共空间	通远门公园广场、街角广场
	古树	黄桷树、香樟
	基础设施	医疗设施、教育设施、养老设施、文娱设施等

续表

要素类别	要素谱系	具体内容
人（与动物）	历史名人	张献忠、孔子、王缵绪、唐式遵、李宗仁、郭沫若、曹禺等
	现代人群	社区能人、普通居民、游客；（或）老年人、中年人、青年人、儿童
	动物	宠物猫/狗、流浪猫/狗、鸟
活动	休闲活动	打望、聊天、锻炼、遛狗、晒太阳、棋牌、静坐、品茶、坝坝舞
	消费活动	购物、吃饭
	参观/纪念活动	纪念馆参观、展览墙面参观、祭祀
	事件	历史事件、名人轶事、故事传说、文化活动事件

资料来源：2020年，《重庆市渝中区七星岗人文街道品质整体提升研究》项目文本。

梳理规划区域内的文化资产，其中包含历史文化资产和生活文化资产两大类。其中历史文化空间文化单元包括：抗战文化、宗教文化、公馆文化、城墙文化、使馆文化、民国文化、其他；生活文化空间文化单元包括：邻里交往、步道、生活消费（餐饮、住宿）、文创（图3-110）。

图3-110 七星岗街道空间文化单元分类
（资料来源：2020年，《重庆市渝中区七星岗人文街道品质整体提升研究》项目文本）

3）构建文化场景单元

对于七星岗街道内的4个片区，通过场景单元识别进行主题营造。依托2脉络（中山一路、古城墙），4片区（古城文化区、近现代文化区、开埠文化区、山城生活区），打造9个场景，包括：城墙文化展示区、国际文化集结地、人文古道、戏剧文化中心区、山地生活休闲地、特色餐饮区、山城品质生活区、山地慢生活体验区（图3-111）。

图3-111 七星岗街道空间文化单元划分
（资料来源：2020年，《重庆市渝中区七星岗人文街道品质整体提升研究》项目文本）

场景单元包括一级场景单元和二级场景单元两个层次。一级场景单元对应片区范围，重点在于整体氛围的塑造。二级场景单元是片区内文化内涵较为突出的空间区域，需要进行重点营造。对于一级场景单元，主要是在整个片区层面进行业态策划引导，并对重点步行空间界面进行控制；对于二级场景单元，通过对场地历史发展脉络和空间文化要素的梳理提炼，策划相对明确的文化主题，并对步行尺度和步行界面进行精细化设计。

（3）文化激活

1）文化产业

在规划范围构建的"1+2+N"空间文化结构基础上，充分评估社区文化和生活展示体验段的产业发展潜力，植入新的产业功能，带动社区发展。

植入文化产业类型，挖掘社区现有历史文化空间和生活文化空间的商业潜力，并梳理现状商业文化特色，提出可新增的新兴文化产业类型为：特色餐饮、文创产业园、特色民宿、特色展演、影视情景交互等。主要划分为7个文化产业片区：①历史人文沉浸体验区：依托使馆、公馆等历史建筑，打造阅读、展览、休憩、购物、特色民宿等于一体的文化消费片区；②城墙文化展示区：依托通远门城墙，打造特色展览，作为街道文化对外展示的会客厅；③文创产业园区：结合印刷一厂引进文创公司，打造特色餐饮、特色酒店、艺术展览；④特色展演区：依托抗建堂剧场打造特色演出、文化展览；⑤影视情景交互区：依托山城坡道打造影视取景地，发展特色民宿；⑥山城特色体验区：依托山城特色步道、特殊地形打造生活场景体验；⑦特色餐饮区：依托中山一路良好的交通优势打造特色餐饮、购物，以吸引游客。

2）运营支持

①发展资金来源

城市文化产业发展离不开政府的支持以及各企业的合作，资金来源主要分为政府的投入和多样化的资金渠道两类。应确保政府对公益性文化事业的投入，城市文化建设依靠公共资金的模式相当普遍。由于公益性文化事业所具有的社会功能以及其在发展社会目标方面的重要作用，政府应当不断加大对于公益性文化事业领域的投入，落实一系列文化经济政策。

建立多样化的文化建设资金渠道。可采用公私合营PPP模式，即通过政府政策的引导和监督，在政府资金的支持下，在项目的建设期和运营期广泛采取民营化方式，向公用事业领域引入民间资本，吸纳社会资金和私人机构进行文化设施、基础设施等项目的建设。也可以通过艺术捐赠渠道保证资金，通过政策法规积极鼓励社会力量对文化艺术领域进行赞助的有效途径。政府可通过完善与文化艺术赞助相关的政策法规，提高减免税的幅度，积极鼓励社会各方面对文化艺术领域的捐赠或赞助。另外，还可利用彩票基金，通过发行彩票来推动文化事业的发展。

②规划部门与文化部门的有效合作

城市规划部门与文化建设相关部门合作确立多部门合作机制，共同制定文化艺术地区的发展规划，以提高文化资源的利用率和影响力。确定合作的文化发展相关部门，主要是从非营利角度出发的国家文化相关部门、遗产部门、图书部门以及从经济角度关注文化和艺术发展的旅游部门等。

同时，将文化规划与城市总体规划的制定同步进行。在城市总体规划中给予文化资源布局发展用地上的保障，且对相应的交通组织、配套服务、周边的更新建设进行整体考虑。文化规划应纳入总体规划的制定和修编中，更进一步，文化规划应成为其中的一项专项规划。将以往分散的对文化资源的管理和规划，如：历史文化保护规划、文化设施规划、文化及创意产业规划、文化活动规划、文化教育规划等，纳入统一框架内，制定更为整体和综合的城市文化发展策略。

③加强多方参与

除单一机构组织外，建立合作伙伴关系更有利于建立更为广泛的社会和文化认同。在城市文化建设中，政府机构、商业团体、社区组织（NGO）以及社区组织等在政策制定、资金投入、社会网络方面具有各自的优势，通过多方参与可减少不必要的资源消耗。

3）社区文化治理

①社区文化发展的技术支持

在社区文化发展中，行政机制、市场机制与社会机制应建构一种互嵌型合作的主体架构。

A．政府方向性引领：构建社区公共文化服务体系

政府应实施宏观政策指导和间接技术支持，制定相关文化政策甚或文化法规，发挥市场机制与社会机制作用，有效整合各方资源优势，提供社区基本公共文化服务。社区公共文化体系建设要满足居民精神文化需求，保障居民的基本文化权利。有如下建议：加强社区公共文化服务基础设施建设，如社区文化中心、社区图书馆、社区博物馆与社区互联网公共信息服务网等，并面向社区居民免费开放；开展公益性文化活动，如国有艺术院团、出版社与影剧院进社区，开展送书、送戏、送电影等活动；建设网络服务平台和数字信息化网络传播体系，如社区文化娱乐网络系统、网络图书馆、网络博物馆与网络剧场等；搭建社区公益性文化活动平台，充分利用传统节日、重大节庆与广场文化空间等文化载体与文化资源，开展舞蹈、歌咏、读书、书法等社区群众性文化活动；建构社区公民教育体系，开展社会常识、生活技艺和职业技能等方面的教育培育活动，建立可持续性的学习型社区，提升社区整体文明程度。

B．市场竞争性参与：发展社区文化产业

社区文化产业具有地域性、乡土性、传统性与民俗性等特色，运用市场化工具，挖掘地域性文化资源，强化社区集体记忆，增进社区认同。利用特有社区文化资源，开发在地性文化地理景观与历史古迹，发展社区相关观光旅游业；挖掘特色乡土文化产品，建构文化产品历史叙事，举办相关社区文化节，搭建社区文化产品销售载体；协同社区非物质文化遗产保护与开发关系，在保护社区非物质文化遗产的基础上走产业化之路，实现社区非物质文化遗产的保护性开发；开发社区民俗节庆项目，举办各种社区民俗节庆活动，促进社区文化产品的生产与消费。

C．社会公益性服务：培育社区文化类社会组织

社区文化类社会组织是公益性服务的志愿团体，能够拓宽社区居民文化参与渠道，增进社区成员集体意识。培育社区文化类社会组织，需要政府的规范引领，建构相关制度规范，作为组织运行文化活动的保障机制；鼓励社区"文化能人"组建或加入社区文化类社会组织，发挥示范效应，奠定文化类社会组织的人才基础，引导社区成员自愿参与群众性文化社团，壮大社区文化行动者总体规模；开展社区文化志愿者服务活动，发挥社区文化类社会组织在其中的积极作用；实施社区文化类社会组织骨干成员培训工程，提高文化技艺与文化管理素养，强化组织的可持续发展能力。

②社区能人挖掘与培养

社区"文化能人"就是社区文化发展的领头羊，有较高的组织能力，有一定的文化文艺知识、宣传水平和奉献精神。组织文化活动时，应充分利用文化能人在当地的影响力，拉动普通群众来参加社区活动。

社区文化能人的挖掘：可通过基层自治工作和举办社区文化活动挖掘社区"文化能人"；或通过举办唱歌、跳舞、曲艺比赛等，既可提供展示的舞台，又能发掘和培养文化能人，不断发展壮大文化建设带头人队伍，建立起社区"能人库"。

社区文化能人的培养：强化辅导培训，进行组织能力、宣传水平、活动策划、活动细节等的培训，为文化能人的成长创造条件，不断提升其自身文化素养和文化活动积极性。

③社区文化活动营造

建立社区文化发展论坛，作为策略制定、监督执行、活动策划和居民反馈的有效平台。发展更科学有效的数据指标评估体系，以评估文化活动在社区发展中的作用，完善更有效的培训和教育机制。通过媒体更为广泛地宣传成功项目的示范作用，鼓励更多居民的参与，也鼓励更多社区参与文化发展策略的制定。

第 4 章　从美至善，持续更新

4.1　从美至善：进步的阶梯
4.2　持续更新：文化的未来

诗意的栖居是人类共同的梦想。作为人居环境的基本单元，社区的重要性日渐凸显。社区是人们日常生活的基础，是人们生活、工作、学习、娱乐的重要场所。社区的发展和更新是社会发展的重要组成部分。社区更新的必要性在于社区的发展需要不断地适应社会的变化和人们的需求，以满足人们对于生活质量不断提高的需求。

　　社区"从美至善，持续更新"的理念是指社区的发展应该从美化和善化两个方面入手，不断提高社区的环境质量和公共服务水平，以实现社区的可持续发展。社区的美化是指通过改善社区的环境、提高社区的文化水平、增加社区的公共设施等方式，使社区更加美丽、宜居、舒适。社区的善化是指通过提高社区的公共服务、增加社区的公益活动、加强社区的社会治理等方式，使社区更加和谐、安全、稳定。"从美至善，持续更新"的理念强调了社区的美化和善化两个方面的重要性，是社区更新的重要方向。我们应共同努力，为社区的美化和善化作出贡献，以实现社区的可持续发展。

　　作为我国西南地区极富山地城市文化特色的典型代表，近十余年来重庆城市社区更新之路不仅可以折射出极富地域特征的脉络与途径，更能反映出随人民生活质量不断提升的从美至善的社区历史过程。在前文基础上，本章进一步凝练和反思重庆社区更新从美至善的过程特征、影响与规划（师）的作用。

4.1
从美至善：进步的阶梯

▶　　重庆的城市社区发展与更新实践经历了一个摸着石头过河、从试点行动到价值共识的快速成长过程，具有非常鲜明的在地性特征。特别在近十年里，在城市双修、城市品质提升、城市更新等从"量"到"质"的城市转型发展战略背景下，社区发展与更新成为创新社会治理的基石和重要抓手，更成为社会基层政权建设和社会培育的重要基地，社区更新与社区规划逐渐纳入社会治理的重要内容。从总体上讲，虽然重庆的城市社区更新进程相对滞后于国内经济更为发达的城市，诸如上海、深圳、广州、杭州等，但重庆特有的复杂地形、山水格局、聚居形态、社会结构与文化方式，滋生了重庆城市社区特有的风貌和治理格局。纵观重庆十年社区更新路，可以大致总结为以下三步进阶。

4.1.1 作为空间美化与文化复兴的社区环境综合整治

重庆1997年被设立为直辖市后,城市建设进入高速发展轨道。借2002年亚洲议会和平协会(AAPP)第三届年会在重庆召开的契机,城市大型公共空间和沿街立面经历了一次大规模改造,城市面貌焕然一新。逐渐地,关注民生成为政府工作的重要抓手。2010年,由渝中区市政管理局发起,邀请重庆大学规划师和景观设计师一起进入社区,对渝中区嘉陵桥西村(下简称"嘉西村")和大井巷两个社区进行更新,当时的立项名称为"文化复兴策略:嘉陵桥西村/大井巷社区空间环境整治设计"。当时的初衷是:运用城市社会学和文化学知识,将渝中区市政部门用于社区基础设施修缮改造的有限资金,为社区百姓的公共空间环境改善和居住品质提升做一点事,落脚点重点在于社区公共空间环境。鉴于两个社区属于重庆典型的城市老旧社区,人口老年化程度高、低收入人群聚集、流动人口多,社区地形复杂、公共空间可达性差、闲置空间多以及住房设施老旧、违章搭建多、社区公服设施老化不足等现状条件,同时又具备街坊老邻居友善和睦、城市中心区位优势突出以及历史遗存和故事丰富等特征,更新重点强调:

(1)文化复兴:梳理与营建社区空间文化线路和生活线路,将历史传承与当下生活通过富有山地城市特色的社区公共空间积极串联,为更大区域范围的城市空间文化结构预留接口。

(2)关怀到人:补充与完善社区居民日常出行与在地生活的设施体系,因地制宜地实时设计(图4-1~图4-3)。

随后,渝中区从全区层面拉开社区更新序幕。截至2011年底,全区共完成36个社区环境综合整治。相比之下,嘉西村获得更多的资金投入和多方参与更新,包括住宅立面、环境艺术美化、公服设施升级等,成为这一轮社区更新的示范项目。从发展的历程来看,正是运用文化引领的人本更新策略,使社区环境整治避开了空间美化的陷阱,从众多社区整治中脱颖而出。从那时起,嘉西村开始成立居民自治物业管理委员会等多种社区社会组织,开始走向社会基层治理创新的征途,真正成为重庆市社区治理的典范。

图4-1 嘉西村入口更新前后对比

图4-2 嘉西村社区建筑垃圾台更新为达观亭前后对比

图4-3 大井巷社区保留的蜀绣传人及其蜀绣坊、流动摊贩（社区眼）

4.1.2 作为实现社会公平的政策工具

2011年初，临近两会的召开，关注民生成为重庆从政府到街头巷尾的热议话题。渝中区作为重庆具有3000余年历史的母城发源地、城市发展的桥头堡，20平方公里的土地上积聚了近百万人，其中流动人口占近1/3。高密度山地城市的多样性与异质性特征显著，当年76个社区镶嵌其中，自然形态和社会形态错综复杂。自然条件的特殊性导致居民生活出行的相对"费神"，催生了大量流动摊点摊贩，"非正规经营"成为城市一道独特的风景线，既充满特色也造成城市管理和城市秩序难题。渝中区市政管理局作为第一管理责任单位，邀请重庆大学规划师一同研究渝中区城市支路及社区背街小巷的流动摊点布点规划，要求是："不能简单采用驱赶的方式激化社会矛盾，而是要在尽可能平衡居民需求的条件下让流动摊点合理而体面地存在，兼顾社会公平和城市秩序"。对规划师来讲，这是一个不在传统规划体系中的全新规划类型，不仅需要在有限的狭小空间里合理安排居民的日常需求，同时要兼顾城市管理运行的秩序与城市活力。在充分调研收集居民、游客、流动摊贩、城管人员、政府主管部门、专家等多方利益主体需求的基础上，结合重庆市城市管理法律法规文件，我们提出了"将流动摊点看成是活动的城市文化景观"（movable city cultural landscape）与"兼顾社会公平、城市繁荣与秩序并存"的价值前提，在此基础上将规划重

图4-4 大坪支路摊点布点规划与摊点装置设计
(图片来源：2011年，《重庆市渝中区背街小巷流动摊点布点规划》项目文本)

点落实在流动摊点空间分布、时空间管控政策与流动摊点装置设计上（图4-4）。

（1）空间布局：结合居民需求、出行条件与已有摊点特征，因地制宜地集中划定布点区域与占地规模，确保摊点分布的便民性、安全性与通达性。

（2）管控政策：结合摊点性质与需求特征，与摊贩代表、城管部门等共同制定摊点准入准出及时空间管理机制，确保空间利用的高效和管理有序。

（3）装置设计：结合实用功能和文化美学手段，与摊贩共同设计实用、美观的摊点装置，使其成为具有渝中区文化特色的可移动的市井文化景观。

至2011年底，完成了全区主要城市支路与社区背街小巷的流动摊点布点，带有渝中Logo的摊点装置一直沿用至今，体面地保全了大量的非正规就业岗位，同时也为附近居民的日常生活提供了方便。虽然，今天再看到这些装置显得有些过时了，但其规划思想和方法仍可延续下去，通过更为艺术的方式使其常态化，真正成为山地城市空间文化创新的一笔浓墨重彩。

2017年，渝中区民政局组织关于全区社区规模调整的研究与实施项目。这个项目是在新时代背景下以人民为中心和城市精细化治理目标下，明确地将社会公平公正作为指导原则，面对经年遗留下来的社区服务需求与服务供给不均衡的现实矛盾（图4-5），如何从服务供给端——政府民政视角破题，特别针对大量老旧社区、老弱病残等弱势群体以及其他需要特殊服务的群体的服务需求展开研究，突破现有社区规模划分规范的不适应性，进而

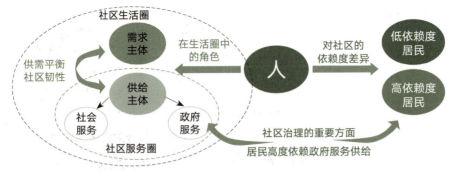

图4-5 社区服务需求与服务供给不均衡的现实矛盾
(资料来源：2017年，《重庆市渝中区社区规模调整专题研究》项目文本)

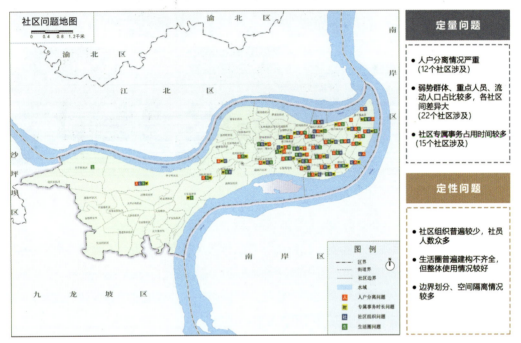

图4-6 社区问题地图
(资料来源：2017年，《重庆市渝中区社区规模调整专题研究》项目文本)

提出相应的地方调整策略（图4-6）。

这个项目面临的问题具有全国普遍性，但在地性特征非常明显，因而基于地方的思考策略尤为重要。规划重点和难点在于：

（1）调研对社区依赖度高的服务人群、服务需求与服务需求量。

（2）调研与评估民政系统服务供给与服务需求的匹配度与差异。

（3）通过服务需求与供给当量换算，反馈到社区空间与人口规模，确定适宜的社区规模。

该规划项目从社会公平公正视角，第一次在重庆社区实践中真正意义上将社区的"人—空间—服务"强关联起来，为社区更新和社区规划提供了新思路和新方法。

4.1.3 作为城市社会治理创新的集体行动

截至2011年底完成一批社区综合整治之后,重庆城市社区发展面临新的问题:看上去美观整洁的环境和设施谁来维护?花卉植物谁来浇水?谁来买单?这一系列问题引发了政府管理部门、社区一线工作者乃至社区居民重新审视和理解什么是社区可持续发展。2012年底,我们向渝中区政府提出应该制定街道层面社区发展规划和社区层面的试点行动计划,从发展的视角,因地制宜地为社区提出近、远期的发展目标和面向实施的行动计划。区政府接受了建议并于2013年4月正式启动渝中区石油路街道社区发展规划和民乐村社区试点行动计划。严格意义上这是重庆市首个城市社区发展规划。石油路街道占地10平方公里,常住人口近10万人。规划中运用了1992年联合国推广的"资产为基的社区发展"(asset-based community development)理念,将社区一切条件视为社区资产,包括社区物质资产、社区社会资产和社区人力资产,从原来比较消极地看待老旧衰败的社区现实转变为一种积极地珍视社区的态度,尽力挖掘社区潜力,建构公众参与平台,共同谋求社区可持续发展。这个理念与后来我国新型城镇化战略、中央城市工作会议精神完全吻合,盘点和激活社区存量资产,实事求是谋发展。

在此理念下,我们首次集合居民、规划师、社区社会组织、政府、第三方相关单位等利益相关者,搭建社区规划公共参与平台,共同完成规划,提出社区空间优化与社区治理提升策略,社区治理规划成为社区规划的重要内容之一。同时,规划在街道层面制定总体发展目标策略的基础上,完成了民乐村社区试点行动计划,结合重庆市和渝中区的社区管理政策,从空间和治理两方面列出优化项目与治理清单(图4-7)。此后,类似的社区发展规划、片区更新规划逐渐开展起来。

社区自治是公众参与的终极目标,公众参与是社区治理升级的重要表达形式。通过公众参与社区发展规划过程,居民积极提出发展问题并且主动思考解决的办法,增强了社区的凝聚力和参与感,公众对话机制的建立也能为居民的权利提供保障。

图4-7 石油路街道社区发展规划
(资料来源:2013年,《重庆市渝中区石油路街道社区发展规划》项目文本)

2016年，重庆主城以外的区县城市也开始启动社区更新规划，这意味着城市的经济水平升高，同时城市发展理念转向"城市即人"。合川区草花街社区，占地3.3公顷，常住人口约1000人，社会结构比较稳定、邻里关系良好，但治理形式单一、公共空间与设施破旧、文化活动品质不高。难能可贵的是，遗留下来的宋代合川古城墙有150米在社区内，但未得到充分保护和展示。这个社区代表了西部山地区县城市社区的普遍特征，如何识别和激活社区资产价值，同时联动城市区域更新发展成为规划的目标与问题。在过去经验的基础上，该规划搭建协作式公共参与平台，整合联合国人居三大会可持续发展目标11"建设可持续的城市与社区"、城市双修战略、资产为基的社区发展理念与城市空间文化结构思想，将社区发展纳入城市更新整体框架，完成了"基于公共生活的社区空间修补""基于文化传承的社区文化修复"和"基于多元参与的社区治理协作"三部分内容，取得以下三点创新：

（1）理念创新：建立社区发展与城市更新关联，将社区存量资产作为城市修补的重要基础与活力触媒，将社区发展纳入城市更新整体框架，并探索城市普通社区"细胞微更新"的地方途径。

（2）方法创新：形成一套规划师介入社区修补的工作方法，包括社区资产评估方法、社区环境整治设计方法、社区文化线路规划方法以及社区治理规划方法。

（3）机制创新：建立全过程公共参与协作平台，由钓鱼城街道牵头、规划师引导，分类别、分阶段组织利益相关者参与资产调查、需求调查、环境整治、文化规划、管理服务等工作，极大提升了社区培力（图4-8、图4-9）。

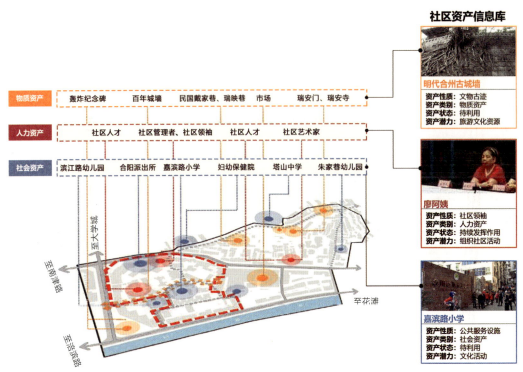

图4-8 草花街社区资产地图
（资料来源：2017年，《重庆市合川区草花街社区城市修补行动规划》项目文本）

图4-9 基于公共生活的社区空间修补
(资料来源:2017年,《重庆市合川区草花街社区城市修补行动规划》项目文本)

2021年2月,由重庆市规划和自然资源局倡导组织,以调查重庆典型社区现状、征集市民建设管理意见、探索规划师参与社区治理的方法和经验为目的,从事业单位、规划设计机构、高校和社会企业共选拔招募13名社区规划师,开展为期一年的社区规划师试点行动,以一对一的形式扎根13个具有典型重庆城市特征的社区,成效显著,为重庆全面推行社区规划师制度打下坚实基础。同年11月,重庆市规划自然资源局联合市民政局、市住房和城乡建委共同印发《重庆市社区规划师管理办法》。自此,重庆市从全市层面正式开启的社区规划师制度构建与集体行动。

2022年1月,重庆市住房和城乡建设委员会、重庆市规划和自然资源局、重庆市教育委员会、重庆市民政局、重庆市人力资源和社会保障局联合颁布了《重庆市规划师、建筑师、工程师助力共创高品质生活社区行动方案》(以下简称《方案》),提出以全面推动规划师、建筑师、工程师(以下简称"三师")进社区为抓手,促进"三师"深入基层、扎根社区、服务群众,充分发挥专业技术优势,助力共创高品质生活社区,并于同年4月发布《重庆市规划师、建筑师、工程师助力创建高品质生活社区行动工作细则(试行)》,特别强调社区规划师、建筑师、工程师,跨学科合作、跨部门协同、跨层级贯通、跨主体的"三师四跨"促进协同治理,从此拉开了在全市层面全面推进"三师进社区"制度的序幕,对重庆城市建设进入社区时代具有里程碑意义(图4-10)。

历史地看待重庆城市社区更新,正是我国城市发展历程的一个缩影。随着经济社会前进的步伐,从"社区的重新发现"到大众对"社区更新"观念的形成,再到学理上的概念建构以及规划领域的社区延伸,一路前行,始终走在进步的阶梯上。而这一过程也不断拓宽、整合与指引着人们的认知与行动。

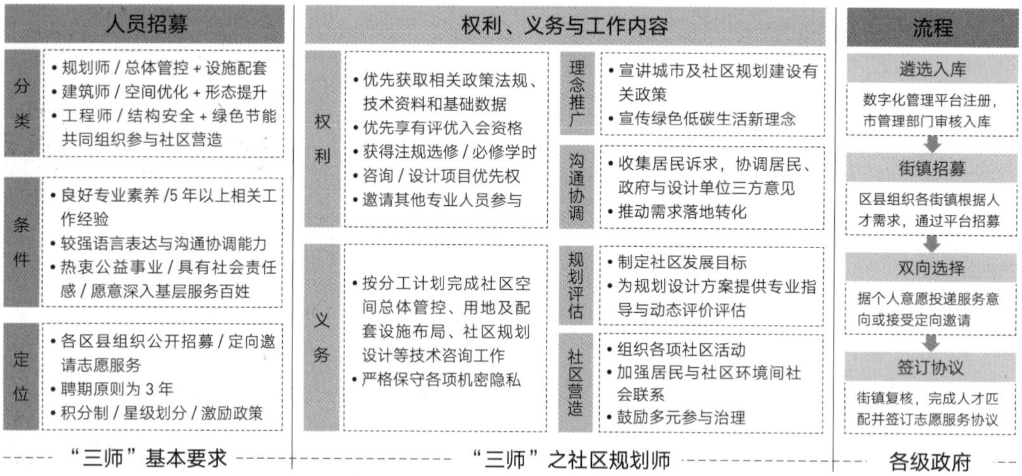

分类	人员招募		权利、义务与工作内容			流程
分类	• 规划师 / 总体管控 + 设施配套 • 建筑师 / 空间优化 + 形态提升 • 工程师 / 结构安全 + 绿色节能 共同组织参与社区营造	权利	• 优先获取相关政策法规、技术资料和基础数据 • 优先享有评优入会资格 • 获得注规选修 / 必修学时 • 咨询 / 设计项目优先权 • 邀请其他专业人员参与	理念推广	• 宣讲城市及社区规划建设有关政策 • 宣传绿色低碳生活新理念	遴选入库 数字化管理平台注册，市管理部门审核入库
条件	• 良好专业素养 /5 年以上相关工作经验 • 较强语言表达与沟通协调能力 • 热衷公益事业 / 具有社会责任感 / 愿意深入基层服务百姓			沟通协调	• 收集居民诉求，协调居民、政府与设计单位三方意见 • 推动需求落地转化	街镇招募 区县组织各街镇根据人才需求，通过平台招募
定位	• 各区县组织公开招募 / 定向邀请志愿服务 • 聘期原则为 3 年 • 积分制 / 星级划分 / 激励政策	义务	• 按分工计划完成社区空间总体管控、用地及配套设施布局、社区规划设计等技术咨询工作 • 严格保守各项机密隐私	规划评估	• 制定社区发展目标 • 为规划设计方案提供专业指导与动态评价评估	双向选择 据个人意愿投递服务意向或接受定向邀请
				社区营造	• 组织各项社区活动 • 加强居民与社区环境间社会联系 • 鼓励多元参与治理	签订协议 街镇复核，完成人才匹配并签订志愿服务协议

------ "三师" 基本要求 ------ | ------ "三师" 之社区规划师 ------ | 各级政府

图4-10 《重庆市规划师、建筑师、工程师助力创建高品质生活社区行动工作细则（试行）》的相关规定
[资料来源：黄瓴等. 协同治理视角下城市社区规划师制度探索与思考——兼谈重庆市"三师进社区"集体行动[J]. 规划师，2023，39（02）：92-100]

4.2
持续更新：文化的未来

▶ 　　进入城镇化的下半场，人民至上，建设中国式现代化成为发展共识。城市更新成为常态化。截至2022年底，我国人均GDP超过12000美元，各城市差异很大，重庆市人均GDP超过13000美元。不同的经济水平下，在完善社区基础功能和基本服务的前提下，如何持续地开展社区更新，如何更好地营造美丽家园，进而增进人民福祉，让居民更有获得感和归属感，是社区可持续发展当下和未来需要进一步思考的命题。

　　联合国人居三大会关于文化的纲领性文件——《文化：城市的未来》指出，文化是城市发展的重要驱动力，是城市的身份认同和凝聚力，是城市创新和发展的重要基础，是城市公共空间的重要组成部分，是城市治理的重要手段，也是城市可持续发展的重要保障。因此，城市应该注重保护和发展文化资源，促进文化创意产业的发展，充分利用文化资源来丰富城市公共空间，将文化政策和规划与城市的发展战略和治理体系相结合，推动城市的和谐发展和社会进步。联合国教科文组织文化部门副总干事Francesco Bandarin

认为,"明天的城市必须以人为本、具有抗逆性、有宜居建筑和自然空间、城乡联系以及具有优质公共空间。这就要求有创新而全面的政策制定和以文化为核心的城市规划及改造,从而确保城市发展的可持续性,提升民众生活质量。"在城市变革中,文化扮演着关键的角色。

我国"十四五"规划提出2035年将建成文化强国。党的二十大报告提出全面建设社会主义现代化国家,必须坚持中国特色社会主义文化发展道路,增强文化自信,围绕举旗帜、聚民心、育新人、兴文化、展形象建设社会主义文化强国,发展面向现代化、面向世界、面向未来的,民族的科学的大众的社会主义文化,激发全民族文化创新创造活力,增强实现中华民族伟大复兴的精神力量。

从国际共识到国内政策,可以看到从经济时代到文化时代的转型,文化对于塑造中国特色社会主义新时代的新发展格局具有重要意义。我们需要重新反思既有的文化观念与行为,需要重新理解和懂得历史与当下的文化链接,需要重新识别日常生活的文化价值,需要重新看到全球和地方、城市与社区的文化关联。

文化在未来社区更新中扮演着重要的角色,因为它是社区的灵魂和核心。文化是社区的身份认同和价值观的体现,它包括社区的历史、传统、艺术、音乐、风俗习惯等方面。在社区更新中,文化可以帮助人们重新认识和发现自己的身份认同,增强社区凝聚力和归属感。文化还可以促进社区的经济发展。许多社区都有独特的文化资源,如历史建筑、文化遗产、艺术品等,这些资源可以成为社区旅游和文化产业的重要组成部分,为社区带来经济收益和就业机会。此外,文化还可以促进社区的创新和发展。文化创意产业是未来经济发展的重要方向之一,它可以为社区带来新的商业模式、创新产品和服务,推动社区的发展和进步。因此,文化在未来社区更新中的重要作用不容忽视,社区更新应该注重保护和发展文化资源,促进文化创意产业的发展,让文化成为社区更新的重要动力和支撑。

从文化的高度如何去检视我们的更新理念和行动,如何去评估更新效果,如何去设立未来的文化目标与行动框架,如何更具智慧地参与社区营造,这些应该纳入社区更新2.0版着力的重点,同时这将是走向可持续更新的价值基础。重庆从2021年起,由重庆市规划和自然资源局倡导、市规划事务中心组织、社区规划师团队与街道社区及居民共同策划社区规划艺术节,将艺术、展览融入公众参与的社区营造,成为深入市民生活的公共活动品牌与城市文化事件(event),进而培育城市文化IP(图4-11)。2022年,社区规划师团队领衔策划的"亲临自然"生态花园共建(图4-12)、"小小规划师"社区营造(图4-13)等活动,也是将新文化植入社区更新,培育社区公众参与和促进社区文化认同的新举措。进一步探索,社区空间文化规划应纳入社区更新和社区规划框架。

进入文化时代的社区更新,应该敏锐地看到社区更新中的文化问题,结合社区经济、社会发展状况,从城市与社区的整体关联性价值,制定全面的社区可持续发展目标、规划框架和行动内容。从文化的高度,厘清社区的"真、善、美、特"并通过社区更新行动得以实现。其中,"特"是一座城市和社区的文化多样性与差异性的最好体现,即魅力的体现。如何发现、保护、传承城市和社区的"特",考验我们当代人的智慧。

社区可持续更新,是在下一盘永不停止的棋。在"从美至善"的路上,我们任重道远。

图4-11 重庆市渝中区凉亭子社区规划艺术节——渝州花开三千年(2021年)

图4-12 重庆市两江新区邢家桥社区——"亲临自然"生态花园共建计划
(资料来源:重庆十方艺术中心,重庆市复归文化艺术研究院,2022年)

图4-13 重庆市渝中区上清寺街道"小小规划师"社区营造活动（2022年）

参考文献

[1] Brugmann J. Is there a method in our measurement? The use of indicators in local sustainable development planning[J]. Local Environment, 1997, 2 (1): 59-72.

[2] Edmund N. Bacon. Design of Cities[M]. London: Penguin Books,1976.

[3] Bourdieu P. The forms of Capital[M].Westport: Greenwood, 1986: 241-258.

[4] Chapin T S. Sports facilities as urban redevelopment catalysts: Baltimore's Camden Yards and Cleveland's Gateway[J]. Journal of the American Planning Association, 2004, 70 (2): 193-209.

[5] 楚建群, 赵辉, 林坚.应对城市非正规性: 城市更新中的城市治理创新[J]. 规划师, 2018, 34 (12).

[6] 柴彦威, 张雪, 孙道胜.基于时空间行为的城市生活圈规划研究——以北京市为例[J]. 城市规划学刊, 2015 (03): 61-69.

[7] 程蓉, 以提品质促实施为导向的上海15分钟社区生活圈的规划和实践[J]. 上海城市规划, 2018 (02): 84-88.

[8] 程蓉, 15分钟社区生活圈的空间治理对策[J]. 规划师, 2018, 34 (05): 115-121.

[9] 陈伟东, 尹浩."多予"到"放活": 中国城市社区发展新方向[J]. 社会主义研究, 2014 (01): 96-102.

[10] 陈丽瑛. 生活圈, 都会区与都市体系[J]. 经济前瞻, 1989 (16): 127-128.

[11] 陈丽瑛. 对"国建六年计划"产业圈与生活圈规划之评议[J]. 经济前瞻, 1991 (22): 48-51.

[12] Debord G.Introduction to a critique of urban geography[M]. Les Levres Nues, 2008.

[13] 董玛力, 陈田, 王丽艳.西方国家城市更新发展历程和政策演变[J]. 人文地理, 2009 (5).

[14] 丁舒欣, 黄瓴, 郭紫镁.重庆市渝中区老旧居住社区街巷空间整治探析——以大井巷社区为例[J]. 重庆建筑, 2013, 12 (04): 18-21.

[15] 丹尼尔·亚伦·西尔, 特里·尼克尔斯·克拉克. 场景: 空间品质如何塑造社会生活[M]. 祁述裕, 吴军, 等, 译. 北京: 方寸丨社会科学文献出版社, 2019.

[16] 丁玉红. 基于文脉的公园导示系统形式建构——南京白鹭洲公园导向与景观标识设施的文脉设计手法探讨[J]. 华中建筑, 2008 (11): 152-154.

[17] Ferguson R F, Dickens W T. "Introduction" in Urban Problems and Community Development[M]. Washington, D.C.: Brookings Institution Press, 1999: 1-31.

[18] 辜元, 张臻, 罗江帆. 以组团隔离带划定为例探索美丽重庆建设[C]//中国城市规划学会, 贵阳市人民政府. 新常态: 传承与变革——2015中国城市规划年会论文集 (13山地城乡规划), 2015.

[19] Green G P, Haines A. Asset building and community development[M].2nd ed. Thousand Oak:Sage, 2007.

[20] Gluck M. The flaneur and the aesthetic: Appropriation of urban culture in mid-19th-century Paris[J]. Theory, Culture & Society, 2003, 20 (5): 53-80.

[21] Hanna N. An integration of the livelihoods and asset-based community development approaches: A South African case study[J]. Development Southern Africa, 2015, 32:4, 511-525.

[22] 黄瓴. 城市空间文化结构研究——以西南地区为例[D]. 重庆: 重庆大学, 2010.

[23] 黄瓴, 王思佳, 林森."区域联动+触媒营造"总体思路下的城市社区更新实证研究——以重庆渝中区学田湾片区为例[J]. 住区, 2017 (02): 140-147.

[24] 黄瓴, 沈默予. 基于社区资产的山地城市社区线性空间微更新方法探究[J]. 规划师, 2018, 34 (02): 18-24.

[25] 黄瓴. 从"需求为本"到"资产为本"——当代美国社区发展研究的启示[J]. 室内设计, 2012, 27 (05):3-7.

[26] 黄瓴, 明峻宇, 赵畅, 等.山地城市社区生活圈特征识别与规划策略[J]. 规划师, 2019, 35 (03): 11-17.

[27] 黄瓴, 陈欣, 牟燕川. 社区空间文化结构 城市社区更新规划的新理念[J]. 时代建筑, 2021 (04): 42-49.

[28] 黄瓴, 吉悦.基于社区人力资产的后单位社区公共空间更新研究——以重庆市沙坪坝区中心湾社区为例[J]. 上海城市规划, 2021 (05): 23-31.

[29] 黄瓴, 景晓婷. 空间治理视角下山地城市社区街巷摊贩时空分布与空间优化研究——以重庆市七星岗街道为例[J]. 城市发展研究, 2021, 28 (05): 102-110.

[30] 黄瓴, 骆骏杭, 宋春攀, 等. 基于社区生活圈理念的社区家园体系规划——以重庆市两江新区翠云片区为例[J].

城市规划学刊，2021（02）：102-109.

[31] 黄瓴，骆骏杭，沈默予."资产为基"的城市社区更新规划——以重庆市渝中区为实证[J].城市规划学刊，2022（03）：87-95.

[32] 黄瓴，尹雪梅.山地城市社区儿童活动行为与空间关联性研究——以重庆渝中区上大田湾社区为例[J].城市规划，2022，46（01）：87-98+120.

[33] 黄瓴，郑尧，骆骏杭，等.协同治理视角下城市社区规划师制度探索与思考——兼谈重庆市"三师进社区"集体行动[J].规划师，2023，39（02）：92-100.

[34] 何艳玲."社区"在哪里:城市社区建设走向的规范分析[J].华中师范大学学报（人文社会科学版），2007（05）：23-30.

[35] 扈万泰，王力国.1949年以来的重庆城市化进程与城市规划演变——兼谈城市意象转变[C].中国城市规划学会，南京市政府.转型与重构——2011中国城市规划年会论文集，2011:15.

[36] 和泉润，王郁.日本区域开发政策的变迁[J].国外城市规划，2004（03）：5-13.

[37] 贺文萃.社区发展规划中的公众参与研究[D].重庆：重庆大学，2014.

[38] 侯爱萍.基于地域文化感知的旅游景区标识系统设计探究——以罗布人村寨为例[J].新疆大学学报（哲学·人文社会科学版），2016，44（04）：38-41+47.

[39] 简·雅各布斯.美国大城市的死与生[M].金衡山，译.译林出版社，2008.

[40] 金广君，刘代云，邱志勇.论城市触媒的内涵与作用——深圳市宝安新中心区城市设计方案解析[J].城市建筑，2004（01）：79-83.

[41] Krezmann J P, McKnight J L.Building communities from the inside out: a path toward finding and mobilizing a community's asset[M]. Chicago:ACTA Publication, 1993.

[42] 骆骏杭，黄瓴.时空辩证与价值重塑——关于我国城镇老旧小区改造的冷思考[J].城市发展研究，2022，29（08）：84-92.

[43] 骆骏杭，黄瓴.社区生活圈视角下老龄化社区居住空间环境规划提升策略分析[J].城市建筑，2018（36）：17-22.

[44] 罗震东，何鹤鸣，张京祥.改革开放以来中国城乡规划学科知识的演进[J].城市规划学刊，2015（05）：30-38.

[45] 罗伯特·D·帕特南.使民主运转起来——现代意大利的公民传统[M].王列，赖海榕，译.南昌.江西人民出版社，2001.

[46] 李东泉，蓝志勇.中国城市化进程中社区发展的思考[J].公共管理学报，2012，9（01）:104-110+127-128.

[47] 李志宏.社区公共管理职能及其运作[J].软科学，2004（04）:66-68.

[48] 李东泉.中国社区发展历程的回顾与展望[J].中国行政管理，2013（05）：77-81.

[49] 梁鹤年.公众（市民）参与:北美的经验与教训[J].城市规划，1999（05）：48-52.

[50] 廖远涛，胡嘉佩，周岱霖，等.社区生活圈的规划实施途径研究[J].规划师，2018，34（07）：94-99.

[51] De Certeau M, Randall S. Walking in the City[J]. Popular culture: A reader, 1984: 449-461.

[52] Novy J, Peters D. Railway megaprojects as catalysts for the re-making of post-industrial cities? The case of Stuttgart 21 in Germany[M]. Bingley: Emerald Group Publishing Limited, 2013.

[53] 牛丽.基于文化遗产视角的古城空间导视系统现代诠释[J].工业建筑，2020，567（04）：205-207.

[54] 全球治理委员会.我们的全球伙伴关系[M].牛津：牛津大学出版社，1995：26.

[55] 钱征寒，牛慧恩.社区规划——理论、实践及其在我国的推广建议[J].城市规划学刊，2007（04）：74-78.

[56] 秦波，孟青.我国城市中的街头商贩：政策思辨与规划管理[J].城市发展研究，2012，19（02）：83-87+93.

[57] Roberts P. Evolution, definition and purpose of urban regeneration [M]//Roberts P W, Sykes H. Urban Regeneration: a handbook. London: SAGE Publications, 2000: 9-36.

[58] Rainey D V, Robinson K L, Allen I, et al. Essential forms of capital for sustainable community development[J].American Journal of Agricultural Economics, 2003, 85（03）:708-715.

[59] Roy A. Urban informality: toward an epistemology

of planning[J]. Journal of the American planning association, 2005, 71 (2): 147-158.

[60] 石楠. "人居三"、《新城市议程》及其对我国的启示[J]. 城市规划, 2017 (01): 9-21.

[61] 孙道胜, 柴彦威, 张艳. 社区生活圈的界定与测度:以北京清河地区为例[J]. 城市发展研究, 2016, 23 (09): 1-9.

[62] 孙道胜, 柴彦威. 日本的生活圈研究回顾与启示[J]. 城市建筑, 2018 (36): 13-16.

[63] 上海市规划与国土资源管理局, 等. 上海15分钟社区生活圈规划研究与实践[M]. 上海: 上海人民出版社, 2017.

[64] 施索. 扎根社区、服务社区的北京责任规划师制度思考[J]. 北京规划建设, 2020 (02): 120-122.

[65] 滕仲日. 北京市"文化保护区"治理与改造的思路——以大栅栏为例[J]. 北京观察, 2005 (09): 56-58.

[66] 吴良镛. 北京旧城与菊儿胡同[M]. 北京: 中国建筑工业出版社, 1994.

[67] 吴丹, 王卫城. 深圳社区规划师制度的模式研究[J]. 规划师, 2013, 29 (09): 36-40.

[68] 王振报, 朱嘉欣, 向思蓉. 融入设计思维的社区更新实践[J]. 湖南城市学院学报（自然科学版）, 2020, 29 (05): 37-41.

[69] 王梅. 公共政策导向下重庆市主城区城市更新制度设计与空间策略[J]. 规划师, 2017 (10): 148-152.

[70] 王婷婷, 张京祥. 略论基于国家-社会关系的中国社区规划师制度[J]. 上海城市规划, 2010, (005): 4-9.

[71] 韦恩·奥图, 唐·洛干. 美国都市建筑——城市设计的触媒[M]. 王劭方, 译. 创兴出版社有限公司, 1994.

[72] 王轲. 中国城市社区治理创新的特征、动因及趋势[J]. 城市问题, 2019 (03): 67-76.

[73] 王娅, 胡希军. 浅析地域文化在标识系统中的应用研究[J]. 现代园艺, 2012 (12): 196-196.

[74] 徐中振, 李友梅. 社区群众工作的新探索——上海市五里桥街道社会工作案例集[J]. 上海: 上海大学出版社, 2008.

[75] 肖洪未. 基于"文化线路"思想的城市老旧居住社区更新策略研究[D]. 重庆: 重庆大学, 2012.

[76] 肖作鹏, 柴彦威, 张艳. 国内外生活圈规划研究与规划实践进展述评[J]. 规划师, 2014 (10): 89-95.

[77] 运迎霞, 田健. 触媒理论引导下的旧城更新多方共赢模式探索——以衡水市旧城区更新为例[J]. 城市发展研究, 2012, 19 (10): 60-66.

[78] 于显洋, 任丹怡. 对中国城市社区建设研究的再思考——基于30年社区发展实践的回顾与反思[J]. 教学与研究, 2016 (06): 27-34.

[79] 于一凡. 从传统居住区规划到社区生活圈规划[J]. 城市规划, 2019, 43 (05): 17-22.

[80] 中国大百科全书总编辑委员会. 中国大百科全书[M]. 北京: 中国大百科全书出版社, 1980.

[81] 赵万民. 城市更新年长性理论认识与实践[J]. 西部人居环境学刊, 2018, 33 (06): 1-11.

[82] 张更力. 走向三方合作的伙伴关系: 西方城市更新政策的演变及其对中国的启示[J]. 城市发展研究, 2004 (4).

[83] 张祥智, 杨昌鸣. 基于社会资本培育的毗邻隔离住区更新研究框架建构[J]. 城市建筑, 2016 (22): 55-57.

[84] 赵蕊. 公众参与视角下的责任规划制度践行与思考[C]. 中国城市规划学会, 重庆市人民政府. 活力城乡 美好人居——2019中国城市规划年会论文集（14规划实施与管理）, 2019.

[85] 赵蔚. 社区规划的制度基础及社区规划师角色探讨[J]. 规划师, 2013 (09): 17-21.

[86] 朱自煊. 中外城市设计理论与实践[J]. 国外城市规划, 1991 (03): 43-51.

[87] 朱一荣. 韩国住区规划的发展及其启示[J]. 国际城市规划, 2009, 24 (05): 106-110.

[88] 张勇. 同构性与非平衡性: 我国城市社区建设模式反思[D]. 武汉: 华中师范大学, 2011.

[89] 中华人民共和国住房和城乡建设部. 城市居住区规划设计标准: GB 50180[S]. 北京: 中国建筑工业出版社, 2018.

[90] UNESCO.Culture Urban Future: Global Report on Culture for Sustainable Urban Development. United Nations Educational[J]. Scientific and Cultural Organization, 2016.

▶ 后记 ◀

在过去三年本书编写的过程里，我们所身处的世界，从个体、家庭、城市到国家都经历着猝不及防的震荡，而伸手可及的小小社区和家，是我们面对纷繁变化的、不确定的外界时身心得以安抚的重要场所。无论从更宏大的区域还是更具象的附近，社区已经成为当下人们心里有形或无形的"家"的象征，特别经过三年新冠肺炎疫情，意义更甚。

丛书立项之初，尽管"城市更新"逐渐纳入我国城市发展视野，各地开展的社区实践也日渐增多，但"社区更新"尚未形成基本概念和学科共识。出版社和作者们都敏锐地捕捉到中国城市转型和变革浪潮里社区的重要价值和意义，特别意识到中国语境下的社区更新是即将到来的城市更新行动的重要部分。丛书应运而生，并入选"十三五"国家重点出版物出版规划项目及国家出版基金资助项目。

关于重庆城市社区更新的梳理，应该说这是一本尚未完成的书稿。尽管有持续的素材积累，但仍遇诸多困境：一来，伴随城市更新纳入国家战略所带来的地方行动快速跟进，大量相关政策与实践案例层出不穷，难以系统、周全而准确地梳理；二来，随着认知突破带来的对东西方相关理论的在地转译生发更多更深的探究,更叹言到落笔终觉浅。

从2010年踏上真正意义上的社区研究之路,我每天都在触摸和思考这块神奇的山水土地上自然天成的人居聚落(社区),她的性格、她的特质、她的未来到底是什么?在社区更新过程中规划和规划师应该做什么?如何做?以及不能做什么?值得欣慰的是,在这条线路上有随我已经毕业的43名研究生和在读的12名研究生,更有这座城市乃至全国在社区更新领域里深耕的同道者们,后浪、前浪相互启发,比肩前行,不断发现和厘清关于重庆城市社区更新的认知。此书算是迈出的第一步吧,诸多不足留待再学习、再积累。

最后,特别感谢我的博士生骆骏杭及2020级、2021级的硕士研究生们协助完成素材整理及部分图片绘制工作;特别感谢重庆市规划设计研究院罗江帆副院长和王梅所长提供的宝贵案例;特别感谢中国城市出版社(中国建筑工业出版社)欧阳东副社长、石枫华主任和兰丽婷编辑为这本书付出的辛苦工作;特别感谢一直以来鼓励我深入社区持续研究的父亲,感谢一直陪伴并支持我的家人们。

社区即人,永远珍视我们的社区家园!

萧敬 于重庆

2023年5月

审图号：渝S（2023）065号
图书在版编目（CIP）数据

重庆城市社区更新理论与实践 / 黄瓴著. — 北京：中国城市出版社，2019.12
（城市社区更新理论与实践丛书 / 赵万民，黄瓴主编）
ISBN 978-7-5074-3248-0

Ⅰ.①重… Ⅱ.①黄… Ⅲ.①城市—社区管理—研究—重庆 Ⅳ.① D677.19

中国版本图书馆CIP数据核字（2019）第280944号

图书总策划：欧阳东
责 任 编 辑：石枫华　兰丽婷
书 籍 设 计：康　羽　韩蒙恩
责 任 校 对：党　蕾
校 对 整 理：董　楠

城市社区更新理论与实践丛书
赵万民　黄　瓴　主编

重庆城市社区更新理论与实践
黄　瓴　著

*

中国城市出版社、中国建筑工业出版社出版、发行（北京海淀三里河路9号）
各地新华书店、建筑书店经销
北京锋尚制版有限公司制版
天津图文方嘉印刷有限公司印刷

*

开本：787毫米×1092毫米　1/16　印张：15¾　字数：335千字
2023年5月第一版　2023年5月第一次印刷
定价：158.00元
ISBN 978-7-5074-3248-0
（904225）

版权所有　翻印必究
如有内容及印装质量问题，请联系本社读者服务中心退换
电话：（010）58337283　QQ：2885381756
（地址：北京海淀三里河路9号中国建筑工业出版社604室　邮政编码：100037）